高等学校旅游管理专业

本科系列教材

旅游规划与开发实验教程

LÜYOU GUIHUA YU KAIFA SHIYAN JIAOCHENG

◎ **主编** 范 春

重庆大学出版社

图书在版编目(CIP)数据

旅游规划与开发实验教程 / 范春主编. --重庆：重庆大学出版社，2024.4

ISBN 978-7-5689-3872-3

Ⅰ. ①旅… Ⅱ. ①范… Ⅲ. ①旅游规划—高等学校—教材 Ⅳ. ①F590.1

中国国家版本馆 CIP 数据核字(2023)第 199255 号

旅游规划与开发实验教程

主　编　范　春

策划编辑:尚东亮

责任编辑:夏　宇　　版式设计:尚东亮

责任校对:谢　芳　　责任印制:张　策

*

重庆大学出版社出版发行

出版人:陈晓阳

社址:重庆市沙坪坝区大学城西路 21 号

邮编:401331

电话:(023)88617190　88617185(中小学)

传真:(023)88617186　88617166

网址:http://www.cqup.com.cn

邮箱:fxk@ cqup.com.cn (营销中心)

全国新华书店经销

重庆天旭印务有限责任公司印刷

*

开本:720mm×1020mm　1/16　印张:18.25　字数:435千

2024 年 4 月第 1 版　2024 年 4 月第 1 次印刷

印数:1—1 000

ISBN 978-7-5689-3872-3　定价:49.00 元

前言

进入21世纪以来,我国旅游业国际地位快速提升,已经成为全球第三大旅游目的地国,最大的出境旅游客源国。同时,我国国际旅游收入仅次于美国,位居世界第二。我国成功举办了首届世界旅游发展大会,发起成立了世界旅游联盟(WTA)、世界旅游城市联合会(WTCF)。2019年,中国旅游总收入达到6.63万亿元人民币,其中,国内旅游收入5.7万亿元人民币,国际入境旅游收入1 313亿元人民币。国内旅游突破60亿人次大关,出入境旅游人次双双过亿。中国旅游业的快速发展势头及良好发展前景,吸引了大量的投资者关注,除传统的旅游企业加大投资力度外,万科、万达、碧桂园等房企也纷纷入驻旅游蓝海。2017年,国内旅游投资总额超过1.5万亿元人民币。

新时代背景下,经济进入新常态,旅游业也面临新的挑战和必须做出新的调整。高质量发展、新旧动能转换、供给侧结构性改革等经济领域的变革同样适用于旅游业。随着Z世代消费群体日渐成为主力,个性化、沉浸式、定制化等旅游需求已然成为旅游规划所必须面对的现实问题,突发卫生事件虽重创了旅游业,但并不意味着旅游市场和信心就此消失,当下旅游已经成为国人生活的必需品,即便是在特殊时期,旅游业仍呈现出一抹亮色,微度假、乡村游是国人对特殊时期旅游的适应性表达。2022年底,春节旅游快速复苏,经文化和旅游部数据中心测算,2023年春节假期全国国内旅游出游3.08亿人次,同比增长23.1%。实现国内旅游收入3 758.43亿元人民币,同比增长30%。虽然未达到2019年的水平,但也让业内人士看到了希望。

我国旅游业的快速发展,带来旅游规划市场的火爆。据不完全统计,全国从事旅游规划或策划的公司有上千家,比较知名的有巅峰置业、大地风景、绿维创景、四川来也、重庆浩鉴、上海奇创等专业旅游规划策划公司,还有中国城市规划设计研究院、清华同衡规划设计研究院有限公司、天津大学城市规划设计研究院、辽宁省城乡建设规划设计院、江苏省城市规划设计研究院等跨界企业。旅游市场复苏必然带来旅游规划市场需求的增长,也将为旅游规划人才提供较多的就业机会。

《旅游规划与开发实验教程》是"旅游规划与开发"理论课的配套实训课程,目的是通过系统性的旅游规划思维训练和图件绘制,达到理论和实践的有机统一,有效提升学生的规划综合分析能力、团队协作能力、图件及文字表达能力。本教程包含五个章节和三个附录:实验指导大纲章节系统性介绍本课程实验目的、任务、内容及考核等,让学生知晓课程学习的基本概况;实验项目内容章节包含旅游规划思维训练及制图训练两部分,既训练旅游规划的逻辑严谨性,又着力提升空间表达性,是本教程的重点;实验规范要求章节包含实验报告书、规划说明书及规划图件绘制三个规范性要求,目的是培养学生懂得从事旅游规划的基本规范,强调依照标准或规范编制规划的重要性;实验案例评析章节选取学生们的优秀旅游规划作品进行剖析,目的是通过深度分析找到旅游规划的常见错误点及规划关键点;实验基础资料章节包括规划地的基本情况介绍、旅游资源概况及上位规划文件,是进行旅游规划的前提。附录部分含"两表一规范","两表"是实验成绩评定表、学习效果调查表,目的是方便掌握学生实验效果及成绩评定要素;"一规范"是旅游规划过程中可能涉及的国家相关部门、行业协会发布的相关标准及规范,目的是使旅游规划依法、依规、依标准有序进行。

本教程受土地资源管理国家一流建设专业和人文地理与城乡规划市一流建设专业联合资助。本教程是编者近20年从事旅游规划与开发实验教学的总结与归纳,基本涵盖了从事旅游规划与开发工作必须具备的知识要点和技能要求,对即将从事旅游规划的人群具有较大裨益,也对本课程实践教学有一定帮助。尽管教程内容基本完整,但也存在诸多不足,恳请广大读者批评指正。

编　者

2024年初于重庆

目录

第一章 实验指导大纲

实验指导大纲是指导课程实验的依据，规范实验行为的准绳，本课程实验大纲包括实验课程性质及任务、实验目的及内容、实验考核及教学方式、实验课时分配等主要内容。

一、课程的性质、教学目的和任务

1.课程性质

“旅游规划与开发实验”是人文地理与城乡规划专业、城乡规划专业的选修课程，是旅游管理专业旅游管理方向的必修课程，也是“旅游规划与开发”理论课的配套实践课程，其综合检验学生如何将旅游规划与开发理论通过图示化、规范化方式呈现给甲方，也是对《旅游规划通则》《中华人民共和国旅游资源分类、调查与评价》等涉旅标准、规范的具体实验运用。

2.实验目的

本次实验目的：一是全面检测学生对旅游规划制图常用软件的熟练运用程度，如Photoshop CS、AutoCAD 等。二是全面培养学生从事旅游规划的系统思维能力，包括进行旅游规划与开发时的前提调研、分析；中期图件及说明书集成；后期汇报及答辩能力。

3.实验任务

旅游规划与开发实验任务：一是旅游规划相关图件的绘制，包含区位关系图、综合现状图、旅游资源分布及评价图、旅游市场规划图、旅游功能分区图、旅游交通规划图、旅游接待设施布局图等。二是旅游发展规划说明书编制和 PPT 汇报。实验以重庆市彭水苗族土家族自治县(后文简称“彭水”或“重庆彭水”)三义乡为案例地，通过资料收集整理、实地考察、问卷调查或视频播放等形式，形成对案例地的初步认知，而后按旅游规划编制的基本要求和内容，编制出规范化的旅游发展规划说明书，并通过 PPT 进行展示汇报。

总之，本次实验课程训练，可使学生掌握区域旅游规划图件和说明书编制的基本要求及内容，锻炼学生的系统分析、归纳和展示能力，为学生将来走向旅游规划实践打下坚实基础。

二、教学内容

(一)Photoshop CS 熟悉及旅游区位关系图、综合现状图绘制

1.教学内容

(1)Photoshop 简介。

(2)优化 Photoshop CS 中文版工作环境。

(3)规划地旅游发展优劣势分析及独特卖点汇报。

(4)旅游区位关系图、综合现状图绘制。

(5)案例图集点评分析。

2.重点与难点

(1)Photoshop 的基本功能掌握及工作界面优化。

(2)旅游区位关系、综合现状图图件基本内容及规范。

(3)如何找寻规划地独特卖点。

(二)旅游资源分布及评价图、旅游市场规划图绘制

1.教学内容

(1)认知旅游资源分布及评价图及旅游市场规划图。

(2)规划地市场范围划定及旅游主题确定汇报。

(3)旅游资源分布及评价图及旅游市场分析图绘制要求。

(4)案例图集点评分析。

2.重点与难点

(1)旅游规划通则中对五级资源图例的标识方法。

(2)三级旅游市场划分和图示方式。

(3)如何正确确定规划地旅游发展主题。

(三)旅游功能分区图及旅游交通规划图绘制

1.教学内容

(1)认知旅游功能分区图及旅游交通规划图。

(2)旅游项目策划及功能分区汇报。

(3)旅游功能分区图及旅游交通规划图绘制要求。

(4)案例图集点评分析。

2.重点与难点

(1)功能分区类型及表示形式,各种色块处理。

(2)内部交通类型及图形表示方法。

(3)外部交通类型及图形表示方法。
(4)旅游项目策划训练。

(四)旅游发展规划成果汇报

1.教学内容

(1)学生分组汇报各自规划内容。
(2)学生就各组汇报的内容进行提问。
(3)教师点评各组汇报的优缺点。
(4)教师整体分析规划地旅游发展问题及规划的核心关键点。

2.重点与难点

(1)旅游发展规划说明书内容完备性、规划定位准确性、旅游项目策划创意性。
(2)PPT 制作的美观性,汇报时的详略得当、准确性。

三、教学安排

本次实验共有 4 个实验项目,合计 16 学时,见表 1-1。前 3 个实验项目偏重旅游规划过程及专项图件训练,最后 1 个实验是综合集成训练。

表 1-1 实验教学安排

序号	课程内容	学时分配			
		汇报	讲授或点评	上机操作	合计
1	实验项目一:软件熟悉及旅游区位关系图、综合现状图绘制;小组汇报规划地旅游发展优劣势分析及卖点确立	0.5	0.5	3	4
2	实验项目二:旅游资源分布及评价图,旅游市场分析图绘制;小组汇报规划地发展主题定位及市场分析	0.5	0.5	3	4
3	实验项目三:旅游功能分区图及旅游交通规划图绘制;小组汇报旅游地功能分区及项目策划	0.5	0.5	3	4
4	实验项目四:小组旅游发展规划成果汇报及点评	3	1	0	4

四、教学方法与考核方式

(一)教学方法

1.任务导向法

每次实验前,教师提前布置实验任务及要求,小组组长召集组员认真阅读和熟悉实验任务及要求,编制正式实验汇报用 PPT。正式实验的时候,小组进行实验任务汇报,老师进行点评及引导,同时集中说明本次实验的关键点及常见易错点。课堂或课后小组结合老师点评及讲授进行每次实验任务的优化调整。

2.系统集成法

旅游规划与开发实验不仅要求学生掌握旅游规划主要图件的绘制技能,掌握旅游规划说明书的编制体例及内容,还要求学生对图件及说明书内容进行PPT制作、汇报,全面培养和提升学生的绘图能力、分析能力、表达能力。

3.案例分析法

每次实验,老师都会将旅游规划的优秀图件、较差图件进行展示,学生对此进行判别,找到其优缺点并分析原因,再由老师进行点评分析。旅游规划说明书分析也如此进行。

(二)考核方式

1.总体考核

平时成绩占比30%,期末考核占比70%。

2.平时考核

见表1-2,平时考勤占比10%,前3次实验所提交图件占比90%。

表1-2 平时考核构成及评价要求

考勤(10%)	实验一(30%)	实验二(30%)	实验三(30%)
全勤100%	内容完整性	内容完整性	内容完整性
迟到早退一次扣5%	图件规范性	图件规范性	图件规范性
旷课一次扣25%	图件美观性	图件美观性	图件美观性

3.期末考核

见表1-3,期末考核采取小组PPT评分形成基准分,老师评阅规划说明书形成浮动分。小组PPT汇报基准分中老师评分占比60%,学生评分占比40%。

表1-3 期末考核构成及评价要求

小组成果汇报(基准分)		规划说明书评阅(浮动5~10分)
老师评分(60%)	学生评分(40%)	
评价要求:汇报时间掌握;详略得当;回答问题正确;内容完整性;形象气质;幻灯片美观性		评价要求:每位同学的认真态度;各自分工内容的完成度、准确性、新颖性等

五、教材及参考书目

[1] 王珂,等.新世纪Photoshop CS中文版应用培训教程[M].北京:电子工业出版社,2005.
[2] 马鑫.Adobe Photoshop CS中文版教程[M].北京:清华大学出版社,2005.

第二章 实验项目内容

本课程实验内容采取两大板块,四个项目,两个课堂同步进行,既强调小组的协作性,又检测个人的绘图及规划能力;既强调规划的程序性,又突出规划的综合性。

第一节 旅游规划思维过程实验

实验项目一:旅游地发展的优劣势分析及独特卖点

1.课前任务

(1)组建5~6人的规划编制小组,设组长1名。

(2)小组集体认真阅读给定的旅游地相关材料,思考旅游地发展旅游的优劣势及基于竞争考虑下的独特卖点,并编制汇报PPT,汇报标题为“旅游地发展优劣势分析及独特卖点”。

2.课堂任务

(1)每组用3~5分钟时间汇报规划地旅游发展的优劣势及独特卖点。

(2)老师点评每组汇报内容并给予引导。

3.课后任务

(1)小组继续讨论优化旅游地独特卖点及如何发挥优势、补齐短板。

(2)小组讨论第二次实验汇报内容:旅游地的客源市场范围及旅游地发展定位。

4.注意事项

(1)旅游地优劣势分析务必从交通区位、旅游资源区位、经济区位、市场区位、旅游发展基础等几个方面进行思考。

(2)独特卖点找寻必须认真收集规划地周边区域旅游发展的相关资料,明确其发展优势及特色,发展定位及开发特色项目,以与规划地形成差异性。

实验项目二:旅游地市场细分及主题定位

1.课前任务

(1)小组制定旅游地市场调查问卷表并进行发放回收(网络发放或现场发放),整理分析出规划地的市场知晓度及知晓人群的基本特征。

(2)小组集体讨论出旅游地的旅游客源市场范围及主要服务目标市场;基于竞争角度下的旅游地的旅游发展目标及旅游功能,旅游地的空间功能分区编制汇报 PPT,汇报标题为"旅游地市场细分及主题定位"。

(3)集体讨论基于目标定位下的旅游地空间功能划分。

2.课堂任务

(1)每组用 3~5 分钟时间汇报规划地的市场定位及发展目标、空间功能划分。

(2)老师点评每组汇报内容并给予引导。

3.课后任务

(1)小组继续讨论优化和调整旅游地的市场定位、发展目标、功能分区。

(2)小组讨论第三次实验汇报内容:旅游地旅游项目策划及配套设施规划的核心内容。

4.注意事项

(1)旅游市场调查问卷表设计内容必须包含六大内容:调查对象的人口统计因素;旅游决策过程;旅游消费特征;旅游知晓度;旅游消费满意度;具体设计题目参加附件《旅游市场调查表》。

(2)旅游发展目标及功能设定必须结合市场目标人群,切忌市场与定位错位。

(3)旅游空间功能分区要按照理论课讲授的 5 个分区原则进行,同时注意大尺度和小尺度的旅游地(点)分区的差异;注意认真思考各个分区的命名、旅游功能、在旅游地的作用,切忌分区的随意性。

实验项目三:旅游项目策划及配套体系规划

1.课前任务

(1)结合前次的市场定位及发展主题,小组集体讨论出 1~2 个具有一定创新性、可行性的引爆旅游项目。

(2)结合市场定位及功能分区,小组集体讨论出旅游地发展旅游时,在交通、餐饮、住宿、购物、娱乐等配套设施上需要规划的核心点,并形成初步的配套设施规划方案。

2.课堂任务

(1)每组用 3~5 分钟时间汇报规划地旅游项目策划及配套体系规划要点。

(2)老师点评每组汇报内容并给予引导。

3.课后任务

(1)小组继续讨论优化旅游项目策划内容及配套设施规划内容。

(2)小组分工完成“旅游规划说明书”及汇报 PPT。

4.注意事项

(1)旅游项目策划务必要与前述市场群体、功能定位匹配。同时,考虑策划项目是否可行,是否具有一定的创新力。

(2)旅游交通规划要遵循“进得来、出得去、散得开、体验性、快进出和慢游览”原则,设置合理的内外交通线路走向,标注关键交通节点,网络状、环状或树枝状交通网络特征。

(3)旅游餐饮、住宿、购物、娱乐规划需要考虑空间合理性、档次结构合理性、地域特色性、市场匹配性。

实验项目四:旅游规划成果汇报

1.课前任务

小组编制完成“××旅游地规划说明书”和“××旅游地旅游发展规划”PPT。

2.课堂任务

(1)各小组现场进行抽签,确定汇报顺序。

(2)小组进行汇报,汇报时间 8~10 分钟。

(3)非汇报小组选派一名学生进行提问,时间 5 分钟。

(4)老师点评。

3.课后任务

(1)继续完善小组汇报 PPT 并提交到在线平台。

(2)继续完善说明书内容并提交到在线平台。

4.注意事项

严格遵循规划说明书的内容及格式要求。

第二节　旅游规划图件绘制实验

实验项目一:区位关系图及综合现状图绘制

(一)实验目的与任务

1.实验目的

(1)培养良好的图件绘制意识。通过统一图框的绘制培养良好的空间布局意识、有序性图件意识及规范性意识。

(2)熟练掌握 Photoshop CS 的基本功能运用。尤其是界面清理、工具栏的常用工具、菜单栏中的编辑、窗口、图像等工具使用。

(3)两个旅游规划基础图件绘制。即区位关系图和综合现状图绘制。通过区位关系图绘制使得规划者掌握规划地的空间位置关系如何进行表达,为后期的旅游规划空间定位提供前期铺垫。通过对规划地的综合现状的可视化分析,可以基本判断出规划地旅游发展的基础条件优劣。

2.实验任务

(1)绘制全套旅游规划图的统一图框。

(2)绘制规划地的三层次的空间位置关系。

(3)绘制规划地的综合现状图。

(二)实验内容与要求

1.规划图框绘制内容及要求

(1)内容:规划图框是一套图集的准绳,也是图件美观性的重要体现。其绘制内容包含规划项目名称+专题图名称+序号;图件绘制空白区(供不同专题图绘制);指北针及图例、比例尺;编制单位及编制日期等。

(2)要求:标题区需要用文字或结合 Logo 来揭示图件的核心信息,多位于图的上方第一行位置。按先后顺序通常由三部分构成,即旅游规划项目名称+专项图名称+图序号。如重庆彭水三义乡旅游发展规划(旅游规划项目名称)+区位关系图(专项图名称)+01(在所有图中的位置)。绘图区是具体进行不同主题信息绘制表达的区域,通常占据整幅图的绝大部分空间,一般位于图的中心位置。绘图区一般由两部分构成:图例说明及比例尺、指北针区(占比空间约 1/3);核心绘图区(表达整幅图核心信息区域,占比约 2/3)。编制说明区。多位于图下方的左、右侧,主要包含编制单位、编制日期,有的还有审核日期、审核人。

2.区位关系图绘制内容及要求

(1)内容:运用软件直观表达出规划地(三义乡)在宏观(中国)、中观(重庆)及微观(彭水)上的区位关系。

(2)要求:三个区位关系清晰明了;统一宏观、中观及微观规划底图的色调;少量文字说明阐释图件基本内容;空间布局合理美观;专题图名修改为区位关系图。

3. 综合现状图绘制内容及要求

(1)内容:运用软件直观表达出规划地(三义乡)的基本区情,核心信息包含三义乡六个村的村边界及范围;乡政府驻地;三义乡主要交通道路走向及分布;三义乡主要地物位置(水体、山地、资源等)。

(2)要求:在三义乡行政区划图基础上进行绘制;保持图框的统一性,将专题图名修改为综合现状图;少量文字说明阐释图件基本内容;插入少量地物图片进行佐证。

（三）实验过程与步骤描述

1.规划图框绘制详细过程

（1）建立“图框”文件并进行相关设置。打开 Photoshop CS，系统自动弹出一个文件设置对话框，在对话框中设置图的名称为“图框”，文件大小长度 1 100 像素，宽度为 750 像素，分辨率 72，颜色模式为 RGB，背景色为白色。

（2）整理 PS 工作界面。尤其是打开菜单栏的窗口命令下的导航器、图层、通道、标尺等工具，清理或关闭面板区不需要的显示，如色调、层叠等。

（3）划分文档窗口区范围。依靠标尺工具，在文档编辑区划分出标题区、绘图区、编制单位区、指北针及图例区四个区域的大致范围。

（4）绘制标题栏内容。选择在文档窗口区的标题区运用文字工具绘制出“重庆彭水三义乡旅游发展规划”一级标题名，空三格，绘制“某某图”，空一格输入 00 号图序号，完成标题区绘制。此时，需要设置出在文字工具选项栏里输入或选择字体为：行楷 30 浑厚，高度 105%，间距 111%。

（5）绘制绘图区的指北针及文字说明等。打开菜单栏的文件命令，点击打开工具，在弹出的对话框里找到所提供的“指北针”图像文件，同时，打开窗口菜单的平铺命令。在图框文件的文档窗口区的绘图区右侧 1/3 处上方，用移动工具将指标针文件拖入图框文件，同时运用变形工具调整指北针图像大小。同时，在指标针右侧用文字工具输入任意内容“三义乡区位特征文字介绍”，文字工具选项栏选择“黑色华文行楷 24 浑厚”。

（6）图件编制说明区绘制。在图框文件的文档窗口区的最下方，依照标尺范围，在最右侧用文字工具输入班级+姓名+学号，文字工具选项中选择行楷 24 黑体。在最左侧，通过移动+变形工具，插入编制单位的 Logo，所采用的命令依次是：点击菜单栏的文件“打开”命令，对话框里找到图像文件，点击打开按钮，调整窗口菜单下的显示方式为平铺，点击工具栏的移动工具，将文件拖移到“图框”文件里，而后进行缩小和移动操作，放置在左侧区域。

（7）整体图件背景图案设置。点击菜单栏的文件“打开”命令，对话框里找到山水画图像文件，点击打开按钮，调整窗口菜单下的显示方式为平铺，点击工具栏的移动工具，将山水画文件拖移到“图框”文件里，而后进行放大和移动操作。同时，在面板区，移动山水画所在图层到背景所在图层上方。

（8）后期修饰操作及存档。关闭先期打开的系列图像文件，只保留“图框”文件，从美观性角度重新微调整个文档窗口区的图形、文字大小及位置。打开文件菜单下的保存命令，设置文件类型为 PSD 格式。插入自带 U 盘，将“图框”PSD 文档存储保存好，下次在此图框基础上进行后期系列图件绘制。

2.区位关系图绘制过程

（1）文件设置。打开先期保存的图框 PSD 文件，并锁定图框图层，打开文件菜单下的“存储为”命令，设置文件类型为 PSD 格式，命名为“区位关系图”。

（2）绘制标题栏内容。将文字框“某某图”改为“区位关系图”，图序号改为01，完成标题区绘制。

（3）绘制三义乡微观区位图，如图2-1所示。点击菜单栏的文件“置入嵌入对象”命令，在弹出的对话框里找到“三义乡地图”图像文件，点击打开按钮，置入后进行放大和移动操作，根据图框将地图放置到绘图区合适位置。在面板区鼠标右键选择地图图层，选择栅格化图层。点击菜单栏的“图像”命令，将鼠标光标移到调整，点击“色相/饱和度”命令，在弹出的窗口中用鼠标拖动色相、饱和度、明度条，将地图整体的色彩与图框相匹配。

图2-1 插入三义乡地图并修饰

（4）绘制三义乡宏观区位和中观区位图。打开菜单栏的文件命令，点击“置入嵌入对象”，在弹出的对话框里找到所提供的“中国地图”“重庆地图”“彭水地图”图像文件并依次置入绘图区，同时运用变形工具调整图像大小，移动其位置与右侧三义乡地图形成区域等级关系，并将三个图像文件图层栅格化。

点击工具栏“魔棒工具”命令，分别在中国、重庆、彭水地图上选中重庆、彭水、三义乡对应区域。点击工具栏“油漆桶”命令，在右侧颜色窗口中选择标准红色，再点击刚刚所选择的区域将其填充，再点击魔棒工具，在画面区域右击，选择取消选区。

点击工具栏“椭圆工具”命令，在所填充的三个红色区域外画出大小合适的圈，椭圆工具选择栏选择“形状、无填充、深蓝色、5像素”。点击工具栏“弯度钢笔”命令，在所圈出的三个区域之间画出曲线将其连接起来，钢笔工具选项栏选择“形状、无填充、深蓝色、5像素、虚线描边”。在三张地图的下方运用文字工具分别绘制出“中国—重庆”“重庆—彭水”“彭水—三义乡”图名，文字工具栏选择栏选择“黑色华文行楷24浑厚”。

（5）绘制绘图区的指北针及文字说明等，如图2-2所示。打开菜单栏的文件命令，点击置入嵌入对象工具，在弹出的对话框里找到所提供的“指北针”图像文件，点击打开，而后进行缩放和移动操作。同时，在绘图区右部分用文字工具输入三义乡区位特征文字介绍，文字工具选项栏选择“黑色华文行楷24浑厚”。

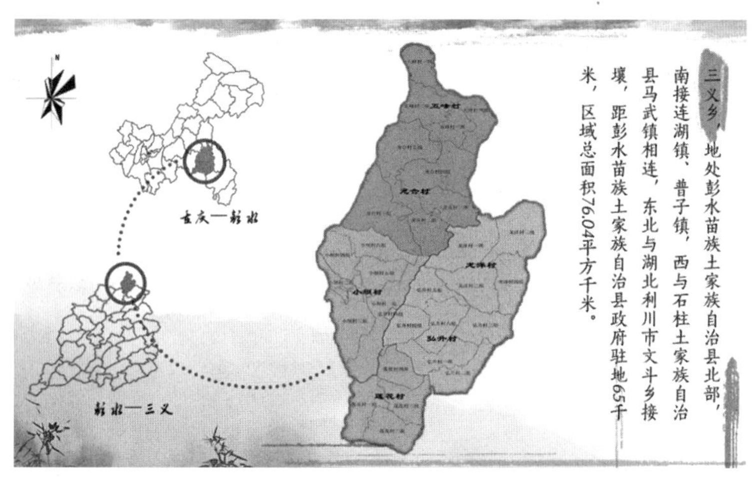

图 2-2　插入文字说明及指北针

（6）整体图件修饰绘制及存档。打开菜单栏的文件命令，点击置入嵌入对象工具，在弹出的对话框里找到所提供的“水墨边框”图像文件，点击打开，而后进行缩放和移动操作。从美观性角度重新微调整个窗口区的图形、文字大小及位置。点击文件菜单下的保存命令，再打开文件菜单下的“存储为”命令，设置文件类型为 JPG 格式，文件命名为“区位关系图”。插入自带 U 盘，将“区位关系图”PSD 和 JPG 文档存储保存。

3.综合现状图绘制过程

（1）文件设置。打开先期保存的图框 PSD 文件，并锁定图框图层，打开文件菜单下的“存储为”命令，设置文件类型为 PSD 格式，命名为“综合现状图”。

（2）绘制标题栏内容。将文字框“某某图”改为“综合现状图”，图序号改为 02，完成标题区绘制。

（3）绘制综合现状图，如图 2-3 所示。打开菜单栏的文件命令，点击置入嵌入对象工具，在弹出的对话框里找到上位规划所提供的“三义乡行政区划图”图像文件，点击打开按钮，而

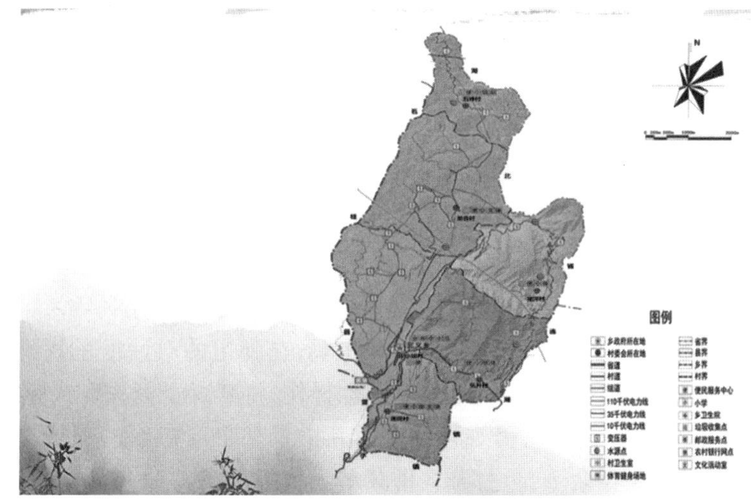

图 2-3　三义乡地图插入并修饰

后进行放大和移动操作，根据图框将地图放置到绘图区合适位置。

鼠标右键选择该图层，选择栅格化图层，并点击橡皮擦工具，将图件多余部分擦除，仅保留地图、图例、指北针和比例尺部分。

点击菜单栏的“图像”命令，将鼠标光标移到调整，点击“色相/饱和度”命令，在弹出的窗口中用鼠标拖动色相、饱和度、明度条，将地图整体的色彩与图框相匹配。

(4)绘制三义乡主要地物位置，如图 2-4 所示。打开菜单栏的文件命令，点击置入嵌入对象工具，在弹出的对话框里找到上位规划所提供的五张主要地物图像文件，依次置入，同时进行放大和移动操作，根据图框将各个地物图片放置到合适位置。

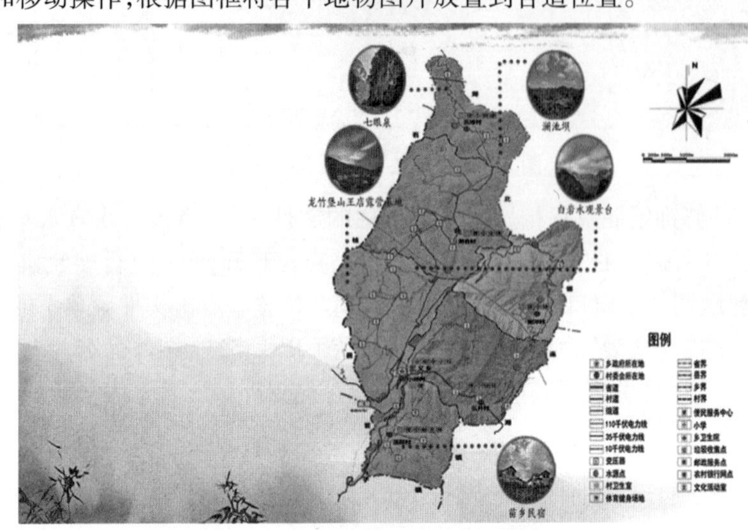

图 2-4　绘制规划区的主要地物

鼠标右键选择地物图片图层，选择栅格化图层。在工具栏选择“椭圆选框”工具，分别在各个地物图片图层选出合适的圆形区域，再右键选择“选择反向”命令。点击橡皮擦工具，将所选部分擦除。

点击工具栏“椭圆工具”命令，根据所剩余地物图画出大小合适的圆形边框，椭圆工具选择栏选择“形状、无填充、灰绿色、1 像素”。

点击工具栏“文字”命令，分别在每个主要地物图下方绘制其名称，文字工具选择栏选择“黑色华文行楷 15 平滑”。

点击工具栏“钢笔工具”命令，将地物图片与其在三义乡地图所对应位置用折线连接起来，钢笔工具选项栏选择选择“形状、无填充、灰绿色、5 像素、描边选项改为虚线”。

(5)绘制三义乡现状文字说明，如图 2-5 所示。选择在绘图区的左侧运用文字工具绘制出三义乡现状简单描述，文字工具选项栏选择“黑色华文行楷 15 平滑”。

打开菜单栏的文件命令，点击置入嵌入对象工具，在弹出的对话框里找到所提供的“水墨边框”图像文件，点击打开，而后进行缩放和移动操作，将其置于资源现状标题处。

(6)后期修饰操作及存档。从美观性角度重新微调整个窗口区的图形、文字大小及位置。点击文件菜单下的保存命令，再打开文件菜单下的“存储为”命令，设置文件类型为 JPG 格式，文件命名为“综合现状图”。插入自带 U 盘，将“综合现状图”PSD 和 JPG 文档存储保存。

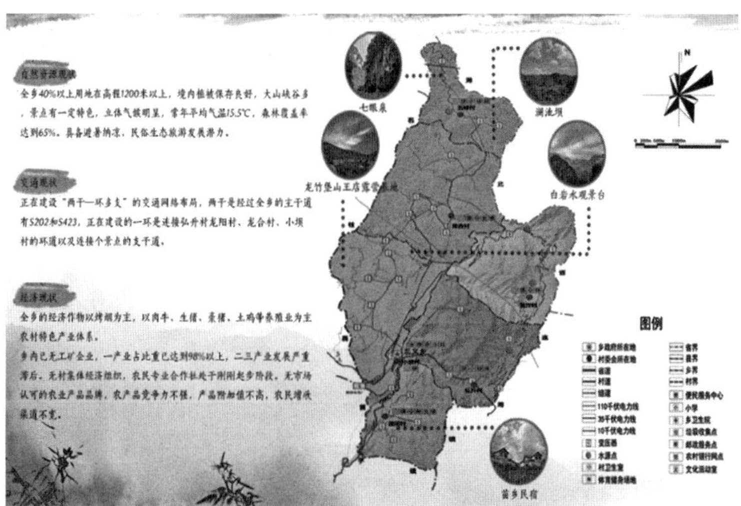

图 2-5　添加文字说明

(四)实验结果

1.图框文件成果

如图 2-6 所示。

图 2-6　图框绘制示范

2.区位关系图

如图 2-7 所示。

3.综合现状图

如图 2-8 所示。

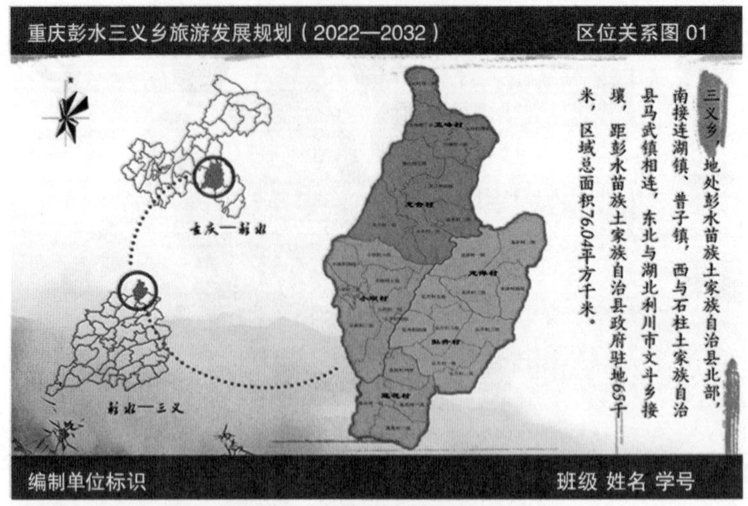

图 2-7　区位关系图绘制示范

图 2-8　综合现状图绘制示范

实验项目二：旅游资源分布及评价图及旅游功能分区图绘制

（一）实验目的与任务

1.实验目的

（1）检验对“旅游规划与开发”理论课的第一章、第三章的知识的实践运用程度。

（2）检测 Photoshop CS 软件的熟练运用程度，尤其是如何通过图形来清晰、美观、规范性标识出三义乡旅游资源空间分布及等级状况，三义乡旅游功能发展格局。

（3）团队合作意识。在进行本次实验之前，小组需要提前进行熟悉三义乡各类型旅游资源类型、分布，并按国标对各类资源进行赋分划定等级，共同商讨出如何划定三义乡旅游功能区。

2.实验任务

(1)绘制三义乡旅游资源分布及评价图。绘制前提是小组提前整理三义乡旅游资源类型及空间分布,按中华人民共和国国家标准《旅游资源分类、调查与评价》(GB/T 18972—2017),评定出每一个资源点等级。

(2)绘制三义乡旅游功能分区图。小组先期讨论三义乡旅游发展功能定位,而后结合理论课讲授的旅游地功能分区原则、方法,讨论出三义乡旅游功能分区格局。

(二)实验内容与要求

1.旅游资源分布及评价图绘制内容及要求

(1)内容:通过图形及文字方式,直观清晰呈现三义乡旅游资源类型、等级及空间分布状况。基本内容包括有规划地内的基本公共信息(交通道路、河流等),主要旅游资源点(七眼泉、三眼洞、中药材基地,梯田、移民新村、龙足宝、大白崖、黄农阡、脆红李基地、旱夔门、堡峰书院、百年老宅等),各旅游资源点等级,插入至少 4 个类型的特色资源点图片、指示线、图例。

(2)要求:排版布局合理。内容完整,至少呈现出自然和人文资源点名称、类型和等级。绘制前准备,需要熟悉规划地各景点的空间分布状况及每个资源点的区位特征,按国家标准评定出各个旅游资源点等级;在三义乡行政区划图基础上进行绘制;熟悉中华人民共和国国家标准《旅游资源分类、调查与评价》(GB/T 18972—2017)中关于不同等级的资源点图例形状及颜色,见表 2-1,不得私自变更。绘制线形要求:三义乡行政边界——红色点画线;S423、422 道路 4 号线性。

表 2-1　旅游资源评价等级及图例

旅游资源等级	得分区间	图例	使用说明
五级旅游资源	≥90 分	★	1.图例大小根据图面大小而定,形状不变; 2.自然旅游资源(表 A.1 中主类 A、B、C、D)使用蓝色图例;人文旅游资源(表 A.1 中主类 E、F、G、H)使用红色图例
四级旅游资源	75~89 分	■	
三级旅游资源	60~74 分	◆	
二级旅游资源	45~59 分	▲	
一级旅游资源	30~44 分	●	

注:五级旅游资源称为“特品级旅游资源”;五级、四级、三级旅游资源通称为“优良级旅游资源”;二级、一级旅游资源通称为“普通级旅游资源”。

2.旅游功能分区图绘制内容及要求

(1)内容:运用软件直观表达出规划地(三义乡)在宏观(中国)、中观(重庆)及微观(彭水)上的区位关系。

(2)要求:三个区位关系清晰明了;统一宏观、中观及微观规划底图的色调;少量文字说明阐释图件基本内容;空间布局合理美观;专题图名修改为区位关系图。

(三)实验过程与步骤描述

1.旅游资源分布及评价图绘制过程

(1)绘制前准备。小组提前确定出旅游资源类型、等级;准备好三义乡行政区划底图。

(2)文件设置。打开先期保存的图框 PSD 文件,并锁定图框图层,打开文件菜单下的“存储为”命令,设置文件类型为 PSD 格式,命名为“资源分布及评价图”。

(3)绘制标题栏内容。将文字框“某某图”改为“资源分布及评价图”,图序号改为 03,完成标题区绘制。

(4)绘制三义乡旅游资源分布图,如图 2-9 所示。打开菜单栏的文件命令,点击打开工具,在弹出的对话框里找到所提供的“三义乡地图”图像文件并打开,同时,打开窗口菜单的平铺命令,并将此图层锁定为背景。

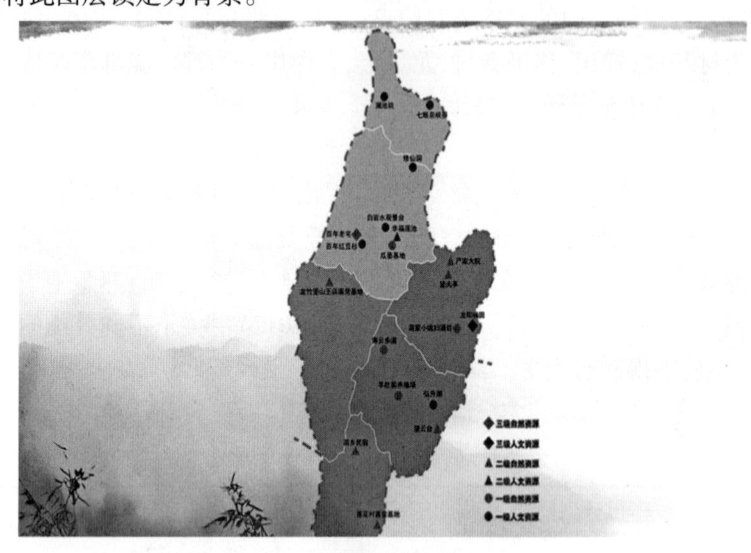

图 2-9 绘制旅游资源等级

图层最上方新建一个透明图层,点击工具栏“魔棒”命令,在背景图层将三义乡的六个村选取,同时切换到透明图层,点击工具栏“油漆桶”命令,将所选区域填充为绿色。

点击工具栏“弯度钢笔”命令,根据背景将三义乡行政边界勾画出来,钢笔工具选项栏选择“形状、无填充、灰绿色、5 像素”,打开描边选项,选择第二种款式,并在展开的窗口中点击更多选项,将虚线间隙改为 24,点击确定。

点击工具栏“椭圆工具”命令,在地图上任意画出一圆,椭圆工具选择栏选择“形状、红色填充、无描边、10 像素×10 像素”。右键复制该图层,在复制图层椭圆工具栏选择把标准红色改为标准蓝色。同理,使用工具栏“矩形工具”和“三角形工具”命令,分别绘制出红、蓝色菱形和三角形。通过复制粘贴快捷键,复制所绘制的图案,将其粘贴移动到地图中资源点相应的位置,以及地图右下角作为图例备用。

点击工具栏“文字”命令,分别在每个资源点标志旁绘制其名称并在右下角图例处绘制出标志图案所表示的资源等级和类型,文字工具选择栏选择“黑色黑体 15 平滑”。

取消锁定图层，并将图层删除。点击菜单栏的文件“存储为”命令，设置文件命名为“三义乡资源分布图”，文件类型为 JPG 格式。点击菜单栏的“置入嵌入图像”，将“三义乡资源分布图”图像文件置入最开始的“资源分布及评价图”文件里，图层模式改为正片叠底，而后进行放大和移动操作，置于绘图区中部。

(5)绘制三义乡主要旅游资源点示意图，如图 2-10 所示。打开菜单栏的文件命令，点击置入嵌入对象工具，在弹出的对话框里找到上位规划所提供的 7 个主要地物图像文件，依次置入，同时进行放大和移动操作，将各个地物图片放置到合适位置。

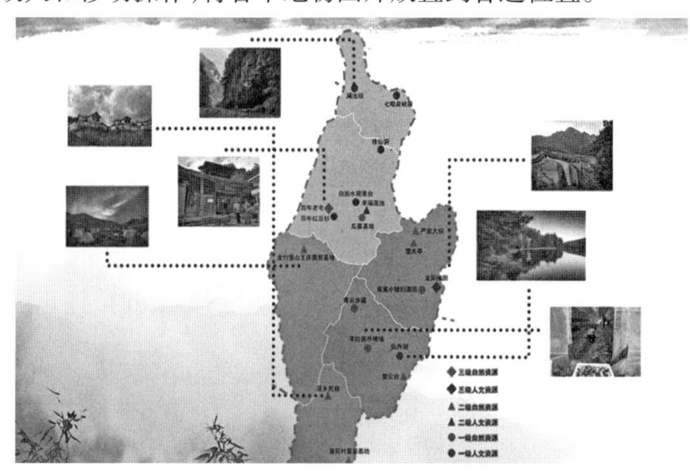

图 2-10　插入三义乡主要旅游资源照片

点击工具栏“钢笔工具”命令，将景点图与其在三义乡地图所对应位置用折线连接起来，钢笔工具选项栏选择“形状、无填充、灰绿色、5 像素”，描边选项改为虚线。

(6)绘制绘图区的指北针及文字说明，如图 2-11 所示。打开菜单栏的文件命令，点击置入嵌入对象工具，在弹出的对话框里找到所提供的“指北针”图像文件，点击打开，而后进行缩放和移动操作。同时，在绘图区左下部分用文字工具输入三义乡旅游资源文字介绍，文字工具选项栏选择“黑色华文行楷 24 浑厚”。

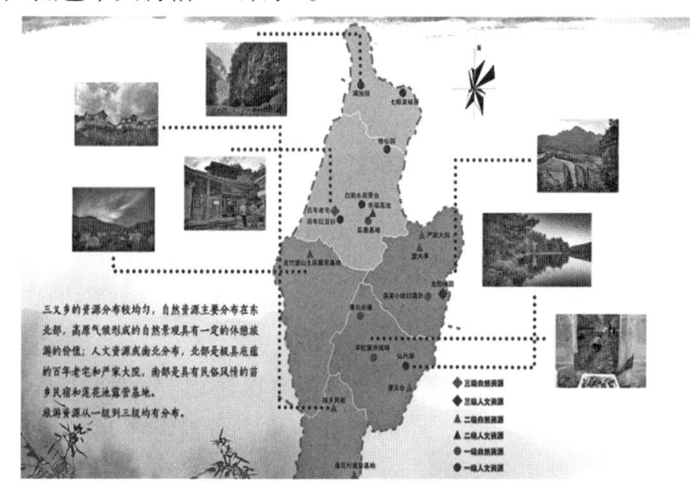

图 2-11　插入指北针及文字说明

(7)整体图件修饰绘制及存档。打开菜单栏的文件命令,点击置入嵌入对象工具,在弹出的对话框里找到所提供的"水墨边框"图像文件,点击打开,而后进行缩放和移动操作。从美观性角度重新微调整个窗口区的图形、文字大小及位置。点击文件菜单下的保存命令,再打开文件菜单下的"存储为"命令,设置文件类型为 JPG 格式,文件命名为"资源分布及评价图"。插入自带 U 盘,将"资源分布及评价图"PSD 和 JPG 文档存储保存。

2.旅游功能分区图绘制过程

(1)绘制前准备。小组讨论确定出三义旅游功能区边界、范围及名称;准备好规划底图(可以是行政区划图,也可是旅游资源分布图)。

(2)文件设置。打开先期保存的图框 PSD 文件,并锁定图框图层,打开文件菜单下的"存储为"命令,设置文件类型为 PSD 格式,命名为"功能分区图"。

(3)绘制标题栏内容。将文字框"某某图"改为功能分区图,将 00 号图序号改为 04,完成标题区绘制。

(4)绘制三义乡功能分区地图,如图 2-12 所示。打开菜单栏的文件命令,点击打开工具,在弹出的对话框里找到所提供的"三义乡地图"图像文件。同时,打开窗口菜单的平铺命令,并将此图层锁定作为背景。

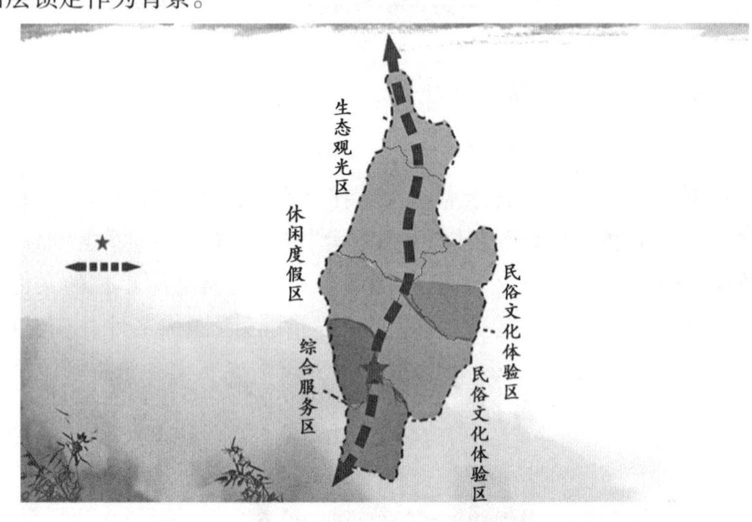

图 2-12 功能分区绘制

点击工具栏"弯度钢笔"命令,根据背景将三义乡行政边界勾画出来,钢笔工具选项栏选择"形状、无填充、黑色、10 像素"。打开描边选项,选择第二种款式,并在展开的窗口中点击更多选项,将虚线间隙改为 24,点击确定。用钢笔工具以同样的方式将三义乡村边界勾画出来,钢笔工具选项栏选择"形状、无填充、黑色",像素调整为 5 像素,描边选项为默认虚线。

点击工具栏"弯度钢笔"命令,根据事先所规划的功能分区将各个分区依次勾勒出来,钢笔工具选项栏选择"形状、对应颜色填充、无描边";再次使用"弯度钢笔"命令,画出所规划的中心轴,钢笔工具选项栏选择"形状、无填充、深绿色",像素调整为 30 像素,描边选项为默认虚线。点击工具栏"三角形工具"命令,在中心轴两端画出箭头,三角形工具选项栏选择"形状、相同颜色填充、无描边"。运用同样的方式,在绘图区左侧绘制出一条短直的轴线,作为图例备用。

点击工具栏“文字”命令，分别在每个分区旁绘制其名称，文字工具选择栏选择“黑色华文行楷 30 平滑”。

点击“多边形工具”命令，先设置多边形工具选项栏选择为“形状、红色填充、无边框”。点击路径选择，设置为不受约束，星形比例为 50%。边数为 5，在地图的旅游接待中心处画出五角星。运用复制粘贴，在绘图区左侧再绘制一颗较小五角星，作为图例备用。

(5)绘制图例、指北针和分区文字说明，如图 2-13 所示。点击工具栏“矩形工具”命令，在绘图区左侧画出合适大小的长方形作为分区图例，矩形工具选项栏选择“形状、各个区域相同颜色填充、无描边”。

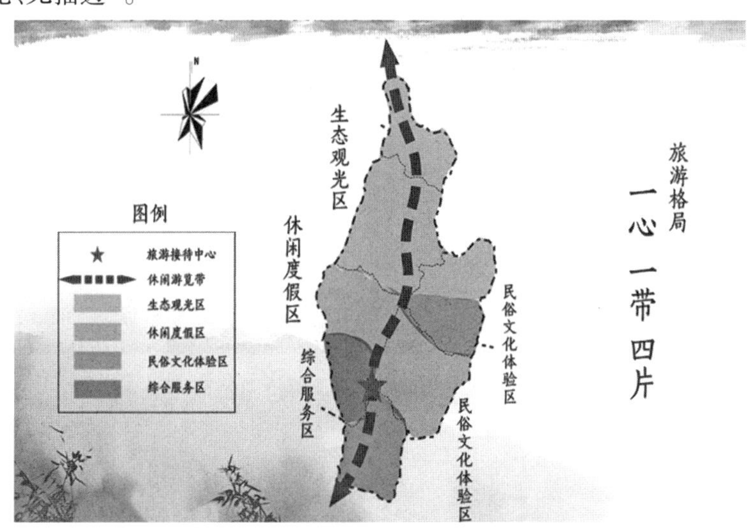

图 2-13　图例及指北针、分区文字说明

点击工具栏“文字”命令，分别在每个图例右侧绘制其名称，文字工具选择栏选择“黑色华文行楷 20 平滑”。点击工具栏“矩形工具”命令，在绘图区左侧画出合适大小的长方形将刚才绘制的图例框住，矩形工具选择栏选择“形状、无填充、黑色描边、1 像素、直线描边”。

点击工具栏“文字”命令，在方框中上方绘制“图例”标题，文字工具选择栏选择“黑色华文行楷 25 平滑”。

打开菜单栏的文件命令，点击置入嵌入对象工具，在弹出的对话框里找到所提供的“指北针”图像文件，点击打开，而后进行缩放和移动操作。同时，在绘图区右部分用文字工具输入三义乡旅游格局文字描述，文字工具选项栏选择“红棕色华文行楷 35 浑厚”。

(6)整体图件修饰绘制及存档。打开菜单栏的文件命令，点击置入嵌入对象工具，在弹出的对话框里找到所提供的“水墨边框”图像文件，点击打开，而后进行缩放和移动操作。从美观性角度重新微调整个文档窗口区的图形、文字大小及位置。点击文件菜单下的保存命令，再打开文件菜单下的存储为命令，设置文件类型为 JPG 格式，文件命名为“综合现状图”。插入自带 U 盘，将“综合现状图”PSD 和 JPG 文档存储保存。

(四)实验结果

1.旅游资源分布及评价图成果

如图 2-14 所示。

图 2-14 旅游资源分布及评价图示范

2.旅游功能分区图成果

如图 2-15 所示。

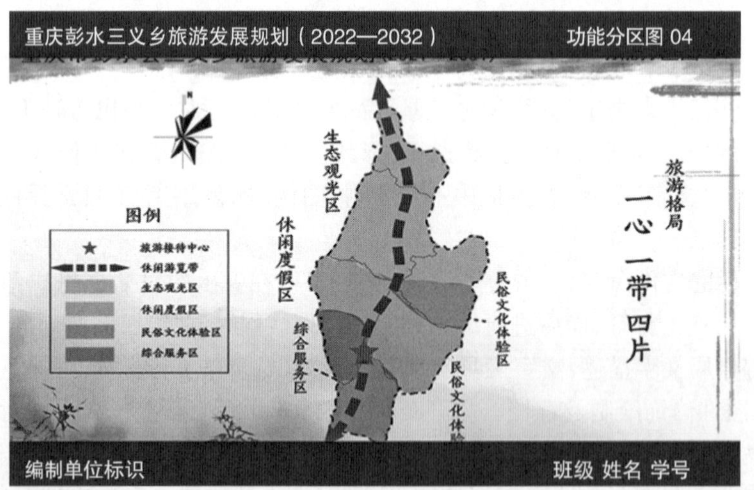

图 2-15 旅游功能分区图示范

实验项目三:旅游市场规划图及旅游交通规划图绘制

(一)实验目的与任务

1.实验目的

(1)检验对《旅游规划与开发》理论课的第二章、第五章的知识的实践运用程度。

(2)检测 PS 软件的熟练运用程度,尤其是如何通过图形来清晰、美观、规范性标识出三义乡三个不同的旅游市场的空间范围;三义乡旅游交通类型、等级、布局体系等。

(3)团队合作意识。在进行本次实验之前,小组需要提前通过问卷星进行三义乡旅游市场调查,掌握可能来三义乡的游客范围及规模,确定出核心、拓展、机会三个市场的省市、县、乡边界;结合三义乡现有交通现状并参考三义乡总体规划中的交通规划部分内容,确定出三义乡旅游交通类型、等级及走向、布局特征。

2.实验任务

(1)绘制三义乡旅游市场规划图。

(2)绘制三义乡旅游交通规划图。

(二)实验内容与要求

1.旅游市场规划图绘制内容及要求

(1)内容:用不同颜色或箭头标示出规划区各级客源市场范围;图例;文字简述三级市场名称及范围。

(2)要求:布局美观合理;内容完整清晰;提前商量规划地三个旅游市场范围;底图准备为中国行政区划图和重庆行政区划图。

2.旅游交通规划图绘制内容及要求

(1)内容:规划地旅游交通类型(此乡主要是公路交通;机动车道及游步道)、等级(省道及乡道、村道)、走向(主要是道路通达地名称)、关键交通节点、路网格局(所有交通走向空间分布特征)、关键停车场地及招呼站点;图例;必要文字说明(旅游交通格局描述)。

(2)要求:布局合理;区分出不同等级的道路线形粗细、色彩;文字说明只需写出整体交通路网格局即可,不得过多阐述。旅游资源点仅保留特色资源点即可;提前商讨出规划地三级客源市场范围及旅游交通走向、关键节点位置等。

(三)实验过程与步骤描述

1.旅游市场规划图绘制过程

(1)绘制前准备。小组通过调查分析,得出规划地核心、拓展及机会市场的空间范围。准备好中国行政区划图及重庆行政区划图。

(2)文件设置。打开先期保存的图框 PSD 文件,锁定图框图层,打开文件菜单下的“存储为”命令,设置文件类型为 PSD 格式,命名为“市场规划图”。

(3)绘制标题栏内容。将文字框“某某图”改为“市场规划图”,图序号改为05,完成标题区绘制。

(4)绘制三义乡旅游市场规划图。点击菜单栏的文件“置入嵌入对象”命令,对话框里找到“中国行政地图”和“重庆市行政地图”图像文件,点击打开按钮,而后进行放大和移动操作,根据图框将地图放置到绘图区,呈现出市场范围“主重庆、次中国”格局。

在所有图层的最上方新建一个透明图层,点击工具栏“魔棒”命令,先选取地图上的所有图斑,同时切换到透明图层,点击工具栏“油漆桶”命令,将所选区域填充为浅绿色,再用魔棒在两张地图图层将三义乡的市场规划区域选取,用油漆桶填充为深绿色。

点击工具栏“椭圆工具”命令,在地图上将市场规划区域分别圈出,椭圆工具选择栏选择“形状、浅绿色填充、黑色描边、1像素”,并在面板区将椭圆图层模式设置为正片叠底。

点击工具栏“钢笔”命令,在中国与重庆地图之间画出两条不平行的直线,以显示层次关系,钢笔工具选择栏选择“形状、无填充、黑色描边、1像素”。

点击工具栏“文字”命令,在所规划的市场区域绘制出其名称,文字工具选择栏选择“白色华文行楷24浑厚”。再用文字工具在每个市场等级圈旁绘制出其等级数字,文字工具选择栏选择“红棕色/深蓝色/深绿色、华文行楷30浑厚”。

(5)绘制指北针和分区文字说明。打开菜单栏的文件命令,点击置入嵌入对象工具,在弹出的对话框里找到所提供的“指北针”图像文件,点击打开,而后进行缩放和移动操作。

点击工具栏“文字”命令,在绘图区右侧绘制三个级别客源市场范围,文字工具选择栏选择“黑色华文行楷20平滑”,市场标题颜色改为红棕色。

(6)整体图件修饰绘制及存档。从美观性角度重新微调整个窗口区的图形、文字大小及位置。点击文件菜单下的保存命令,再打开文件菜单下的存储为命令,设置文件类型为JPG格式,文件命名为“综合现状图”。插入自带U盘,将“综合现状图”PSD和JPG文档存储保存。

2.旅游交通规划绘制过程

(1)绘制前准备。小组商议出三义乡外部交通和内部交通走向、类型及关键交通节点、停车场、招呼站位置及数量等。三义乡旅游资源分布图及三义乡综合交通规划图为规划底图。

(2)文件设置。打开先期保存的图框PSD文件,并锁定图框图层,打开文件菜单下的“存储为”命令,设置文件类型为PSD格式,命名为“交通规划图”。

(3)绘制标题栏内容。将文字框“某某图”改为“交通规划图”,图序号改为06,完成标题区绘制。

(4)绘制三义乡旅游交通规划图,如图2-16所示。打开菜单栏的文件命令,点击打开,在弹出的对话框里找到之前所绘制的“资源分布及评价图”PSD文件,在面板区,将除了“地图、行政边界、地图中资源点”以外的图层全部删除,点击工具栏的移动工具,将剩余图层拖移到“交通规划图”文件里,而后进行放大和移动操作,并将“三义乡资源分布及评价图”PSD文件关闭不存储。同时,在面板区,将拖入的图层移动到背景所在图层上方。

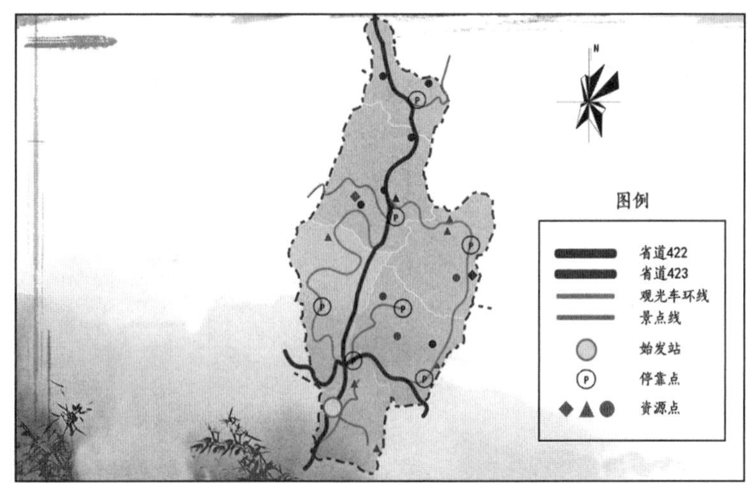

图 2-16 旅游交通规划线路绘制

打开菜单栏的文件命令，点击置入嵌入对象，在弹出的对话框里找到所给的规划上位规划中的交通规划图，点击打开，在面板区将该图层透明度调为 50%并置于所有图层上方，用移动工具和缩放工具将其与“资源分布地图”边界重合。

点击工具栏“弯曲钢笔工具”命令，将“行政边界”图层钢笔工具选择栏改为“形状、无填充、黑色描边、5 像素”，再根据置入的交通规划图和所做旅游规划勾勒出两条省道、观光车环线和景点线。钢笔工具选择栏改为“形状、无填充、深绿色/深棕色/红色/紫色描边、10/5 像素”，完毕后将交通规划图图层删除。

打开菜单栏的文件命令，点击置入嵌入对象，在弹出的对话框里找到所给的停车场标志，点击打开，用移动工具将其置入地图上所规划的停靠点并调整为合适大小。

点击工具栏“椭圆工具”命令，在地图中的观光车始发站处画一个大小合适的圆，椭圆工具选择栏选择“形状、黄色填充、橙色边框、1 像素、直线描边”。

(5)绘制图例、指北针和格局文字说明，如图 2-17 所示。点击工具栏“钢笔工具”命令，在绘图区右侧画出四条合适长短的平行线作为交通路线图例，钢笔工具选项栏选择“形状、无填充、深绿色/深棕色/红色/紫色描边、10/5 像素、直线描边”。

复制刚才所绘制的停靠点、始发站以及资源点图层，用移动和缩放工具将其依次置于平行线下方。

点击工具栏“文字”命令，分别在每个图例右侧绘制其名称，文字工具选择栏选择“黑色黑体 20 平滑”。

点击工具栏“矩形工具”命令，在绘图区右侧画出合适大小的长方形将刚才绘制的图例框住，矩形工具选择栏选择“形状、无填充、黑色描边、1 像素、直线描边”。

点击工具栏“文字”命令，在方框中上方绘制“图例”标题，文字工具选择栏选择“黑色华文行楷 25 平滑”。

打开菜单栏的文件命令，点击置入嵌入对象工具，在弹出的对话框里找到所提供的“指北针”图像文件，点击打开，而后进行缩放和移动操作。同时，在绘图区左部分用文字工具输入三义乡交通格局文字描述，文字工具选项栏选择“红棕色华文行楷 35 浑厚”。

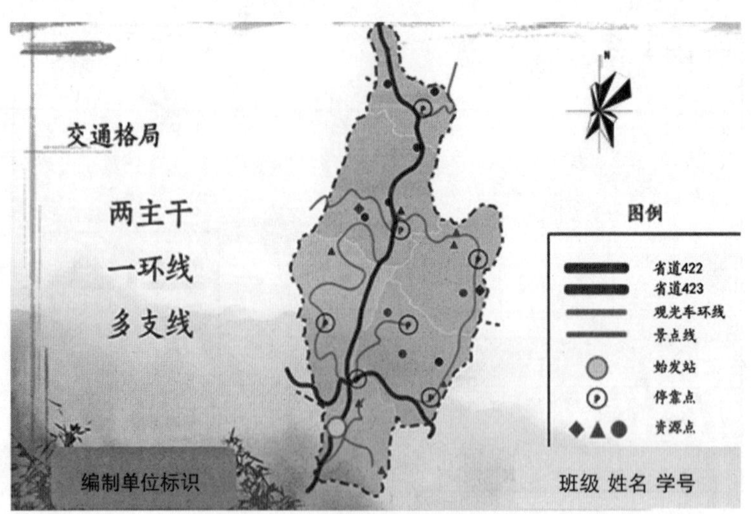

图 2-17 旅游交通规划其他绘制

(6)整体图件修饰绘制及存档。从美观性角度重新微调整个窗口区的图形、文字大小及位置。点击文件菜单下的保存命令,再打开文件菜单下的存储为命令,设置文件类型为 JPG 格式。插入自带 U 盘,将“交通规划图”PSD 和 JPG 文档存储保存。

(四)实验结果

1.旅游市场规划图成果

如图 2-18 所示。

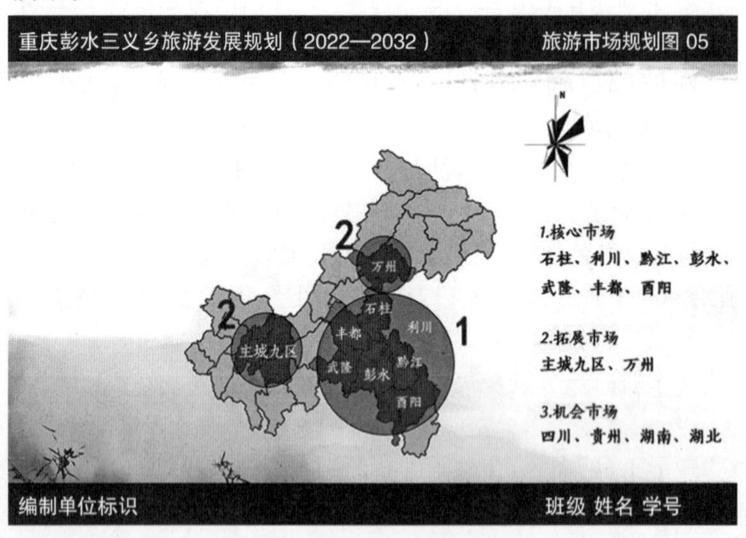

图 2-18 旅游市场规划图示范

2.旅游交通规划图成果

如图 2-19 所示。

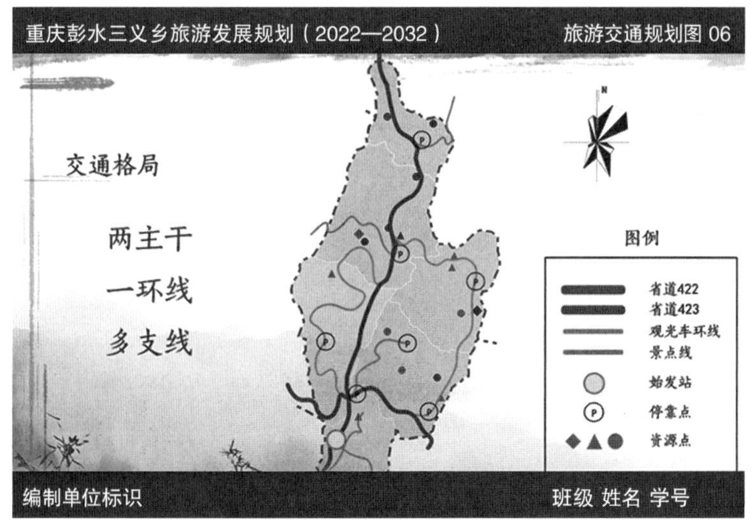

图 2-19　旅游交通规划图示范

实验项目四:旅游规划说明书及成果汇报

(一)实验目的与任务

1.实验目的

(1)检验对“旅游规划与开发”理论课所有知识体系的集中运用。

(2)检验 PPT 软件的制作水平,美观度及内容完整度。

(3)检验汇报人的现场汇报能力及临场回答问题的反应能力。

(4)团队协作及分工意识。在进行本次实验之前,小组需要集体讨论出规划地的发展定位、功能分区、市场范围、重点项目名称、旅游基础设施及接待设施分布及数量、保障体系基本内容等,依据老师提供的说明书大纲,分工进行文字写作并进行统稿修订。同时,编制汇报 PPT 并进行预演。

2.实验任务

(1)提交完整版的“重庆彭水三义乡旅游发展规划”说明书一份。

(2)PPT 现场汇报三义乡旅游发展规划基本内容。

(二)实验内容与要求

1.规划说明书编制内容及要求

(1)内容:按照旅游总体规划的基本内容,本次说明书内容如下。

第一章　规划背景介绍

一、规划背景

二、规划区概况

三、上位规划要求

第二章　旅游资源分类与评价

一、旅游资源概况

二、旅游资源类型

三、旅游资源评价

第三章　旅游市场调查分析与预测

一、重庆旅游市场分析

二、三义乡旅游目标市场

三、三义乡旅游市场规模预测

第四章　旅游主题定位

一、发展目标定位

二、发展功能定位

三、旅游形象定位

第五章　旅游空间功能划分

一、分区原则

二、发展格局

三、分区任务

第六章　旅游项目策划

一、特色项目一

二、特色项目二

三、特色项目三

第七章　旅游基础设施及接待设施规划

一、旅游交通规划

二、接待设施规划

三、公共服务规划

第八章　旅游保障体系规划

一、组织保障

二、政策保障

三、资金保障

四、人才保障

五、技术保障

附件：

1.区位关系图

2.综合现状图

3.旅游资源分布及评价图

4.旅游市场规划图

5.旅游功能分区图

6.旅游交通规划图

（2）要求。

格式及打印要求：一级标题用“第×章”（黑体四号）；二级标题用“一、”“二、”表示（黑体小四号）；三级标题用“1.”“2.”表示（宋体五号）；四级标题用“（1）”“（2）”表示（宋体小五号）；正文宋体五号，所有行距23磅。页码格式为“-页数字-”。从目录页开始全部采取两栏排版，图件除外。章与章之间分页排版。图件打印用彩色A4横向排版，一张图一页。说明书文字部分采取A4横向打印。

说明书装订要求：左侧或上侧装订；浅蓝色硬质封面和封底。

2.PPT制作及现场汇报内容及要求

（1）内容：PPT内容必须完整呈现规划说明书的8个章节的核心内容；现场汇报主要围绕PPT内容展开。

（2）要求：PPT制作图文并茂，避免过多文字堆积；总页数不超过30张；重点突出。现场汇报注意形象气质佳、口齿清晰、详略得当、时间控制合理（每组10分钟汇报，5分钟回答问题），小组回答问题时候，准确率高，不得诋毁人格和争吵等。

（三）实验过程与步骤描述

（1）汇报前准备。小组提前准备好汇报用PPT文件，上机时候将汇报说明书拷贝到教师端机器，并进行汇报前的预期演示，目的是测试幻灯片的可靠性和顺畅性。等待按抽签顺序决定的汇报时间。

（2）正式汇报环节。小组派出组长进行现场汇报，其他成员做好回答问题准备。

（3）回答问题环节。小组汇报完毕后，其他各组就汇报内容进行提问，小组成员进行解答。

（4）老师进行点评总结。邀请了校内外旅游规划专家、从业者、任课老师进行点评打分，保障了实验打分的客观性，同时也发现了自身的不足。

（四）实验结果

（1）“重庆彭水三义乡旅游发展规划”说明书一份。

（2）“重庆彭水三义乡旅游发展规划”PPT。

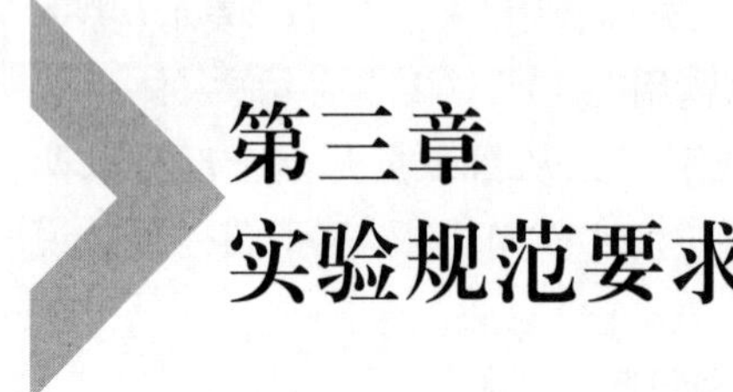

第三章 实验规范要求

任何实验都必须依照一定规范及要求进行,否则很难达到预期实验效果,旅游规划实验也不例外。旅游规划与开发实验课程所必须遵从的实验规范包括实验报告书撰写规范、旅游规划说明书编制规范、旅游规划制图编制规范三部分内容。

第一节 实验报告书撰写规范

实验报告书是将每次实验过程及步骤进行详细记录并总结的书面形式,是评估实验效果和调整优化实验设计的重要依据。

一、实验目的与任务

1.实验目的

实验目的撰写可以考虑从以下四个方面进行。

(1)检测如何将旅游规划的相关理论依托具体的某旅游地进行系统性的规划说明书编制能力。

(2)检测对专项旅游规划图件制作的规范性、美观性、完整性认知和表现能力。

(3)检测对《旅游规划通则》《旅游景区公共信息导向系统设置规范》《旅游资源分类、调查与评价》等国家标准的具体实验运用能力。

(4)检测对实验可能涉及的 Photoshop CS、AutoCAD、WPS、PPT 或 Word 软件的熟练运用程度。

(5)检测对规划成果的现场汇报能力。

2.实验任务

本次实验任务撰写可以从以下两方面思考。

(1)旅游规划相关图件的绘制,包含区位关系图,旅游市场规划图,旅游资源分布及评价图,旅游功能分区图,旅游交通规划图及其他图件绘制。

(2)综合性规划说明书编制和成果 PPT 制作及汇报。通过选择重庆彭水三义乡为案例地，借助前期的案例地区情分析、图片分析、视频欣赏及上位规划要求，初步按旅游规划的基本要求和内容，编制符合规范的旅游发展规划说明书，并通过编制 PPT 形式呈现和汇报出来。

二、实验内容与要求

本次实验内容可以划分为至少五张旅游规划与开发主要图件绘制及一份《重庆彭水三义乡旅游发展规划》规划说明书编制。具体要求如下。

（一）旅游规划图件绘制内容及要求

1.图件绘制内容

（1）区位关系图内容。应该直观表达出规划地在宏观、中观及微观上的区位关系。

（2）旅游资源分布及评价图内容。直观呈现规划地旅游资源的类型、等级及空间分布状况。

（3）旅游市场规划图内容。直观呈现旅游地核心、机会和拓展市场的空间大致边界范围。

（4）旅游功能分区图内容。直观呈现旅游地功能区域空间范围、区域名称。

（5）旅游交通规划图内容。直观呈现旅游地内部和外部交通的类型、等级、走向及重要交通节点、交通设施分布等。

（6）综合现状图内容。直观呈现规划地交通、山系、水系、行政区边界及乡镇驻地位置等基本信息。

（7）旅游公服设施规划图内容。直观呈现规划地未来旅游公服设施空间分布及类型结构情况。

（8）旅游重点项目规划图内容。直观呈现规划地未来不同时期需要建设的重大旅游项目空间位置。

注：后面三项图件可以选做。

2.图件绘制要求

（1）规范性要求。旅游规划各类图件绘制必须尊重以下规划文件、标准要求（部分）。

①《旅游规划通则》（GB/T 18971—2003）；

②《中华人民共和国旅游资源分类、调查与评价》（GB/T 18972—2017）中的图件部分；

③《城市综合交通体系规划标准》（GB/T 51328—2018）；

④《标志用公共信息图形符号　第 2 部分：旅游设施与服务符号》（GB/T 10001.2—2012）；

⑤《旅游厕所质量要求与评定》（GB/T 18973—2022）；

⑥《公路工程技术标准》（JTG B01—2019）；

⑦《城市规划制图标准》（CJJ/T 97—2003）；

⑧《旅游景区公共信息导向系统设置规范》（GB/T 31384—2015）。

（2）美观性要求。旅游规划的任意单幅图件需要符合审美的基本原则。主要体现在以下 3 点。

①符合均衡原则，单幅图的空白和非空白部分整体均衡，避免出现失重感。

②关键信息凸显原则，单幅图的关键信息（体现图的核心内容）和其他信息排版时候，需要合理划分，避免关键信息不突出情况。

③颜色和造型配置合理性，单幅图不宜超过三种颜色色系，最好采用单色系进行明度、浓度变化来实现多信息表达。

（3）完整性要求。即每一张图需要直观、清晰、完整表达出所在专题图应该包含的基本内容。一般地，应包括图框、绘图区、编制单位及日期、编制者、项目名称及专题图名、指北针及风玫瑰、比例尺等，同时每一张图所表达的内容应符合前述 1.1 所规定的内容。

（二）规划说明书内容及要求

1.规划说明书内容

至少包含旅游规划背景；旅游资源调查、分类及评价；旅游市场调查分析与预测；旅游发展主题定位；旅游功能分区；旅游项目策划；旅游基础设施规划；旅游接待服务及公服设施规划；旅游保障体系规划，系列图件等。

2.规划说明书要求

内容完整，旅游总体规划说明书 9 章内容缺一不可；格式规范性高（见第二节）。

三、实验过程与步骤描述

本部分需要结合每次实验项目展开，分为教师版和学生版要求。

1.实验过程及步骤要求（教师版）

（1）实验项目一：旅游地发展的优劣势分析及独特卖点。

◆课前任务：

组建 5~6 人的规划编制小组，设组长一名。

小组集体认真阅读给定的旅游地相关材料，思考旅游地发展旅游的优、劣势及基于竞争考虑下的独特卖点，并编制汇报 PPT，汇报标题为“旅游地发展优劣势分析及独特卖点”。

小组集体阅读给定旅游地的旅游资源的相关介绍及视频、幻灯片介绍材料，按《中华人民共和国旅游资源分类、调查与评价》2017 版要求，对规划地所有旅游资源进行评分和给定等级，为课堂个人上机绘图做准备。

◆课堂任务：

每组 3~5 分钟汇报规划地旅游发展的优劣势及独特卖点。

老师点评每组汇报内容并给予引导。

开始绘制个人平时作业任务：《区位关系图》《旅游资源分布及评价图》。

◆课后任务：

小组继续讨论优化旅游独特卖点及如何发挥优势、补齐短板。

小组讨论第二次实验汇报内容：旅游地的客源市场范围及旅游地发展定位。

进一步优化和完成个人两张图的绘制。

◆注意事项：

旅游地优劣势分析务必从交通区位、旅游资源区位、经济区位、市场区位、旅游发展基础等几个方面思考。

旅游地旅游资源评价务必遵循国标规定，客观、公正进行赋分，不强求五个等级必须都有。

(2)实验项目二：旅游地市场细分及主题定位。

◆课前任务：

小组制定旅游地市场调查问卷表并进行发放回收（网络发放或现场发放），整理分析出规划地的市场知晓度及知晓人群的基本特征。

小组集体讨论出旅游地的旅游客源市场范围及主要服务目标市场；基于竞争角度下的旅游地的旅游发展目标及旅游功能，旅游地的空间功能分区编制汇报 PPT，汇报标题为"旅游地市场定位及发展目标设定"。

集体讨论基于目标定位下的旅游地空间功能划分。

◆课堂任务：

每组用 3~5 分钟时间汇报规划地的市场定位及发展目标、空间功能划分；老师点评每组汇报内容并给予引导。

开始绘制个人平时作业任务："旅游市场规划图""旅游空间功能分区图"。

◆课后任务：

小组继续讨论优化和调整旅游地的市场定位、发展目标、功能分区。

小组讨论第三次实验汇报内容：旅游地旅游项目策划及配套设施规划的核心内容。

进一步优化和完成本次个人两张图的绘制。

◆注意事项：

旅游市场调查问卷表设计内容必须包含六大内容：调查对象的人口统计因素；旅游决策过程；旅游消费特征；旅游知晓度；旅游消费满意度；具体设计题目参加附件《旅游市场调查表》。

旅游发展目标及功能设定必须结合市场目标人群，切忌市场与定位错位。

旅游空间功能分区要按照理论课讲授的五个分区原则进行，同时注意大尺度和小尺度的旅游地（点）分区的差异；注意认真思考各个分区的命名、旅游功能、在旅游地的作用，切忌随意分区。

(3)实验项目三：旅游项目策划及配套体系规划。

◆课前任务：

结合前次的市场定位及发展主题，小组集体讨论出 1~2 个具有一定创新性、可行性的引爆旅游项目。

结合市场定位及功能分区，小组集体讨论出旅游地发展旅游时，在交通、餐饮、住宿、购物、娱乐等配套设施上需要规划的核心点，并形成初步的配套设施规划方案。

◆课堂任务：

每组 3~5 分钟汇报规划地旅游项目策划及配套体系规划要点。

老师点评每组汇报内容并给予引导。

开始绘制个人平时作业任务："旅游交通规划图""旅游接待设施规划图"。

◆课后任务：

小组继续讨论优化旅游项目策划内容及配套设施规划内容。

小组分工完成"旅游规划说明书"及汇报 PPT。

进一步优化和完成个人两张图的绘制。

◆注意事项：

旅游项目策划务必要与前述市场群体、功能定位匹配，同时，考虑策划项目是否可行，是否具有一定的创新力。

旅游交通规划要遵循"进得来、出得去、散得开、体验性、快进出和慢游览"原则，设置合理的内外交通线路走向、标注关键交通节点，网络状、环状或树枝状交通网络特征。

旅游餐饮、住宿、购物、娱乐规划需要考虑空间合理性、档次结构合理性、地域特色性、市场匹配性。

(4)实验项目四：成果汇报及点评。

◆课前任务：

小组编制完成"某某旅游地旅游发展规划说明书"和"某某旅游地旅游发展规划"PPT。

◆课堂任务：

各小组现场进行抽签，确定汇报顺序。

小组进行汇报，汇报时间 8~10 分钟。

非汇报小组选派一名学生进行提问，时间 5 分钟。

老师点评。

◆课后任务：

继续完善小组汇报 PPT 并提交到在线平台。

继续完善说明书内容并提交到在线平台。

◆注意事项：

严格遵循规划说明书的内容及格式要求。

2.实验过程及步骤要求(学生版)

(1)实验前准备，见表 3-1。每次实验需要提前熟悉老师布置的实验任务，准备好实验所需基础资料；提前熟悉实验所用的至少两个软件，Photoshop CS 和 AutoCAD。

表 3-1　旅游规划实验前准备清单

实验项目序号	实验任务		准备内容	
	小组	个人	小组	个人
实验项目一	旅游发展优劣势及独特卖点	区位关系图及综合现状图	熟悉规划地基础资料；熟悉上位规划要求	熟悉制图所需软件

续表

实验项目序号	实验任务		准备内容	
	小组	个人	小组	个人
实验项目二	旅游市场范围及发展主题	旅游资源分布及评价图；旅游功能分区图	规划地旅游市场调查并分析； 周边区域旅游竞争调查分析； 讨论出规划地旅游资源类型及等级	熟悉制图软件； 参与小组分配任务
实验项目三	旅游项目策划及接待设施规划	旅游交通规划及旅游市场规划图	阅读同类资源旅游项目策划基本情况；熟悉规划地旅游交通及接待服务设施现状	熟悉制图软件； 参与小组分配任务
实验项目四	成果汇报	提问	汇报 PPT 编制； 规划说明书编制	提问问题准备

(2)实验中要求，见表 3-2。首先各小组协商讨论，绘制旅游规划所需的所有图件的基础图框，具体要求见《旅游规划制图规程》图框部分；其次就每次制图的具体任务进行针对性绘制，就每次小组汇报任务进行针对性准备。

表 3-2　实验过程中的要求清单

实验项目序号	实验任务		任务内容	
	小组	个人	小组	个人
实验项目一	旅游发展优劣势及独特卖点汇报	区位关系图及综合现状图	规划图框设计并派发同组成员；汇报内容优化	两张图绘制
实验项目二	旅游市场范围及发展主题汇报	旅游资源分布及评价图；旅游功能分区图	汇报内容优化调整	两张图绘制
实验项目三	旅游项目策划及接待设施规划汇报	旅游交通规划及旅游市场规划图	汇报内容优化调整	两张图绘制
实验项目四	成果汇报	提问	做好记录并优化调整	进一步优化前提图件

(3)实验后要求：个人按时完成每次两张图的绘制并提交；小组就课堂上教师点评及其他组汇报内容进行后期任务优化调整。

四、实验结果

(1)前三次实验成果为每次绘制的两张图。

(2)最后一次实验为规划说明书及全部图件集。

五、实验总结

(1)从绘图软件运用上进行总结,如关键工具运用技巧,关键节点的控制方法。

(2)从图件内容完整性、美观性及规范性上进行总结思考,发现存在的不足及肯定的地方。

第二节　旅游规划说明书编制规范

旅游规划说明书是对规划地发展及建设的系统性规划阐释,包含旅游发展规划说明书和详细规划说明书两类。本规划说明书侧重发展规划说明书编制要求。

一、内容要求

1.规划背景

首先,需要简单叙述国际、国内、区域旅游发展的宏观状况,目的是为规划地旅游发展提供良好的宏观发展背景。其次,阐释规划地的基本概况,重点是地理、人口、经济等基本情况,目的是分析区域现状对旅游发展的支撑力。最后,上位规划要求。分析规划地旅游规划的上位规划对该地的旅游定位及要求,目的是避免即将要进行的规划与上位规划冲突。上位规划一般是指旅游地所在地方的经济社会发展规划、国土空间规划及上位旅游总体规划。

2.旅游资源分类与评价

此部分需要首先阐明规划地旅游资源的类型有哪些,每一类型的典型资源点特点是什么。其次按国标 2017 要求,对规划地的所有旅游资源进行评价赋分,同时确定出各自等级。特别注意,不是规划地的所有旅游资源都必须划分出五个等级。同步,此部分应该配上旅游资源分布及评价图、规划地旅游资源类型表、规划地旅游资源评价表。

3.旅游市场分析与预测

此部分需要首先分析规划地所在的区域旅游市场基本特征,即 5 个 W 1 个 H(Who, Why, Where, When, What, How)。其次借助先期进行的旅游地旅游市场调查分析问卷,通过整理、分析出到该地来旅游的游客的基本特征、出游决策、旅游消费特征及旅游满意度情况等四大部分内容,精准找到来该地旅游的游客的市场范围,为后面的三级市场划分做准备,也为后期的发展定位和配套设施规划提供分析依据。最后,按旅游市场预测方法,合理选择预测工具,大致预测未来的某个阶段的游客量。同步,此部分需要配上旅游市场规划图、旅游市场调查分析系列图表。

4.旅游发展主题定位

结合前述分析,找到规划地旅游发展的目标、功能及形象定位,3 个定位是旅游发展主题定位的核心。旅游发展目标定位需要结合经济、社会及环境三大目标进行阐述;旅游功能定位需要结合产业定位、竞争定位、旅游功能来阐释；旅游形象定位需要运用合适的形象定位方法，策划出一个及以上旅游形象口号宣传语。

5.旅游功能分区规划

旅游功能分区是结合前述旅游功能定位来实现的。要求将规划地结合旅游资源分布及区位状况，合理划分出几个功能区。旅游功能分区需要依据功能分区的基本原则，用简洁的语言归纳出旅游地的分区格局，如“一心三带”“一心四区一线”等。其次需要结合划分出的几个功能区，详细阐释每个功能区的名称、范围、特色资源、旅游功能及该区在整个旅游地中的地位及作用。此部分需要同步配上旅游功能分区图。

6.旅游项目策划

旅游项目策划是结合旅游功能定位要求，再结合功能分区，为每一个功能区策划一至两个创意性活动项目。旅游项目策划需要包括项目名称、项目位置、项目旅游功能、项目活动内容、项目实施保障等几部分内容，同时，项目策划要求具有可操作性、创新性及可行性。

7.旅游基础设施规划

旅游基础设施规划是为旅游发展提供基础保障的地方水、电、气、交通、通信等设施的统称，重点是旅游交通规划。旅游交通规划包含到达旅游地的外部交通规划和旅游地内部通达各景点的交通规划两部分。此部分规划需要遵循旅游交通规划的基本原则，合理设置交通类型、路网结构、交通节点和配置必要的交通设施。同时，需要配上旅游交通规划图。

8.旅游接待服务及公服设施规划

旅游接待服务设施是主要为游客服务的餐饮、住宿、购物、娱乐等设施的总称。其规划内容包含接待服务设施的布局、档次结构、服务要求及不同时段的配置标准。此部分，需要配上旅游接待服务设施分布图。旅游公服设施规划包含旅游指示系统、旅游环卫、游客中心、旅游卫生几个方面规划，同时配上旅游公服设施布局图。

9.旅游保障体系规划

旅游保障体系是为区域旅游发展提供支持的宏观性环境内容。主要包含组织、政策、人才、资金及技术五个内容。组织保障侧重于建立完善的政府、民间、企业三位一体的旅游发展组织体系。政策保障重点是地方政府出台推进旅游业发展的系列措施，如用地优惠、税收减免、人才支持等，同时，为维持旅游业健康有序发展，地方政府及人大编制并发布系列旅游条例及行业规章。人才保障重点是分析规划地现有的旅游人才特征，找到其短板，提出未来旅游人才在质量和数量方面的需求。资金保障重点是规划出推进地方旅游业发展的多元融资或筹资渠道，包含政府财政资金、企业自筹资金、银行借贷资金和民间集资或众筹等。技术保障重点是运用现代互联网技术及人工智能、大数据、云计算、物联网等，为旅游业发展赋能。

10.附件

主要包含旅游发展规划必须的图件集，一般有区位关系图、综合现状图、旅游资源分布及评价图、旅游市场规划图、旅游功能分区图、旅游交通规划图、旅游接待设施布局图、旅游公服设施布局图、旅游重点项目分布图等。其中,综合现状图、旅游公服设施布局图、旅游重点项目分布图可选做。

二、格式要求

为保障规划说明书的规范性,特进行格式说明,具体的格式模板见后。

1.格式及打印要求

(1)标题要求:一级标题用“第×章”(黑体四号);二级标题用“一、”“二、”表示(黑体小四号);三级标题用“1.”“2.”表示(宋体五号);四级标题用“(1)”“(2)”表示(宋体小五号);正文宋体五号,所有行距23磅。

(2)页码格式:采用页脚标注,如“-数字-”。

(3)排版要求:从目录页开始全部采取两栏排版,但图件除外。章与章之间分页排版。

(4)打印要求:图件打印用彩色A4横向排版,一张图一页。说明书文字部分采取A4横向打印。

2.说明书装订要求

(1)左侧两颗钉装订。

(2)封面和封底采用浅蓝色硬质纸张。

(3)装订顺序:封面、成绩评定表、目录、正文、图件。

三、说明书模板

说明书封面构成

重庆彭水三义乡旅游发展规划

(说明书)

班级:______________________

成员:______________________

日期:______________________

编制单位

成绩评定表

编制小组成员成绩考核表

内容 姓名	负责章节	完成字数(千字)	评定分数	备注

注:此表字体和字号,行距不能调整;负责章节由组长负责;完成字数是指每章实际完成文字数量,单位为千;备注内容中载明是组长还是成员,还需由组长指出各成员在完成总体任务过程中的态度状况。

目录内容1

目　录

目录内容2

正文范例

参考范例：

第一章　规划背景

一、规划时代背景（每点300字左右）

1.我国旅游蓬勃发展
2.重庆旅游发展喜人
3.渝东南旅游后劲十足

二、规划区基本情况（从位置、人口、经济、社会角度简介，控制在800字左右）

1.区位分析
2.人口分析
3.经济分析

三、上位规划要求（200字左右）

1.彭水旅游规划对三义乡旅游定位
2.三义乡总体规划对旅游产业的定位

第三节　旅游规划制图编制规范

为有效提高学生们绘图规范性和美观性水平，特制定以下图件制作规程，学生们进行具体图件制作时候，可以用AutoCAD、Photoshop CS、SketchUP三个软件配合使用。本部分仅介绍运用Photoshop CS软件进行图件绘制过程及步骤。

一、旅游规划图件的基本标准

旅游规划图件是用规范性的图形符号及其语言来直观表达规划的主要内容,要求做到:规范性、完整性、美观性,主要解释义如下。

1.规范性

旅游规划各类图件绘制必须尊重以下规划文件、标准要求(部分)。

(1)《旅游规划通则》(GB/T 18971—2003)。

(2)《中华人民共和国旅游资源分类、调查与评价》(GB/T 18972—2017)中的图件部分。

(3)《城市综合交通体系规划标准》(GB/T 51328—2018)。

(4)《标志用公共信息图形符号 第2部分:旅游设施与服务符号》(GB/T 10001.2—2012)。

(5)《旅游厕所质量要求与评定》(GB/T 18973—2022)。

(6)《公路工程技术标准》(JTG B01—2019)。

(7)《城市规划制图标准》(CJJ/T 97—2003)。

(8)《旅游景区公共信息导向系统设置规范》(GB/T 31384—2015)。

2.完整性

旅游规划各类图件应符合各自图件应该具有的基本内容,具体如下。

(1)区位关系图:应该直观表达出规划地在宏观、中观及微观上的区位关系。

(2)综合现状图:应该直观呈现出规划地交通类型分布及走向、主要行政区边界及行政区名称、主要河湖分布及走向,必要时候可以配上现状照片进行说明。

(3)旅游资源分布及评价图:应该直观呈现规划地旅游资源的类型、等级及空间分布状况。

(4)旅游市场规划图:直观呈现旅游地核心、机会和拓展市场的空间大致边界范围。

(5)旅游功能分区图:直观呈现旅游地功能区域空间范围、区域名称。

(6)旅游交通规划图:直观呈现旅游地内部和外部交通的类型、等级、走向及重要交通节点、交通设施分布等。

(7)旅游项目分布图:直观呈现旅游地重点项目名称、空间分布状况。

(8)旅游接待服务设施规划图:直观呈现旅游地餐饮、购物、住宿及娱乐设施的空间分布、类型及档次等。

(9)旅游公服设施规划图:直观呈现旅游地环卫设施、指示设施、游客中心及消防救援设施分布。

同时,需要遵从《旅游规划通则》相关规定中对旅游发展规划、旅游详细规划的内容要求。

3.美观性

旅游规划的任意单幅图件需要符合审美的基本原则。主要体现如下3点。

(1)符合均衡原则,单幅图的空白和非空白部分整体均衡,避免失重感。

(2)关键信息凸显原则,单幅图的关键信息(体现图的核心内容)和其他信息排版时候,需要合理划分,避免关键信息不突出。

(3)颜色和造型配置合理性,单幅图不宜超过三种颜色色系,最好采用单色系进行明度、浓度变化来实现。

二、基础图框绘制要求

图框是图件核心内容的外包装,是图的面子。好的图框设计可以有效维系系列图集的有序性;也可凸显旅游规划所表达的核心发展定位,如图 3-1 所示。

(一)图框的基本构成要件

1.标题区

用文字或结合 Logo 来揭示图件的核心信息,多位于图的上方第一行位置。按先后顺序通常由三部分构成,即旅游规划项目名称+专项图名称+图序号。

如重庆彭水三义乡旅游发展规划(旅游规划项目名称)+区位关系图(专项图名称)+01(在所有图中的位置)。

2.绘图区

绘图区是具体进行不同主题信息绘制表达的区域,通常占据整幅图的绝大部分空间,一般位于图的中心位置。绘图区一般由两部分构成:图例说明及比例尺、指北针区(占比空间约 1/3);核心绘图区(表达整幅图核心信息区域,占比约 2/3)。

3.编制说明区

多位于图下方的左、右侧,主要包含:编制单位、编制日期,有的还有审核日期、审核人。

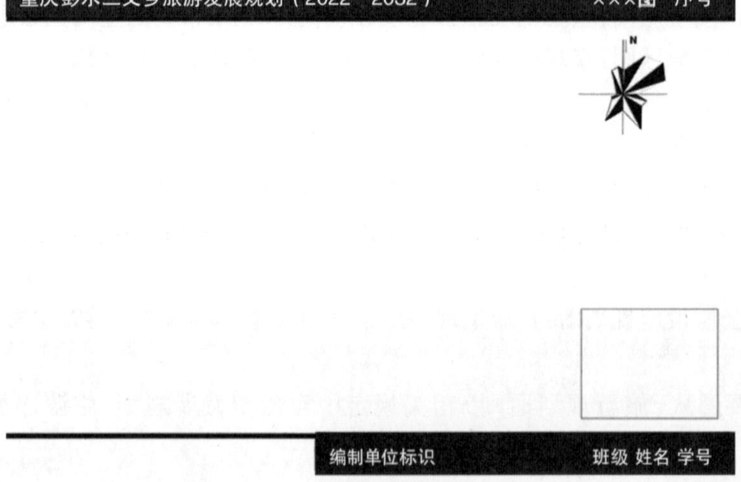

图 3-1 图框构成示意图

（二）图框绘制的详细要求

1.所有图幅文件大小设置

长度 1 100 像素，宽度为 750 像素，分辨率 72，颜色模式为 RGB，背景色为白色。

2.所有图件布局统一为上中下三段

上段为图的标题，统一为：重庆彭水三义乡旅游发展规划（2021—2030）　×××××图　图号 01;02——。

中段为主要的绘制区域。

下段统一为：右下角标识出编制单位 Logo。

3.所有图件必备信息

指北针，图例，图标题，绘图人姓名学号班级基本信息。

4.字体字号要求

图的标题：重庆彭水三义乡旅游发展规划　×××××图——黑体 30 浑厚，高度 105%，间距 111%。

年级+专业+班级+姓名+学号——宋体 18 浑厚。

图例——黑色华文细黑 24 浑厚。

5.图标题的后缀名称

区位关系图；综合现状图；旅游资源分布及评价图；旅游市场规划图；旅游交通规划图；旅游功能分区图；旅游接待设施布局图；旅游公服设施布局图；旅游重点项目分布图；等等。

6.一般性规定

旅游规划的所有图件都必须保持图框的一致性，专项图名除外。

三、区位关系图绘制要求

区位关系图是旅游规划图件的 01 号图，是直观呈现规划地在不同区域范围内的具体位置，让阅图者快速知晓和判断规划地的区位优劣。

1.参考示意图，如图 3-2、图 3-3 所示

2.绘图区内容

规划地在特定区域中的宏观区位，中观区位，微观区位；基本要求：需要依次展示出规划区在宏观、中观、微观上的区位关系，让识图者能清晰分辨出规划地所在的地理位置关系。

3.绘图区空间划分

微观区位居左侧，占绘图区 2/3 面积；宏观和中观区位居右侧，占绘图区 1/3 面积。

4.绘制要求

用红色实心五角星圆标识出规划地场镇中心位置；勾线并红色填充标示出宏观和中观区位关系。

图 3-2　区位关系图

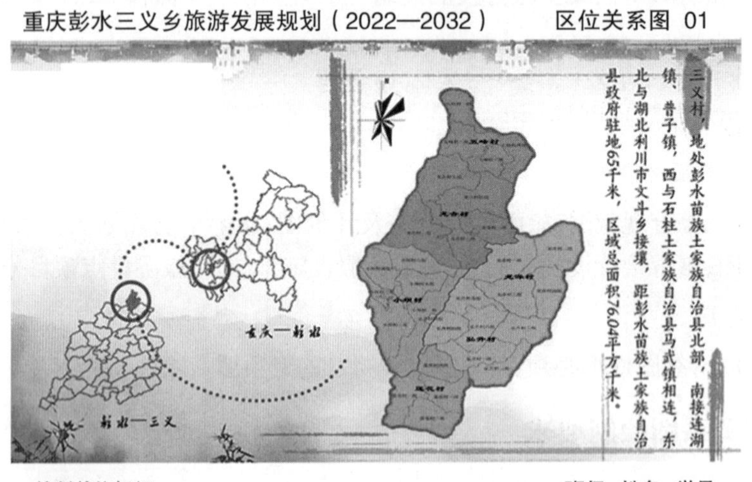

图 3-3　区位关系图

5.可能涉及的绘制工具

钢笔工具；描边工具；路径工具；填充和移动工具；变形工具；裁减工具；套索工具和魔术棒工具；移动工具。

6.常见问题，如图 3-4 所示

(1)用色不统一。宏观、中观、微观选用底图色差较大，缺乏协调美观性。

(2)信息内容不完整。规划地中心城镇缺乏标注，宏观中观微观区位缺乏必要文字说明。

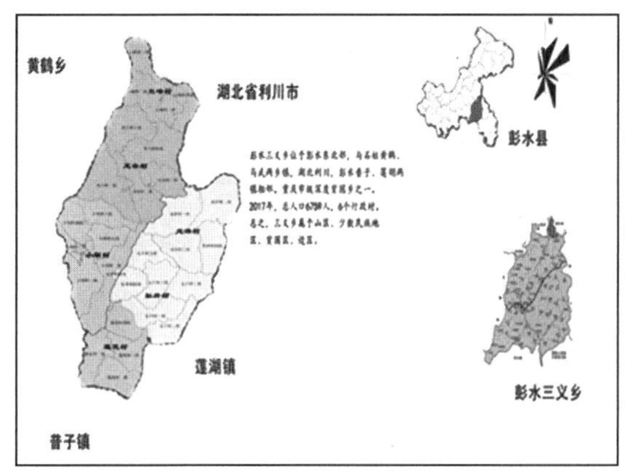

(a)信息不完整，用色底图不统一

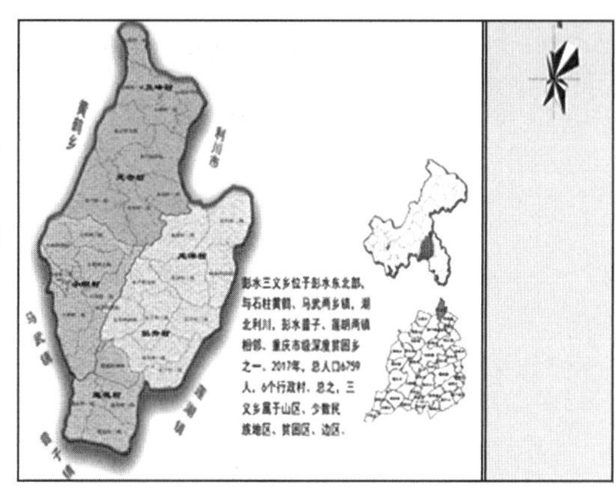

(b)信息不完整，右侧图幅空白

图 3-4　不正确绘制

四、综合现状图绘制要求

综合现状图是直观呈现规划地基本概况的图件，目的是让对方直观知晓规划地主要地物(村镇、人口、经济产业)基本空间分布情况。

(一)参考示意，如图 3-5 和图 3-6 所示

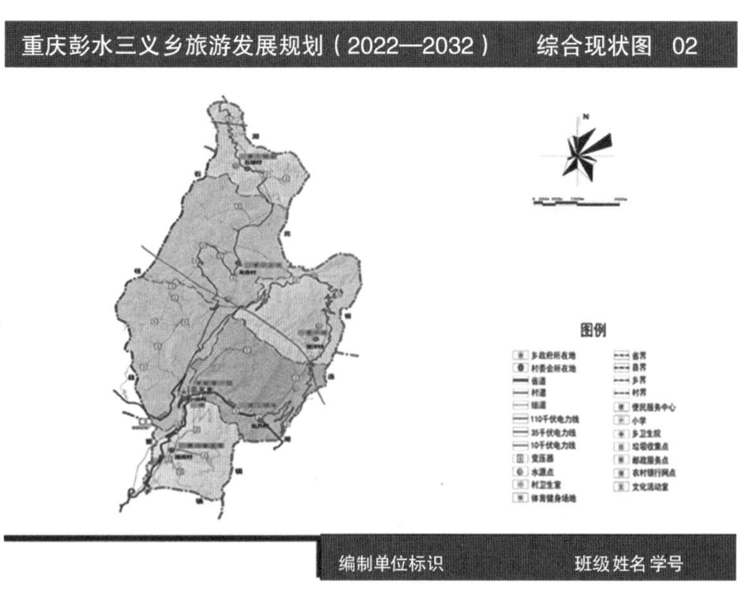

图 3-5　综合现状图

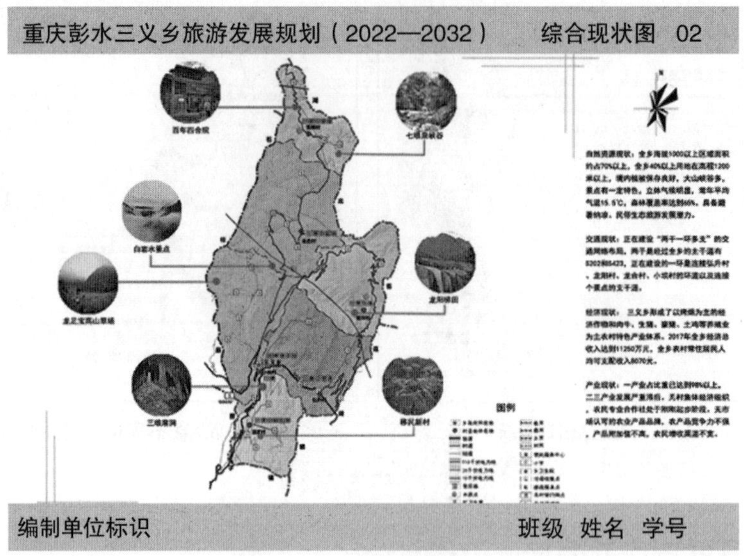

图 3-6　综合现状图

（二）绘制过程

1.绘制底图

可以采取上位规划中的综合现状图进行后期加工，也可自行结合村域基本情况的文字介绍进行后期绘制。

2.图幅布局

图幅的 1/2 左侧处布置三义乡综合基础设施和公服设施布局；图幅的 1/2 右侧处布置图例和比例尺、指北针。

3.绘制工具

可能涉及的命令有移动、裁剪、调整、缩放等工具。

4.绘制内容

三义乡道路交通分布及走向，村镇空间分布及中心场镇所在地、主要产业空间分布。

5.存在问题，如图 3-7 所示

（1）文字说明过多，不简洁明了。

（2）核心内容不全，缺产业布点和乡镇府所在地位置。

（3）缺乏文字说明，规范性差。

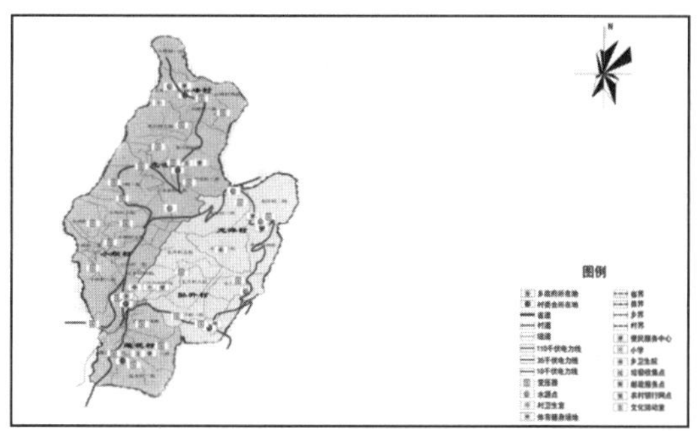

（a）缺乏必要文字说明，排版不美观，主要信息不全

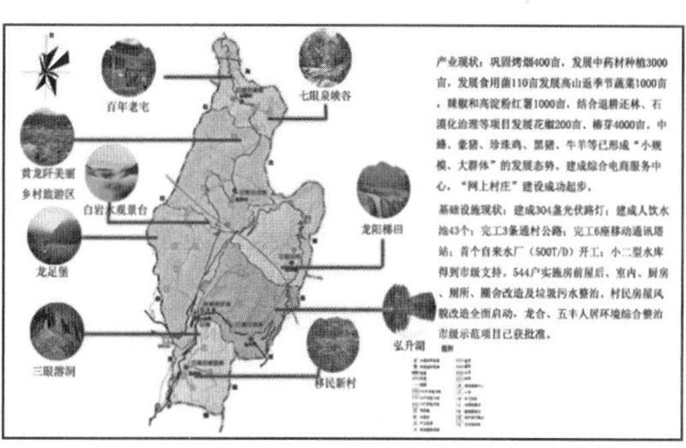

（b）主要信息不符合综合现状内容要求

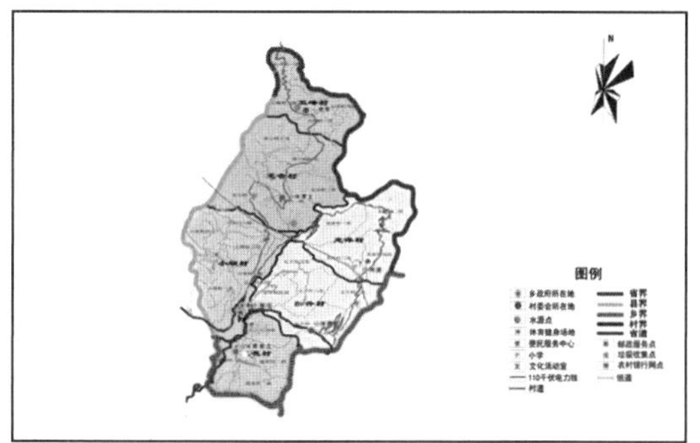

（c）边界线过粗不规范

（d）文字说明过多

图 3-7　不正确绘制

五、资源分布及评价图绘制要求

旅游资源分布及评价图是直观呈现规划地旅游资源的空间分布及等级情况。

（一）参考示意图，如图 3-8 和图 3-9 所示

图 3-8　旅游资源分布及评价图

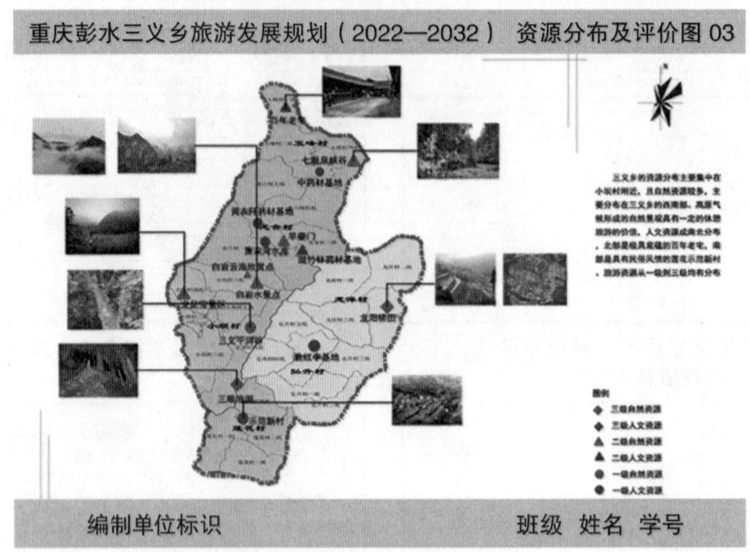

图 3-9 旅游资源分布及评价图

（二）绘制过程

1.绘制前准备

实地调研及考察、拍照规划地，熟悉规划地各景点的空间分布状况及每个资源点的区位特征，按国家标准评定出各个等级旅游资源点；规划地行政区划图及等高线地形图；提前熟悉 2017 年中华人民共和国国家标准《旅游资源分类、调查与评价》中关于不同等级的资源点的图例形状及颜色，不得私自变更。

2.绘图区空间划分

左侧 2/3 为绘制区；右侧 1/3 为图例+指北针标示区。

3.绘制区内容

规划地内基本公共信息（交通道路，河流和居民点，重要建筑物），主要旅游资源点（七眼泉、三眼洞、中药材基地；梯田、移民新村、龙足宝、大白崖、黄农阡、脆红李基地、旱夔门、堡峰书院、百年老宅等），各旅游资源点等级，主要特色资源点图片，指示线，图例。

4.绘制主要工具

钢笔工具，路径工具，拖移工具和变形工具，填充工具，画笔描边工具等。

5.绘制线形要求

三义乡行政边界——红色点画线；S423、422 道路 4 号路径、红和蓝色画笔描边路径。

6.存在问题

（1）自然和人文旅游资源缺乏区分，如图 3-10 所示。

（2）规范性不够。如图例说明、必要图片等，如图 3-11 所示。

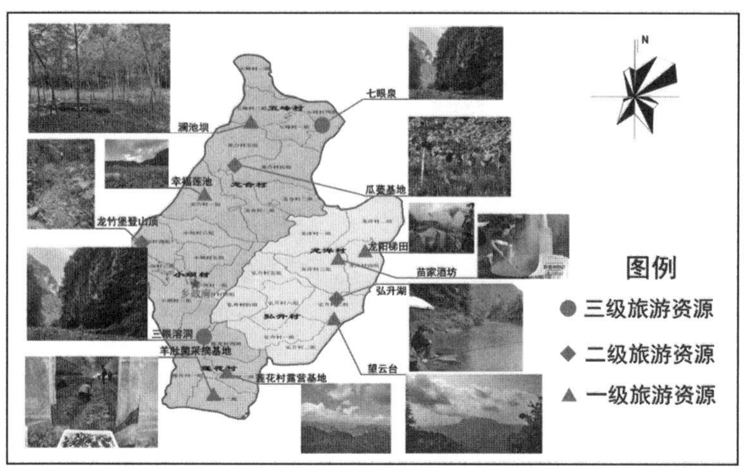

图 3-10　插入照片过多，图例部分的自然和人文资源缺乏区分，指示线不美观

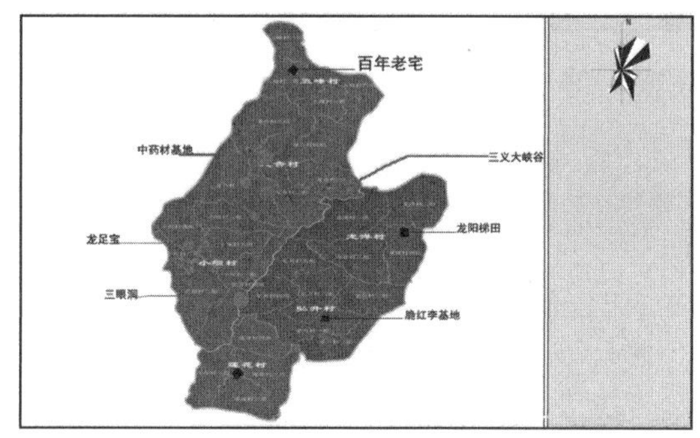

（a）图例说明及图片缺失

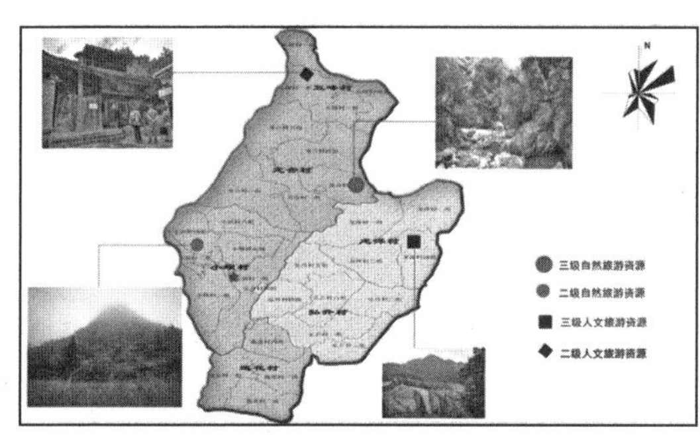

（b）不同等级资源图例不规范

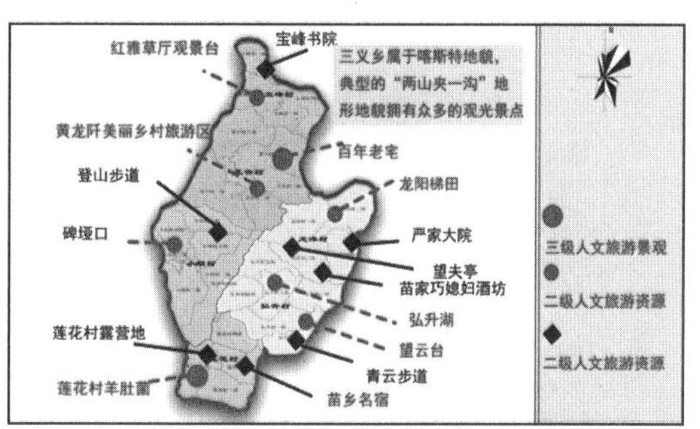

（c）美观性太差、等级图例不规范

图 3-11　不正确绘制

六、旅游功能分区绘制要求

旅游功能分区是基于旅游资源空间分布状态和功能定位差异而进行的空间发展格局安排，是指引区域旅游发展的空间安排。

(一)参考示意图(图 3-12—图 3-14)

图 3-12　旅游功能分区图

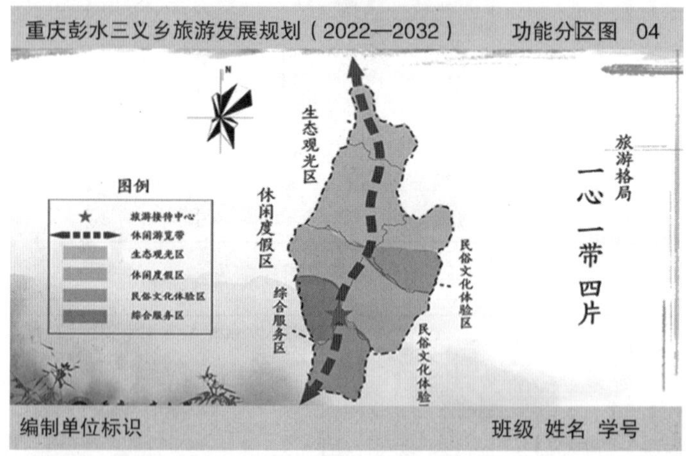

图 3-13　旅游功能分区图

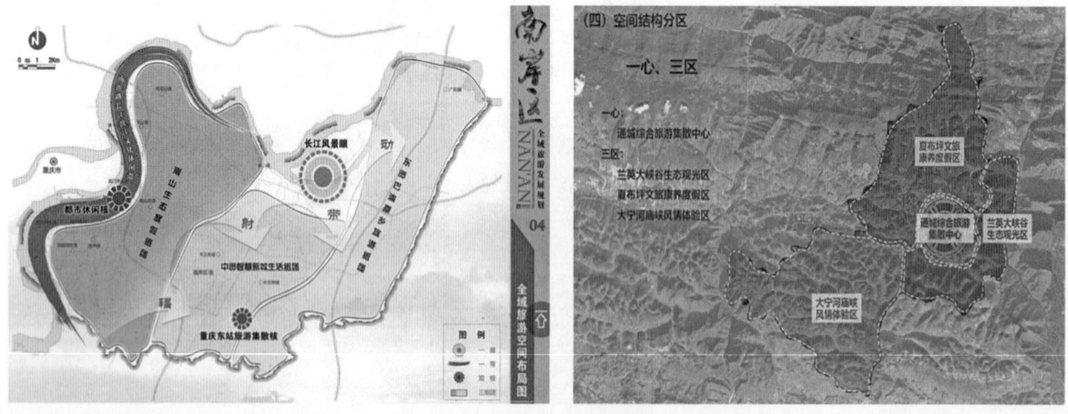

图 3-14　旅游功能分区图

（二）绘制过程

1.绘制前准备

规划底图一般为前期绘制的旅游资源分布及评价图（需要去掉部分等级低的旅游资源点）或规划地行政区划图；各小组先行讨论出旅游地功能到底如何分区以及分为几个功能区，每个区域的名称和旅游功能等。具体的旅游功能分区方法参考理论课所讲授的方法进行。

2.绘图区空间划分

左侧 2/3 为绘制功能区；右侧 1/3 绘制图例+指北针。或合理进行空间排版。

3.绘制区内容

规划区功能分区边界及色块；旅游地主要旅游资源点或行政区边界；图例及指北针、比例尺等；旅游地旅游发展格局的简单文字描述。

4.绘制主要工具

钢笔工具、路径工具、填充工具、吸管工具、文字工具等。

5.常见问题

（1）美观性不注意，如图 3-15 所示。旅游发展带或发展轴的绘制，在箭头选择上，部分同学选择直线绘制，显得死板；有的采用曲线绘制，但曲线弧度设置不合理，不美观。此外，线性宜采取虚线，而不是点线。

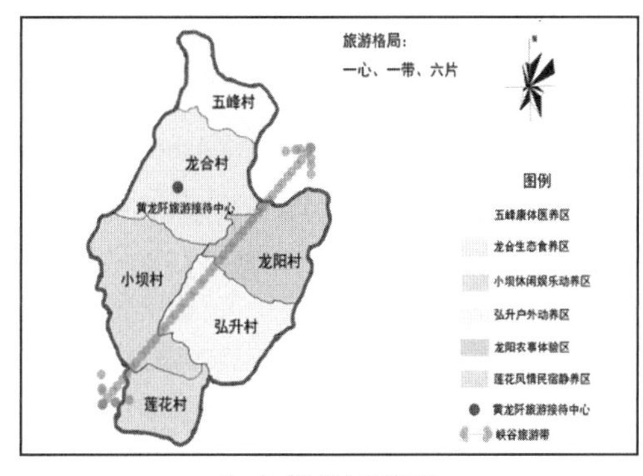

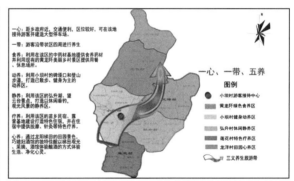

（a）线性不美观　　（b）箭头及线性不美观

图 3-15　线性不正确绘制

（2）功能分区不合理，如图 3-16 所示。部分同学把产业功能划分当作旅游功能分区，虽然强调"+旅游"，但在旅游功能分区中至少需要表述出不同产业区的旅游功能差异。如大面积水果种植区，可以定义为果蔬采摘体验区；渔业养殖区，可以定义为休闲渔业体验区等。部分进行功能划分时候较为随意。

（3）配色不规范不美观，如图 3-17 所示。旅游功能分区涉及不同功能区的填色，当功能分区过多时，就会涉及选色及配色问题。从美观性和规范性上，一幅图色系不宜超过 3 种，且其浓度需要结合底图色块合理调配，不宜反差过大，对比过强。当有超过三个功能区时，在三色系基础上，通过色的浓度和明度进行区分。

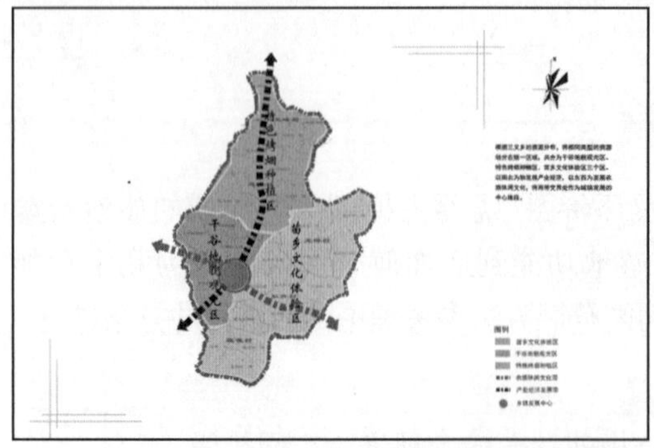

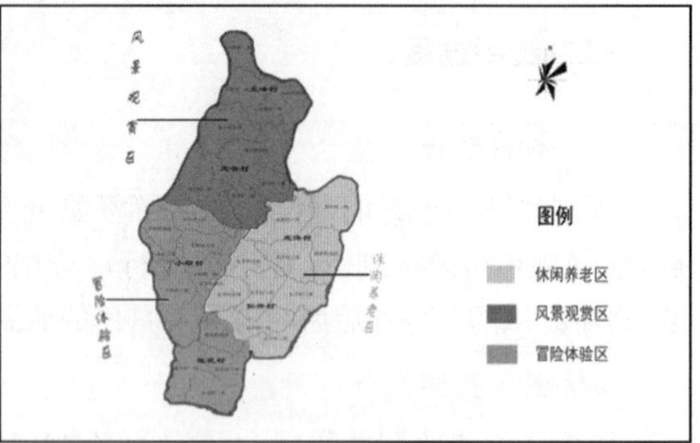

（a）特色种植体验区划分不符和功能定位要求　　（b）功能分区较为随意

图 3-16　分区不正确绘制

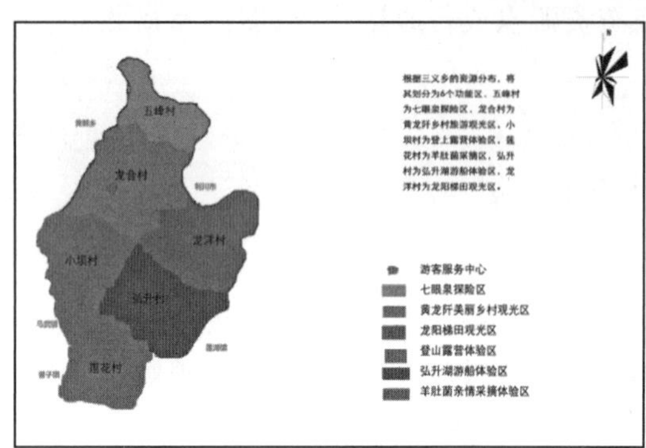

（a）选色过多且浓度过度　　（b）选色过多

图 3-17　配色不正确绘制

七、旅游市场规划图绘制要求

旅游市场规划图是旅游地的核心、机会及拓展市场在空间上的直观体现。目的是方便旅游开发者直观知晓将来的服务群体。

（一）参考示意图（如图 3-18 所示）

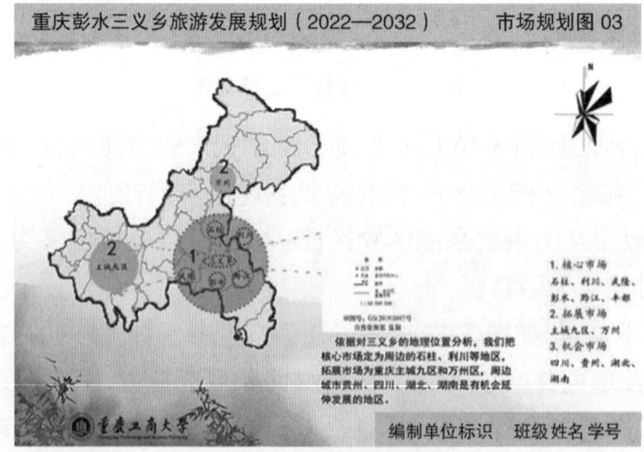

图 3-18　旅游市场规划图

（二）绘制程序

1.绘制前准备

各小组提前商议确定好三义乡发展旅游可能的三个级别客源市场空间范围（核心、拓展、机会）；重庆行政区划地图；中国行政区划图。

2.绘图区空间划分

左侧 2/3 为绘制区；右侧 1/3 为图例+指北针标示区。

3.绘制区内容

用大小不同的虚线圈或填色区块来标识规划区各级客源市场范围；图例；文字简述三级市场名称。

4.绘制主要工具

矩形工具中的路径命令、变形工具、路径选择工具、钢笔工具、渐变和填充工具、路径及画笔描边工具、文字工具等。

5.绘制核心要求

（1）圆形虚线圈绘制。方法一，虚线绘制需要用矩形工具中的圆形路径，然后，新建文件设立虚线画笔样式，用路径画笔描边绘制虚线；方法二，矩形工具中的圆形路径，用文字工具在圆形路径上输入虚线即可。

（2）彩色渐变箭头绘制。打开矩形工具，选择自定义形状工具中的形状样式下的三角箭头路径（注意不能选择形状填充图层），绘制空白三角箭头，选择路径选择工具点选三角箭头，左手按住 Ctrl 控制键，右手用鼠标左键移动三角箭头的锚点，扩大箭头尾部范围，选择钢笔工具，在箭头尾部两锚点之间添加新锚点，按控制键，拖移新建的锚点制作弧线；选择渐变工具，进行色彩添加和删减，选择渐变样式，按鼠标左键不松手，向右滑动鼠标，完成填充，如图 3-19 所示。

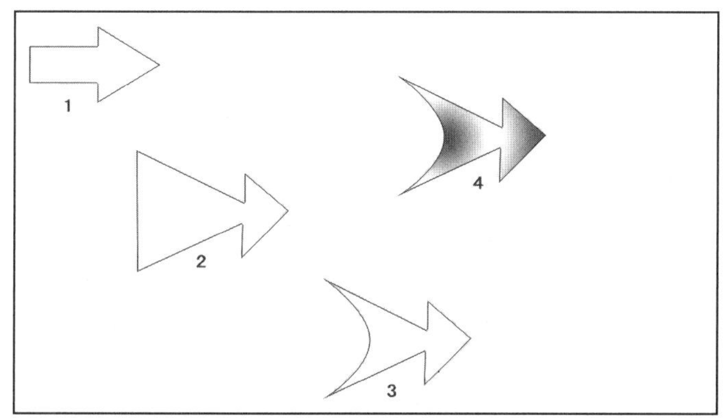

图 3-19　箭头绘制

6.常见问题

(1)三个市场范围划定不合理。作为位置偏远、资源非优、经济基础薄弱的三义乡,其旅游客源市场范围划定需要进行精准市场定位和细分,传统的观光市场空间划分法不适合此地。因此,大都市小众市场应该进入核心市场圈层,如图 3-20 所示。

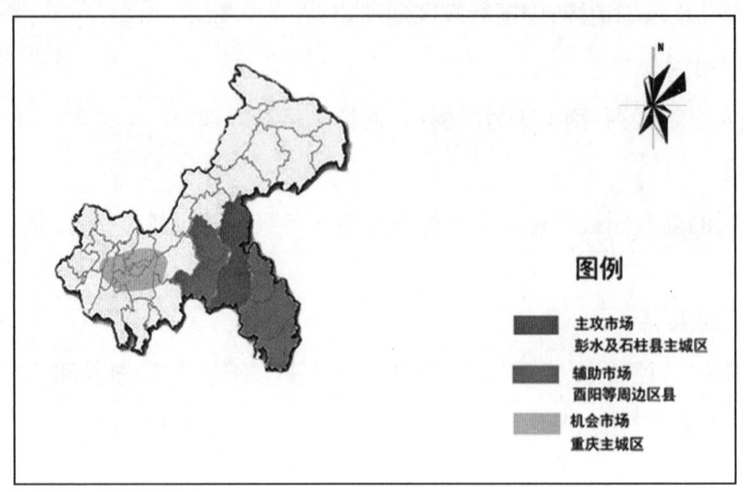

图 3-20　市场范围划定有问题

(2)指示箭头不美观。在进行三个市场的空间指示时候,对箭头绘制过粗或过于僵硬,美观性差。标识三个市场的空间方式较为单一,如图 3-21 所示。

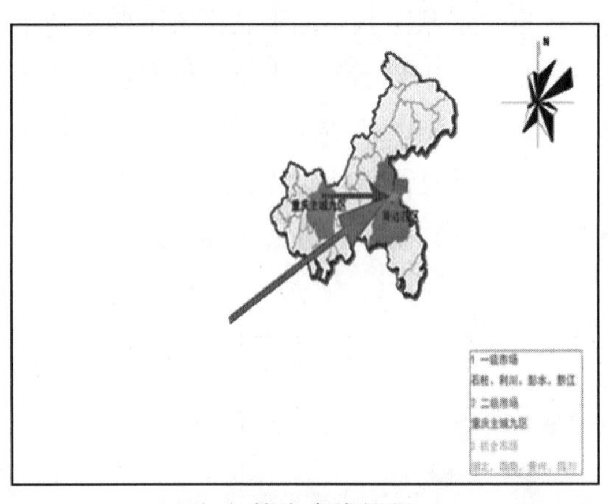

(a)箭头直线僵硬

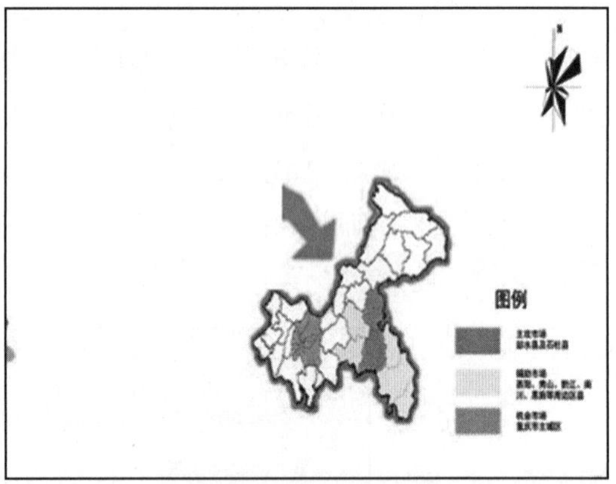

(b)箭头不美观且用色过多

图 3-21　箭头绘制不正确

(3)填色过于浓艳。三个市场范围的空间填色过多,过于浓艳,不美观,如图 3-22 所示。

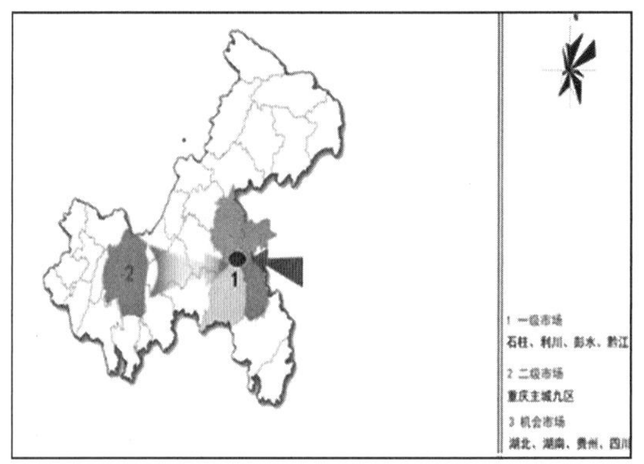

填色过多过浓

图 3-22 填色及标识问题

八、旅游交通规划图绘制要求

旅游交通规划图是直观展示到达旅游地的外部交通类型及走向以及旅游地内部交通类型、空间走向。目的是方便游客进出旅游地及在旅游地内部的自由流动。

(一)参考示意图,如图 3-23 和图 3-24 所示

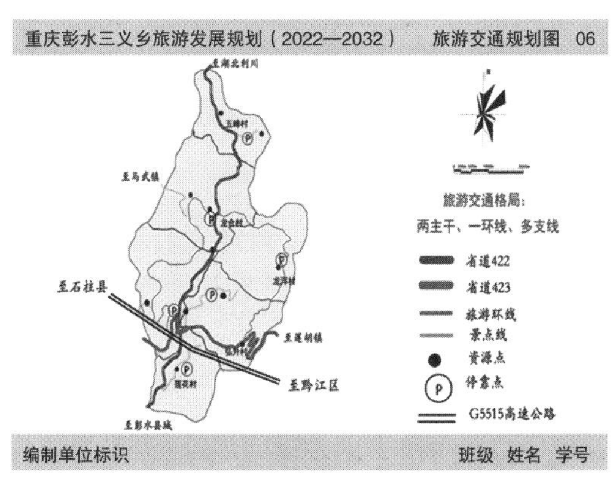

图 3-23 旅游交通规划图

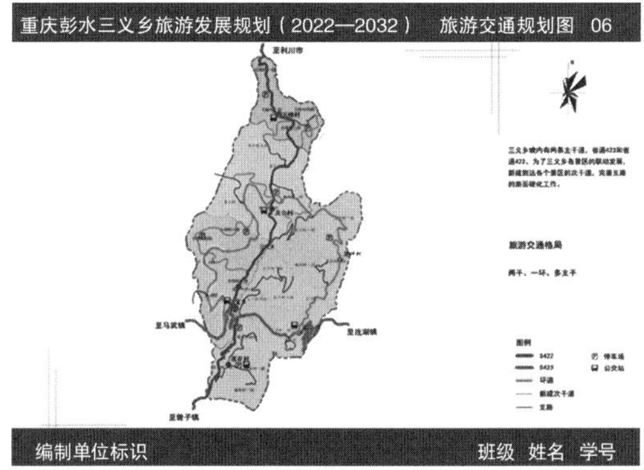

图 3-24 旅游交通规划图

(二)绘制过程

1.绘制前准备

到规划地实地考察,掌握旅游地内外部交通基本情况,含类型、走向、铺装及等级以及与旅游资源的匹配情况、城镇的匹配情况。熟悉上位规划中的交通规划图;熟悉各类等级交通线绘制要求(公路线性线宽、线粗细等);掌握旅游交通规划基本要求:外部交通(快进出,进得来出得去);内部交通(景观性、慢游览、体验性);整体上体系化。

2.绘图区空间划分

左侧 1/2 绘制交通规划,右侧绘制图例+指北针+交通规划格局的文字描述。

3.绘制区内容

到达旅游地的外部交通状况,含交通类型、走向;旅游地内部的交通体系,含交通类型、等级、走向、交通节点、主要停车场、交通设施等。比例尺及图例;交通格局的简单文字描述。

4.绘制主要工具

钢笔工具、路径工具、拖移工具、变形工具、填充工具、画笔描边工具等。

5.绘制注意事项

乡边界——红色 1 号画笔;省道 422、423 道路 4 号线,环线 1 号线;景点线 4 号画笔描边路径;行政边界线最好是红色虚线;注意区分不同等级道路的线性粗细和用色差异;交通路网格局文字描述不宜过多。

6.常见问题

(1)不同等级线性没有区分开。按《道路工程制图标准》,不同用途和不同等级的道路线在绘制时候,须有明显区别,但部分同学却忽视此点,如图 3-25 和图 3-26 所示。

(2)外部交通缺乏指示说明。规划地的外部交通缺乏明确的走向标识说明。如南北和东西过乡道路的通达地点,如图 3-27 所示。

(3)道路线绘制不规范。较多同学进行道路线形绘制时,缺乏结合地形差异及现状道路进行规范化绘制,跨越较高坡度,转弯弧度 90°;内部线路绘制时,连通各景点线路绘制较为随意,如图 3-28 所示。

道路平面图绘制常用线性

一、设计路线应采用加粗粗实线表示,比较线应采用加粗粗虚线表示。

二、道路中线应采用细点画线表示。

三、中央分隔带边缘线应采用细实线表示。

四、路基边缘线应采用粗实线表示。

五、导线、边坡线、护坡道边缘线、边沟线、切线、引出线、原有道路边线等,应采用细实线表示。

六、用地界线应采用中粗点画线表示。

七、规划红线应采用粗双点画线表示。

图 3-25　道路平面绘制常用线性

图 3-26 不同等级的道路线性粗细没有区分

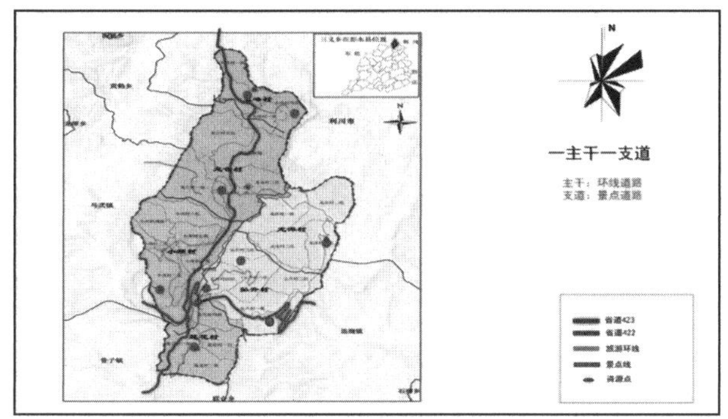

图 3-27 南北、东西跨乡道路缺乏通达点说明

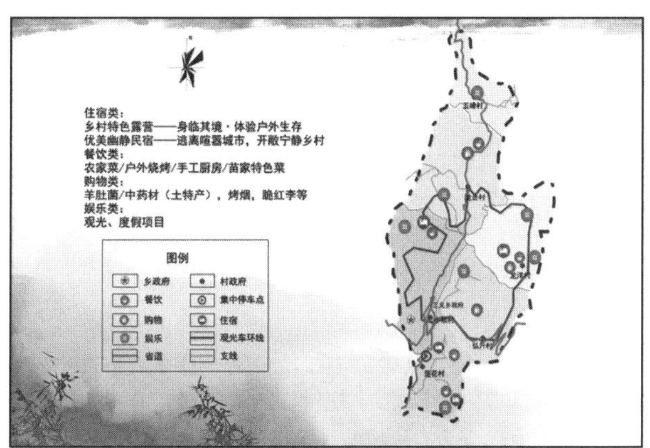

图 3-28 环线道路绘制转弯半径不合规范

九、旅游接待设施规划图绘制

旅游接待设施规划图是直观呈现旅游地未来发展需要建设和布局餐饮、住宿、购物、娱乐设施的类型及位置。

(一)参考示意,如图 3-29 所示

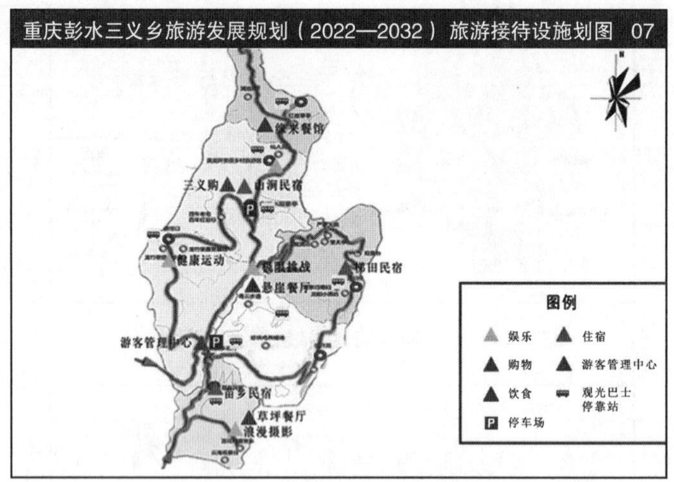

图 3-29　旅游接待设施规划图

(二)绘制过程

1.绘制准备

一般在交通规划图或功能分区图或行政区划图上进行绘制;小组商议提前确定规划地的接待设施档次、类型、空间分布位置。

2.排版布局

一般地,此图应该包含左右两部分,左侧 2/3 处绘制接待设施空间分布;右侧 1/3 处应该插入接待设施表格及图例。

3.绘制内容

旅游接待设施包含旅游住宿、餐饮、购物及娱乐设施,此处绘制需要结合旅游地的发展主题定位、市场人群定位及用地红线控制来进行,从空间上呈现每一个类型接待设施的布置点、等级、数量及特色如表 3-3 所示。

表 3-3　某地旅游接待设施一览表

	类型	分布点	数量	性质 (新建/改扩建)	备注
	农家乐				
	青年旅社				
住宿设施	民宿客栈				需要结合市场客群结构及需求进行合理配置
	度假村				
	主题酒店				

续表

	类型	分布点	数量	性质 （新建/改扩建）	备注
餐饮设施	农家餐饮				需要结合地方原材料及当前追求绿色健康餐饮需求提炼出特色菜品
	BBQ 等				
	酒店餐饮				
购物设施	纪念品				结合地方特产及非物质文化遗产进行创新策划
	土特产				
	工艺品				
	装备品				
娱乐设施	户外设施				结合市场人群需求而进行策划
	室内设施				

4.绘制工具

钢笔或路径工具绘制不同接待设施的代表符号；填充工具、复制及移动工具进行设施符号的调整。

5.常见问题，如图 3-30 所示

（1）绘制信息不全面。缺乏接待设施的类型区分；缺乏插入旅游接待设施一览表。

（2）设施布置不合理。旅游接待设施配置需要游客在旅游地的空间运动规律及需求进行合理配置，如在旅游地游览 3 小时有吃饭需求，8 小时有住宿需求。同时还需要特别注意上位规划的用地红线控制，尤其是基本农田红线及生态红线区域的设施建设。

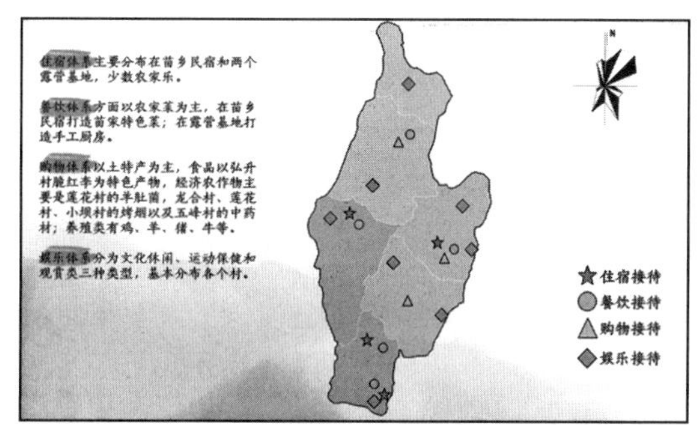

（a）设施等级缺乏标明

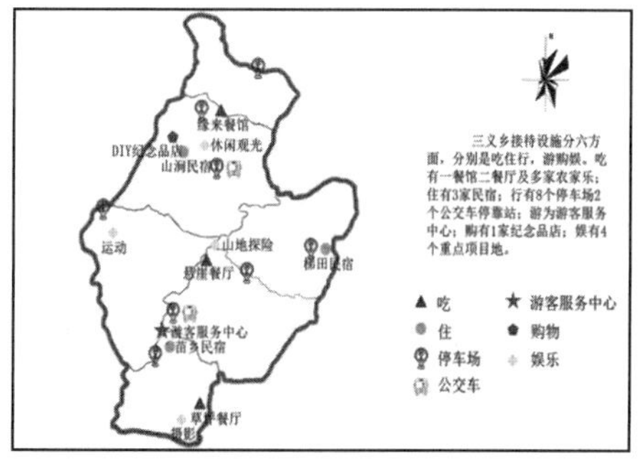

（b）规划底图选择有误

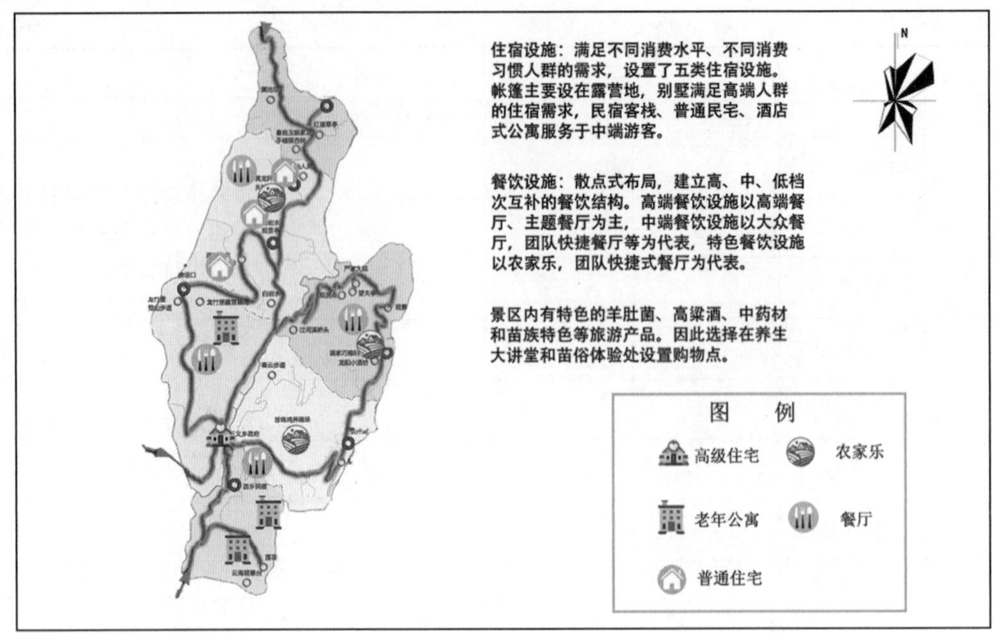

（c）高级住宅不适合配置在此区域

图 3-30 旅游接待设施规划绘制不规范

十、旅游公服设施规划图绘制

旅游公共服务设施是方便游客在旅游地游览的公共指示、公共安全、卫生及救援、环境卫生等设施的空间配置。

（一）参考示意（图 3-31—图 3-33）

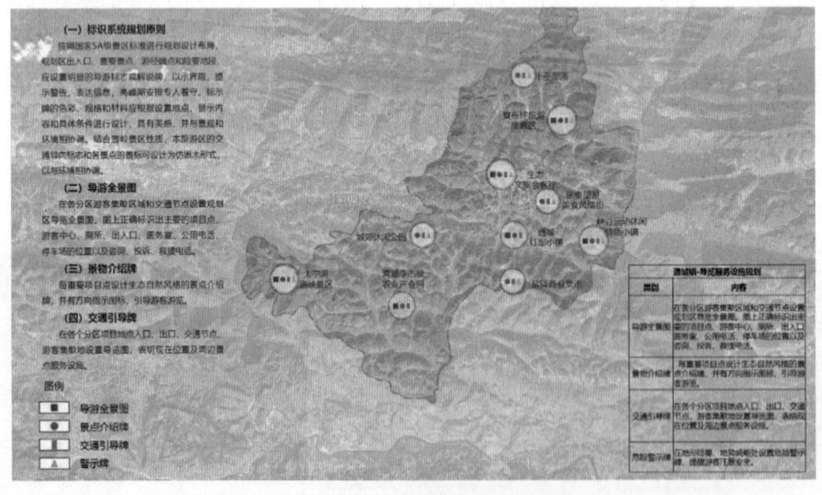

图 3-31 旅游公服设施布局规划 1

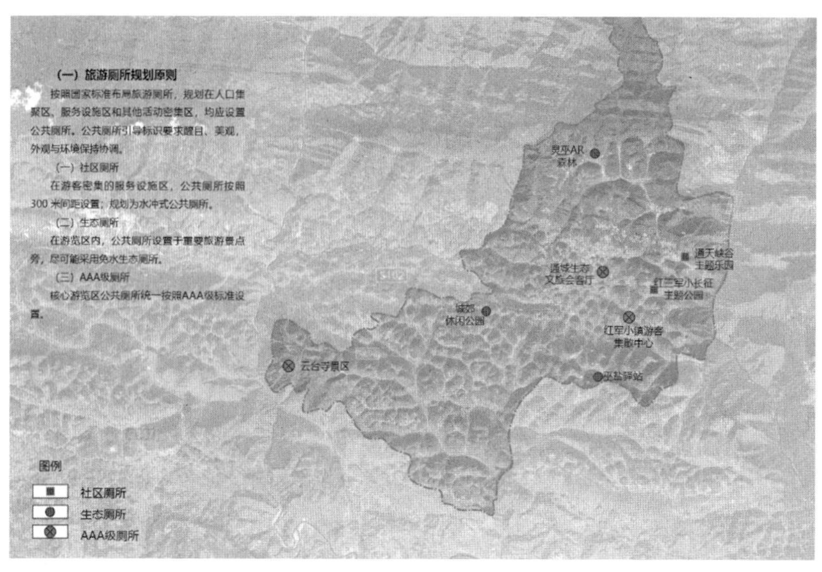

图 3-32　旅游公服设施布局规划 2

（三）停车及交通服务规划

1、停车场规划

开发现状：现有景区无集中的停车场。

规划思路：按照国家5A景区标准要求，进行生态化处理，采用本土材料或者使用生态环保型建筑材料修建；根据最新5A标准设置停车场数量，停车场内部导向标识系统明确，**实现人车分流，并构建智能停车管理系统要求有充电桩、立体车库和自驾旅游服务。**

停车场布置采用大分散、小集中相结合的原则，在通城综合旅游集散中心、夏布坪文旅康养度假区、兰英大峡谷生态观光区、大宁河幽峡风情体验区4处集中停车场，其他区域根据项目实际需求分散布置停车设施或临时停车设施。

2、交通服务规划

结合各分区现状，设置"1+3+3+N"交通服务体系，设置一个一级综合服务中心，设置两个二级综合服务站，四个三级旅游驿站。

通城镇停车及交通服务规划

类别	名称
一级综合服务中心	游客集散中心
二级综合服务站	夏布坪旅游度假区
	兰英大峡谷
	大宁河幽峡景区
三级旅游驿站	青脆李市级农业产业园
	城郊休闲公园
	通城红军小镇
	黑龙峡

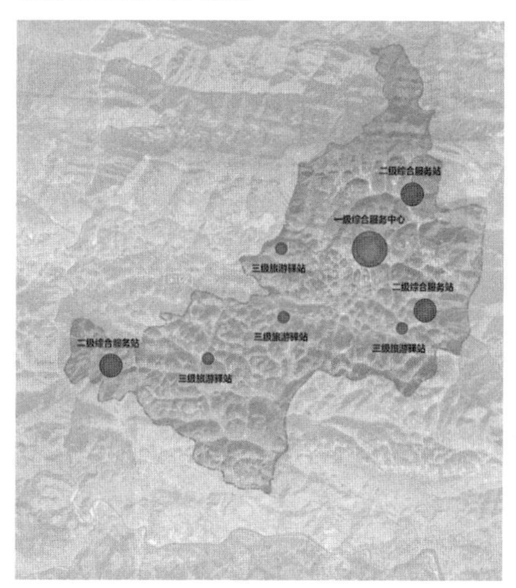

图 3-33　旅游公服设施布局规划 3

(二)绘制过程

1.绘制准备

准备好一张规划地的行政区划图,保留村界及交通线路等。或在交通规划图基础上进行绘制也可。小组提前根据旅游地不同分期的市场规模大小,旅游资源点品质和开发先后时序,合理确定不同公服设施的数量、空间分布点。

2.绘制内容

规划地的游客集散中心的数量及位置、环卫设施(垃圾桶及旅游厕所数量及位置)、医疗服务及救援设施(卫生室及SOS呼救系统)、道路及安全指示警示系统(道路指示牌、安全提示牌等位置)。

3.绘制工具

可以自行绘制,也可利用网络平台检索类似风格的公服设施照片,通过移动、缩放工具插入。

4.绘制要求

注意公服设施的数量需要结合景区等级及游客量确定,具体标准如下。

(1)《公共信息图形符号　第1部分:通用符号》(GB/T 10001.1—2012)

(2)《公共信息图形符号　第2部分:旅游休闲符号》(GB/T 10001.2—2021)

(3)《公共信息图形符号　第4部分:运动健身符号》(GB/T 10001.4—2009)

(4)《公共信息图形符号　第9部分:无障碍设施符号》(GB/T 10001.9—2008)

(5)《公共信息导向系统设置原则与要求 第8部分:宾馆饭店》(GB/T 15566.8—2007)

(6)《公共信息导向系统设置原则与要求 第9部分:旅游景区》(GB/T 15566.9—2012)

(7)《旅游景区公共信息导向系统设置规范》(LB/T 013—2011)

(8)《旅游景区游客中心服务与设置规范》(LB/T 011—2011)

(9)《旅游厕所质量要求与评定》(GB/T 18973—2022)

公服设施风格需要与景区风格匹配。

5.常见问题

(1)设施风格与旅游地定位不匹配,如图3-34所示。

(a)标识材质与自然生态景观不匹配

(b)风格、体量过于庞大的游客中心

图3-34　公服设施风格与旅游地不匹配

(2)公服设施位置安排不当。不同的公服设施需要考虑游客利用设施的频率和便利性进行合理设置,如图3-35所示。

(3)公服设施文字说明错误或不规范。缺乏地方文字或英文翻译明显错误、公服设施内容不完备,如图3-36所示。

图 3-35　旅游救援设施放置位置不当

（a）翻译错误

（b）没有当地文字的指示牌

（c）缺乏咨询电话、投诉电话、救援电话的全景图

（d）游客中心偏小

图 3-36　旅游公服设施建设不规范

十一、规划制图常见问题表现

1.规划边界线线性不规范和统一

问题表现：三张图的三义乡规划边界线线性粗细和用色、形状不一致，如图 3-37 所示。

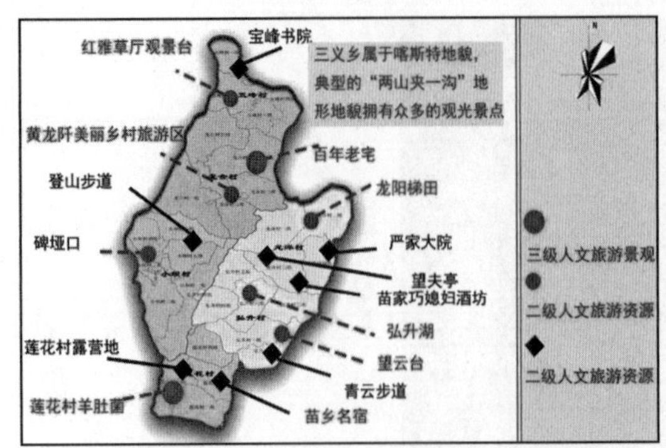

（a）采用黑色实线

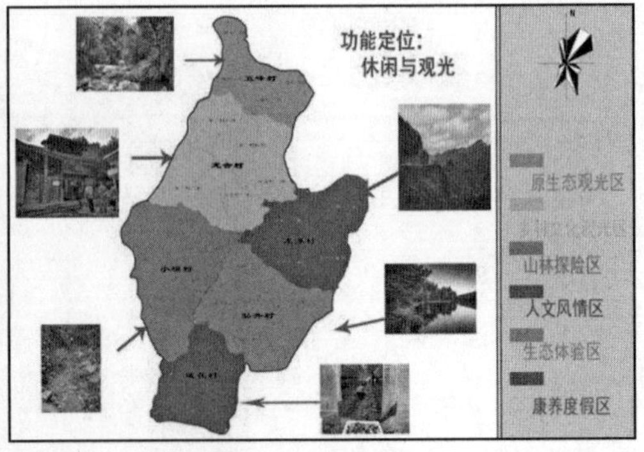

（b）采用红色实线

图 3-37　不规范的边界线绘制

规范要求：应该采用红色点画虚线，或红色双点画虚线，如图 3-38 所示。

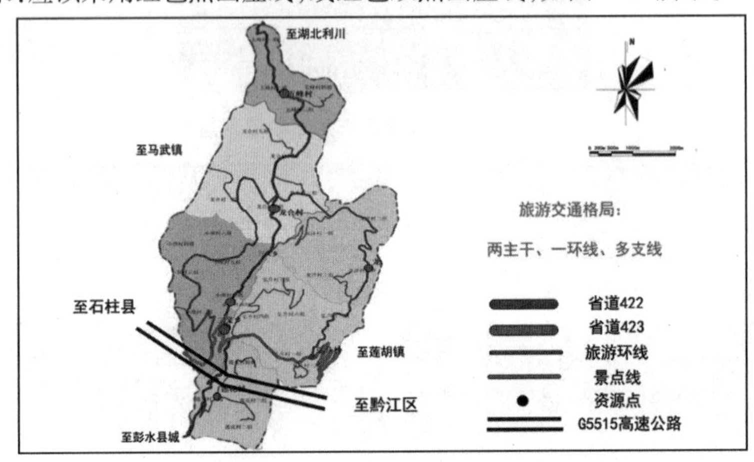

图 3-38　正确的边界线绘制

2.规划地形状任意改变

问题表现：为适应排版美观需要，任意改变三义乡形状，使其失去真实性，如图 3-39 所示。

（a）左右过宽

（b）上下过长

图 3-39　任意改变规划地整体形状

规范要求：规划地形状不得随意改变，可以等比例缩小和放大，如图 3-40 所示。

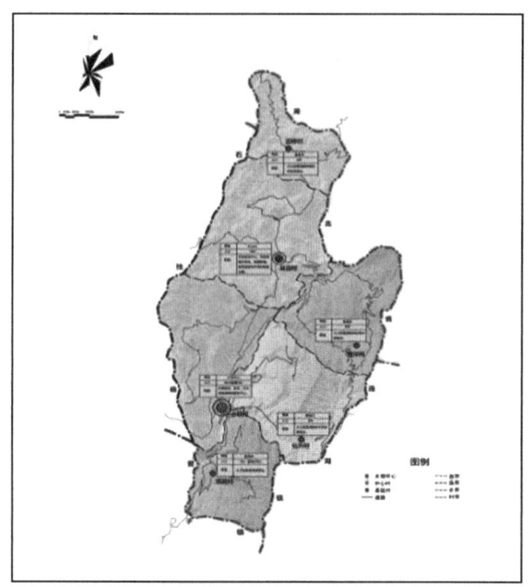

图 3-40 三义乡整体形状

3.道路走向随意或缺失、不同等级道路粗细未区分

问题表现，如图 3-41 所示。

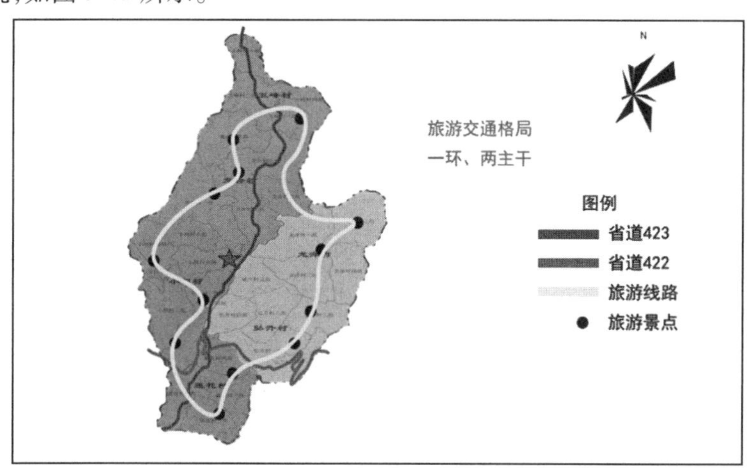

（a）缺乏过境省道通达地点标注，旅游环线粗细高于省道线，旅游环线绘制较为随意

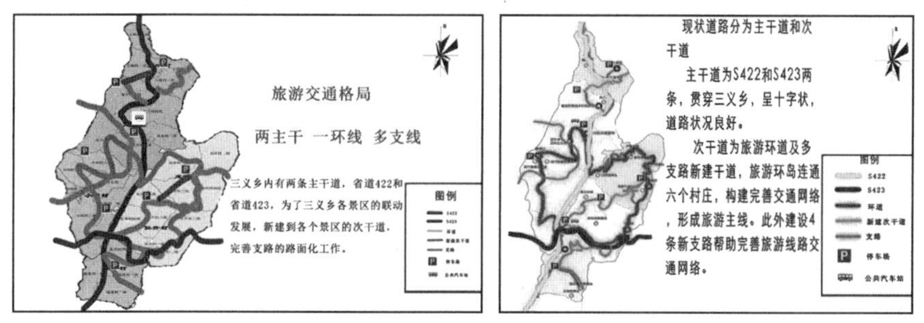

（b）不同等级道路绘制粗细应该有区分

图 3-41 道路绘制不规范

规范要求:道路走向需要结合等高线来绘制,遵从现有道路走向进行改扩建;省道、乡道道路宽度需遵从道路交通规划规范,乡道 5 米;省道遵从山重二级路标准,路宽 8~10 米;必要的停靠点及停车场需要绘制,如图 3-42 所示。

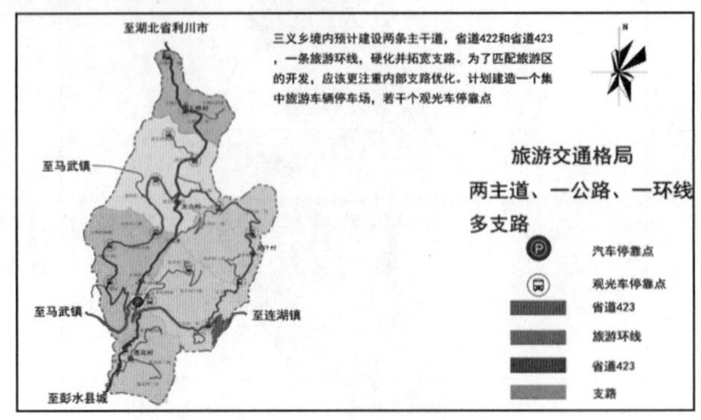

图 3-42　规范的旅游交通规划图

4.颜色搭配过多、过浓

问题表现,如图 3-43 所示。

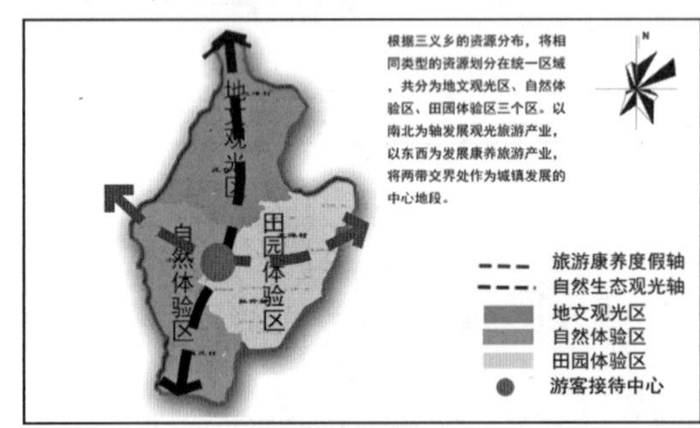

(a)颜色过浓，线条过粗，不美观

(b)配色过多，过浓

图 3-43　不规范的图件用色

规范要求:一般地,一张图最多不超过三种色系,且每种色系尽量用浅色填充,通过浓度、明度来调整,如图 3-44 所示。

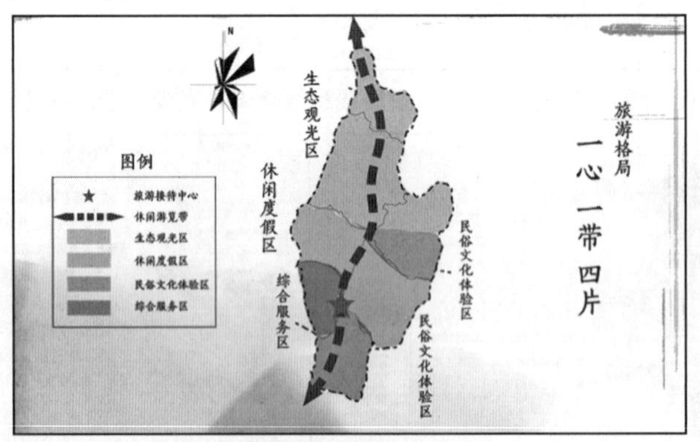

图 3-44　规范化的用色

5.文字说明过多,不精练

问题表现,如图 3-45 所示:

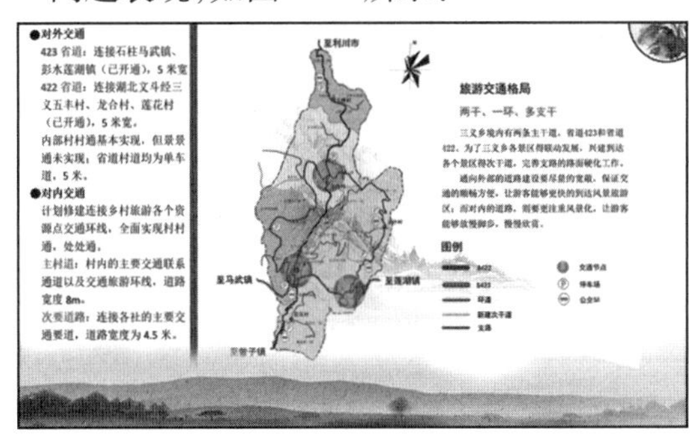

图 3-45　过多的文字说明降低了图的简洁性、直观性

规范要求:规划图件需以图为中心,文字需要简练、明了,且放置位置合理,如图 3-46 所示。

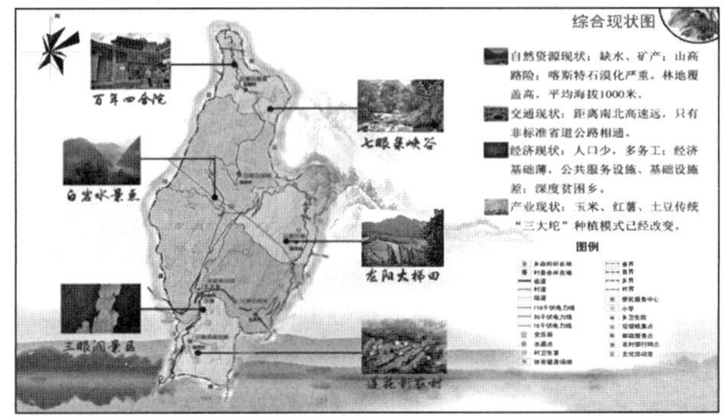

图 3-46　简洁明了的图件文字说明

6.规范性不够

包含不同等级旅游资源图形符号规范性、不同等级道路线形规范性、比例尺及指北针规范性等,如图 3-47 所示。

规范要求:遵照 2017 年中华人民共和国国家标准《旅游资源分类、调查与评价》中的不同等级图形符号进行绘制;遵照《道路交通规划设计规范》对不同等级道路进行形状绘制。

遵照 2017 年国家标准《旅游资源分类、调查与评价》中的不同等级图形符号进行绘制;遵照《道路交通规划设计规范》对不同等级道路进行形状绘制。

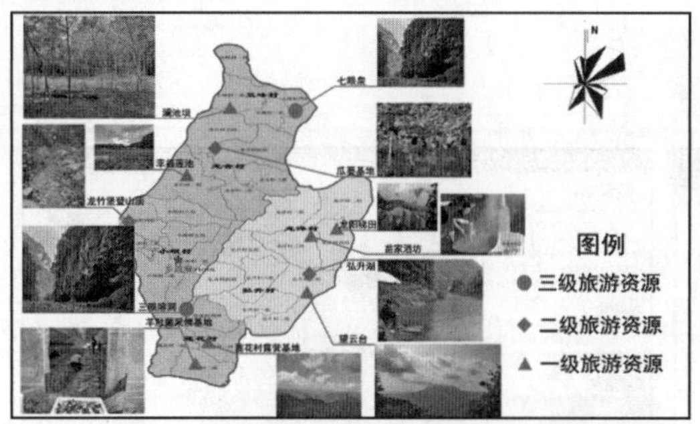

（a）未区分自然和人文资源的图例颜色

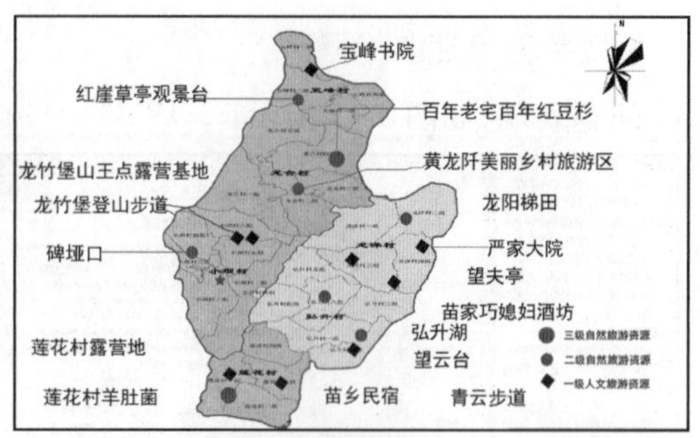

（b）不同等级的资源图形符号应该不同

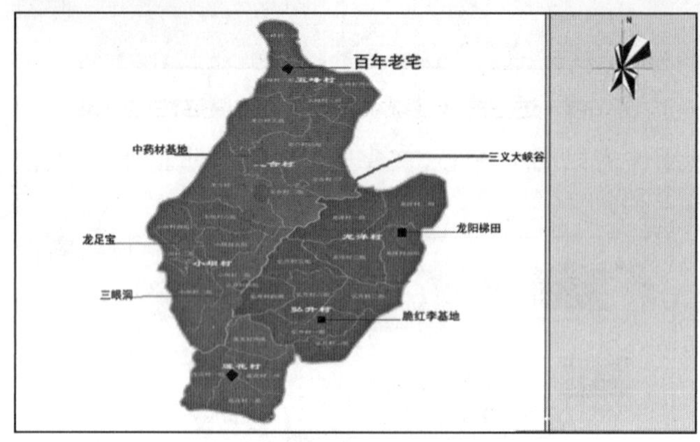

（c）排版不美观，用色过浓，图例缺失

图 3-47　图件绘制中的其他不规范

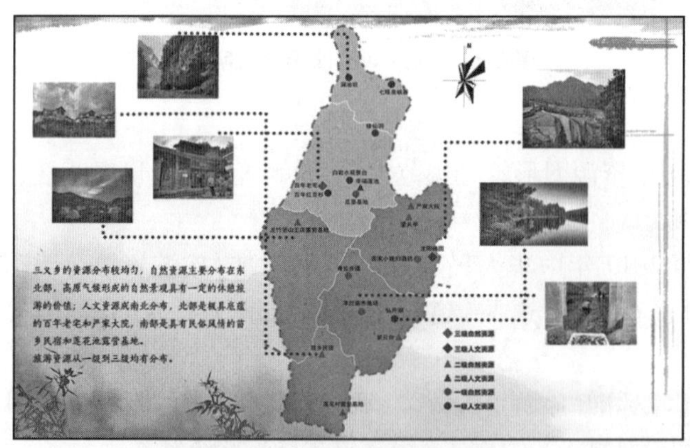

图 3-48　规范化的图件绘制

第四章 实验案例评析

实验案例分析是案例教学法的具体运用,通过选取前几届的优秀旅游规划实验作品进行深入分析,找到其值得肯定的地方并发现不足,对提升实验效果具有较好作用。

第一节　旅游规划说明书案例评析

旅游规划说明书是对旅游地的详细规划说明,它相对于旅游规划文本而言,更注重逻辑性和条理性、系统性。好的说明书需要结合旅游地的资源、市场状况,准确设立其发展主题、合理划分旅游功能区、策划具有一定新意的旅游项目并建立起较为完备的基础设施和公共服务设施体系,明确出旅游地旅游可持续发展的组织、人才、资金、政策及技术保障体系。本案例来自近几届本科学生小组所做,有值得肯定的地方,也有需要深化完善的部分。

旅游规划说明书评析案例

第一部分　规划背景及评析

一、规划时代背景

1.三义乡前期规划背景

在规划前期中,以打响名声为目的,将客源市场集中于渝东南地区,吸引渝东南游客来三义乡旅游。因为渝东南地区已有较为稳定、丰富的客源群体,受到疫情的影响,健康、安全保障以及目的地对疫情的防控已成为游客选择旅行产品的首要关注点,并且很多省市的中小学校也倡导师生在节假日期间尽可能不跨省出行,所以很多有跨省游需求的消费者将转变为周边游,周边游也是疫情之下旅游行业复苏主力。根据2021年国庆假日期间的国内旅游数据显示,国内游游客的出游距离和游憩半径呈现双收缩的态势。其中,游客平均出游半径 141.3 千米,比去年缩减 71.7 千米,减少 33.66%;目的地平均游憩半径 13.1 千米,比去年缩减 1.1 千米,减少 7.75%。"3 小时"旅游圈成为假期主要活动范围,以都市休闲、近郊游为主的"本地人游本地"特征明显。从游客群体来看,城镇居民更青睐远方的风景,其在 300 千米以上出游距离的比重为 12.2%。

2.三义乡中期规划背景

在三义乡的中期规划中,将重庆作为主要的客源市场。重庆地处中国内陆西部,由于特殊的地理环境和气候,重庆拥有多个别称,如火炉、山城、雾都等。壮丽的自然山水风光、独特的山城风貌、深厚的历史文化积淀、浓郁的民族风俗风情,使得重庆拥有得天独厚的旅游发展条件。重庆有:举世闻名的国家级风景名胜——长江三峡;中国四大石刻之一的大足时刻;有国家级森林公园六个;国家级自然保护区一个;国家重点文物保护单位 7 处;全国爱国主义教育基地两处,国家级地震遗址一处;国家 AAAA 级旅游区(点)四处。此外还有二真一大四处世界风景名胜区,国家森林公园、自然保护区和重点文物保护单位等。尤其是长江三峡,除了瞿塘峡、巫峡、西陵峡的美景外,还有巫山小三峡,丰都鬼城、云阳张飞庙等一系列各具特色的美景。随着对各种旅游资源的不断开发,一大批旅游价值很高的新景也逐渐进入旅游市场。这些足以表明重庆旅游资源十分丰富,具有巨大的旅游发展潜力。事实也是如此,重庆已成为游客最想来的城市,"网红城市"对游客吸引巨大,拥有非常庞大的客源市场,三义乡打造独立特殊的旅游形象就能获得庞大的客源市场。

3.三义乡远期规划背景

根据文化和旅游部发布的国内旅游抽样调查统计结果显示,2021 年我国国内旅游总人次 32.46 亿,比上年同期增加 3.67 亿,增长 12.8%(恢复到 2019 年的 54.0%)。其中,城镇居民 23.42 亿人次,增长 13.4%;农村居民 9.04 亿人次,增长 11.1%,如图 4-1 所示。

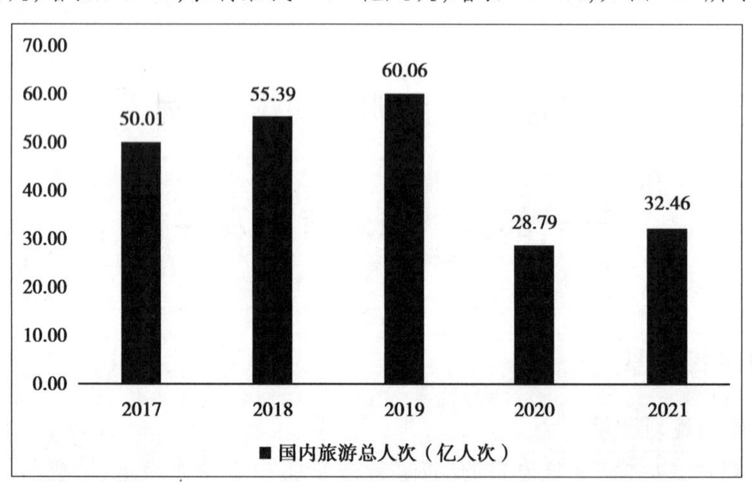

图 4-1　国内旅游发展趋势

评析:此规划背景分析基本失败。三义乡旅游发展规划背景应该从我国旅游发展势头良好、重庆旅游发展形势喜人、渝东南或彭水旅游发展走上快车道三个层面展开,从宏观、中观、微观层面分析三义乡旅游发展的大背景情况。

二、规划区概况

1.区域分析

三义乡位于彭水苗族土家族自治县北部，距县城78千米，面积74.76平方千米。下辖小坝、龙合、五丰、龙阳、弘升和莲花6个行政村，是彭水苗族土家族自治县最偏远的乡村之一。三义乡“跨省连三县”，南接连湖镇、普子镇，西与石柱自治县马武镇相连，东北与湖北利川市文斗镇接壤。

2.社会分析

三义乡全乡面积74.76平方千米。常住人口6 642人，人口密度89人/平方千米，辖六个村，即五峰村、龙合村、龙洋村、小坝村、弘升村、莲花村，人口分别为583人、1 529人、883人、1 627人、1 103人、917人。

全乡现有邮政储蓄所1个，小学1所(含幼儿园)，卫生医院1所，村卫生室5个，无电信、敬老院等设施；全乡以农业种植和畜牧养殖为主；乡人民政府驻小坝村。

3.自然分析

全乡海拔1 000米以上区域面积约占70%以上，全乡大于25°以上陡坡耕地占耕地总面积50%左右。全乡40%以上用地在高程1 200米以上，境内植被保存良好，大山峡谷多，景点有一定特色，立体气候明显，常年平均气温15.5 ℃，森林覆盖率达到65%。具备避暑纳凉、民俗生态旅游发展潜力。

三义乡地貌类型复杂，山高坡陡，境内呈“两山夹一沟”地形。退耕还林与农业生产矛盾突出。受地形条件限制，土地集中度低，村民散居特征明显，不利于集中安置和公共服务设施配套。地质灾害中高易发区多，部分建设用地位于其中，存在一定安全隐患。

4.经济分析

近年来，全乡把扶贫开发作为第一要务，稳固烤烟种植面积，培育种养殖大户，发展经济作物，形成了以烤烟等经济作物和肉牛、生猪、豪猪、土鸡等养殖业为主的农村特色产业体系。2017年全乡经济总收入达到11 250万元，是2012年的1.4倍；全乡农村常住居民人均可支配收入8 070元，是2012年的1.4倍。

原有2个小型煤矿已于2016年全部关闭，乡内已无工矿企业，一产业占比重已达到98%以上，二、三产业发展严重滞后。无村集体经济组织，农民专业合作社处于刚刚起步阶段。无市场认可的农业产品品牌，农产品竞争力不强，产品附加值不高，农民增收渠道不宽。

评析：此规划区基本情况分析较为合理，但在经济分析上缺乏年度经济总量和人均收入状况分析，因为此分析将决定三义地方政府对旅游的投资实力情况。

三、上位规划要求

党的十八大以来，乡村旅游发展迅猛，已成为都市居民重要的旅游选择和建设“美丽中国”、解决“三农”问题的有效途径之一。党的十九大提出“乡村振兴战略”，发展乡村旅游必将成为振兴乡村、全面实现小康和农业现代化的重要措施。为推动城乡统筹发展，带动农民致富增收，促进美丽乡村建设，推动脱贫攻坚，满足城市居民休闲度假的需求，结合彭水苗族土家族自治县(以下简称"彭水自治县"或彭水)乡村旅游发展现状,建设"世界苗乡,养心彭水"品牌需要,特编制《彭水苗族土家族自治县乡村旅游发展规划(2017—2025年)》。在彭水规划中,已经将三义乡的三个景点纳入重点发展对象,分别是四斗坪景区、五峰中药材示范基地和三义苗寨,其中五峰中药材示范基地更是优良旅游资源。

评析:此上位规划要求分析不全。三义旅游发展规划的上位规划除彭水乡村旅游规划之外,还包括三义乡国土空间规划、三义乡经济社会发展规划等,需要从彭水、三义乡两个层面来分析上位规划中涉及三义旅游片区的定位、重点项目,以免即将编制的规划与上位规划冲突。

第二部分　旅游资源分类与评价评析

一、旅游资源概况

三义乡共有6个村,每个村各具特色,拥有着不同的景点。但大多数景点集中分布于三义乡的西北部,以龙合村、小坝村为主。六个乡中,人文、自然资源均有分布,是不可多得的有利条件。五峰村中以七眼泉峡谷、澜池坝 、红崖草亭观景台、宝峰书院为代表;龙合村中以黄龙阡美丽乡村旅游区、百年红豆杉、百年老宅、仙人洞、白岩水观景台等景点为代表;小坝村以龙竹堡登山步道、龙竹堡山王店露营基地、碑垭口等景点为代表;莲花村以苗乡民宿、莲花村露营地、莲花村羊肚菌等景点为代表。龙阳村以严家大院、龙阳梯田、望夫亭、苗家巧媳妇酒坊等景点为代表;弘升村以弘升湖、望云台、青云步道为代表。

通过调查,彭水三义乡旅游资源点近30个。

乡村旅游资源没有明确的分类标准,参考《旅游资源分类、调查与评价》(GB/T 18972—2003)将三义乡旅游分为类。包括龙足宝、白岩水、旱夔门、七眼泉、白岩云海、三眼溶洞等为代表的山林风光资源8个,包括七眼泉、唐家湾水库、三义干河谷、弘升湖乡村水域风光资源4个,包括龙阳梯田、脆红李基地、黄农阡药材基地、斑竹林药材基地为代表的乡村田园风光资源4个,以烤烟、药材、羊肚菌、珍珠鸡等为代表的乡村旅游商品资源丰富,包括百年老宅、严家大院、苗族新村等为代表的乡村文化建筑7个。

评析:此部分的旅游资源分类标准较为陈旧,应该采用2017版的旅游资源分类标准。此外,三义旅游资源分类不一定认定其是乡村旅游资源,应按普通旅游资源类型进行划分即可。

二、旅游资源评价

1.旅游资源定性评价

(1)七眼泉峡谷:景区属峡谷风光,海拔1 000米,位于三义乡五丰村,与湖北利川市文斗镇接壤,属典型的喀斯特地貌,形成了溶洞、天生桥、孤峰等景观,其中仙人指路、修仙洞、登仙桥、七眼清泉是代表性景点。谷中可赏峡谷风情,两岸断壁绝崖;谷底溪流清澈见底,可戏水垂钓，摸鱼捉蟹；溪边亦可野外露营，野餐野炊；同时还可沐浴峡谷清风，避暑纳凉，舒缓心情，洗涤世间烦恼。

(2)龙竹堡登山步道：龙竹堡为清明山海拔1 500米最高峰，山峰遍布龙鳞状怪石。石海间生长的箭竹，根如虬髯盘龙，龙竹堡因而得名。有登山步道直达山顶，从龙竹堡山脚拾级而上，沿途天然石门、石笋。其顶可见一天然巨大石椅，当地人称“龙椅”，这把“龙椅”见证了多年前的一场血雨腥风。

(3)苗乡民宿：依托莲花池易地扶贫搬迁安置点，三义乡深度挖掘开发苗族文化资源，提升旅游综合效益，成功打造建成了三义乡特色苗乡民宿地，弥补全乡旅游接待服务设施不足的短板。掩映在茂密原生植被中的莲花池苗乡民宿聚集区，让游客在观赏大自然鬼斧神工的自然风景之余，还能深切感受苗乡人家的原生态生活，体验到有别于以往生活的一种新旅游。这里没有雾霾，只有阳光、清风与星空，鸟鸣为伴、清风徐来，让人能更进一步感受自然、接近自然，返璞归真，为您疲惫的旅途收获一份小确幸，让人能够一头扎进诗和远方的“家”。

(4)严家大院：化果坪严家大院位于三义乡龙阳村1组，是当地有名的大院子。建于20世纪50年代初，大院依山而建，呈“凹”字形，注重与周边环境的结合，巧妙利用自然地形，与四邻环境协调，传统木结构瓦屋顶，外观朴实并与山野相融。大院里住着的多数是严姓人家，故名为严家大院。大院建在山脚之下相对平坦地区，以落地房这种民居类型呈现，中柱直接建立在平坦的地上，没有吊脚。其特点背山面阔，可以挡风向阳，有利于耕种。屋顶是其中的一大特点，采用歇山式或悬山式的屋顶，坡度不大。大院布局围绕公共场所建设，遵守着传统的居住理念，采用聚族而居的组团形式，在内部建筑、周边田地及山川风貌之间体现出一股内向的家族抱团的凝聚力。大院建成已经有70多年了，依然较完整地保持着原有村落的风貌民俗和乡土人情，这幢木结构建筑见证着严家的兴旺发展。走进大院，干净整洁，房梁上挂着火红的灯笼，营造了一种和谐、喜庆的氛围。

(5)龙阳梯田：梯田是农业文明的产物，彰显着劳动人民的无上智慧和坚强意志。它流动于青山上，层叠于天地间，被誉为“地球最美的曲线”。龙阳村属高山村落，地势险峻，海拔高度从650米至1 680米。千百年来，勤劳的苗族、土家族人，靠山吃山，默默耕耘，将从万木葱茏的谷地到千仞壁立的石崖间，凡有泥土的地方，都开辟成了梯田。走进龙阳，层层叠叠的梯田，似万级银梯，依着山势，从山脚一直盘绕至山顶。又如散落田间的棋子，高低错落，星罗棋布。所谓“高田如楼梯，平田如棋局。白鹭忽飞来，点破秧针绿”。明代诗人杨慎的《出郊》正是对龙阳梯田最好的诠释。在这里，早晚光影变幻，四季景色各异。每日清晨日暮，太阳都会攀着湿淋淋、绿油油、金灿灿的梯子，从山间的水田中升起落下，红霞满天、波光粼粼、云雾滚动、竹影婆娑……一年中，春来，水满田畴，如串串银链山间挂；夏至，佳禾吐翠，似排排绿浪从天泻；金秋，稻穗沉甸，像一座座金塔顶玉宇；隆冬，雪兆丰年，若环环白玉砌云端……不断变化的光影美景，如一幅幅色彩斑斓的山水画，将龙阳打造成童话世界，处身其中，令人目不暇接；而漫步其间，阡陌纵横、层叠错落的梯田曲线和田间劳作的农人，又似隐秘的乐谱、跳动的音符，将千年农耕文明与无限情愫谱成了天籁之音，置身其中，让人沉醉！

如果有幸，在云雾天来到龙阳，你会发现，整个村子祥云缭绕，直入云端的梯田宛如天梯，天地间一派祥瑞。这岂不正是你我眼中“天堂”的模样？

(6)弘升湖:杉木沟水库,位于彭水苗族土家族自治县三义乡弘升村,海拔960米,于2020年建成。春风拂面,丽日高照,湖畔春晓;夏日炎炎,湖水碧波,云浮半空,清凉气爽;山高云淡,杉高水长,野鸭嬉戏;霜林冰岸,瑞雪飘飘,湖幽神怡,流连忘返。弘升湖,爱人之湖,生态之湖,魅力之湖。

评析:此部分的内容是对三义典型旅游资源的特征说明,不是定性评价。定性评价需从宏观角度阐释三义乡旅游资源的数量、质量、特色及空间分布、发展潜力情况。

2.旅游资源定性评价

根据国家质量技术监督局和国家旅游局颁布的《旅游资源分类、调查与评价》(GB/T 18972—2003)中规定的评价项目、评价因子和评分标准,对各个单体进行资源要素价值、资源影响力以及附加值三个方面的评价。

资源要素价值项目包括观赏价值或游憩价值或使用价值,历史价值或科学价值或艺术价值,珍稀或奇特程度,规模、丰度与几率,完整性等5个评价因子:资源影响力项目包括知名度与影响力,适用期或使用范围等2项评价因子:附加值含环境保护与环境安全1项评价因子。资源要素价值和资源影响力总分值为100分,其中,"资源要素价值"为85分,分配如下:"观赏游憩使用价值"30分、"历史科学文化艺术价值"25分、"珍稀或奇特程度"15分、"规模、丰度与几率"10分、"完整性"5分。"资源影响力"为15分,其中:"知名度和影响力"10分、"适游期或使用范围"5分。"附加值"中"环境保护与环境安全",分正分和负分。每一评价因子分为4个档次,其因子分值相应分为4档。

根据国家标准《旅游资源分类、调查与评价》(GB/T 18972—2003),依据旅游资源单体评价总分,将其分为五级,从高级到低级为:五级旅游资源AAAAA≥90分;四级旅游资源AAAA≥75~89分;三级旅游资源AAA≥60~74分;二级旅游资源AA≥45~59分;一级旅游资源A≥30~44分。

此外还有:未获等级旅游资源,得分≤29分。

3.评价原则

旅游资源评价是在旅游资源调查的基础上进行的深层次研究工作,是选择调查区内的旅游资源、资源环境及其保护状况、开发条件作为评价的对象和内容,采取一定的方法,对旅游资源的特点及其开发做出评价和鉴定,从而为地区旅游资源的合理开发利用与规划建设提供科学基础。

(1)实地评价原则:坚持实地考察这一最根本原则,以获取对资源最大程度的感性认识,然后从实际出发,实事求是地科学评价其价值高低、大小、好坏和功能,充分应用地学、美学、历史学、建筑学、经济学等相关理论和知识,做到既不任意夸大,也不无限缩小,力求进行客观评价。

(2)发展评价原则:旅游资源的特征以及开发利用的社会经济条件本身是在不断变化发展中的,因此要有动态发展的观点。用发展的眼光看待变化趋势,从而对旅游资源及其利用开发做出积极和全面的正确评价。

(3)定性评价与定量评价相结合原则:常见的旅游资源评价方法,一般有定性与定量两种。定性研究方法使用简便,包含的内容丰富,但缺乏可比性,只能反映旅游资源的概要状况，主观色彩较浓：定量分析是根据一定的评价标准和评价模型，以全面系统地将有关旅游资源的各评价因子予以客观量化处理，其结果具有可比性。两者结合更能对旅游资源做出相对公正客观的评价。

(4)集体评价原则：在对资源进行评价的具体过程中，我们采用的是集体评价，严格按照标准按旅游资源分类体系对旅游资源打分，最后进行平均，而不是单个人进行评价的原则，从主观上避免片面性。

(5)兼顾三种效益原则：评价旅游资源考虑了三个方面的效益。首先是经济效益，即能增加经济收入，对当地经济起到促进作用：其次是环境效益，即能美化和保护环境，为人类提供一些有利身心健康的生态环境和优美的空间场所：最后是社会效益，既能吸引游客，又能达到开阔眼界、增长见识、陶冶情操的目的等。总之，能通过合理利用，旅游资源单体能发挥其潜在的优势，获得综合的效应。

4.旅游资源因子评价

依据标准，选择三义乡旅游区较具代表性、有旅游发展潜力的旅游资源和景区(点)进行综合评价，并依据其开发利用价值及可能贡献度划定其级别。通过对三义乡旅游区具有代表性旅游资源进行分项打分，可以初步得出三义乡旅游资源得分情况，见表4-1。

表4-1　三义乡主要旅游资源评分表

景点	资源要素价值					资源影响力		附加值	总分	等级
	历史、文化科学与艺术价值(30)	珍稀奇特程度(15)	规模、丰度与几率(10)	完整性(5)	观赏休憩使用价值(30)	知名度和影响力(10)	适游期或使用范围(5)			
脆红李基地	5	5	3	4	12	3	3	3	38	一级
移民新村	11	3	4	5	2	2	5	3	35	一级
唐家湾水库	10	3	3	5	2	1	5	3	32	一级
黄农阡药材基地	5	8	6	3	9	5	3	3	42	一级
三义干河谷	4	5	3	4	12	3	3	3	38	一级
斑竹林药材基地	10	12	8	3	9	7	4	3	56	二级
百年老宅	12	8	4	1	18	2	3	3	55	二级
龙足宝	5	8	7	5	18	2	5	3	53	二级
白岩水	8	8	7	4	14	1	4	3	49	二级
旱夔门	8	7	7	4	11	1	4	3	45	二级
七眼泉	16	8	7	3	12	2	4	3	55	二级
白岩云海	18	8	7	3	12	2	4	3	57	二级
三眼溶洞	20	8	6	5	15	2	5	3	64	三级
龙阳梯田	20	8	7	5	8	4	5	3	60	三级

5.结果分析

(1)龙阳梯田,资源价值较高,相对于四周的旅游资源,是整个旅游区的核心景点之一。它流动于青山上,层叠于天地间,被誉为“地球最美的曲线”。走进龙阳,层层叠叠的梯田,似万级银梯,依着山势,从山脚一直盘绕至山顶。又如散落田间的棋子,高低错落,星罗棋布。所谓“高田如楼梯,平田如棋局。白鹭忽飞来,点破秧针绿”。明代诗人杨慎的《出郊》正是对龙阳梯田最好的诠释。在这里,早晚光影变幻,四季景色各异。每日清晨日暮,太阳都会攀着湿淋淋、绿油油、金灿灿的梯子,从山间的水田中升起落下,红霞满天、波光粼粼、云雾滚动、竹影婆娑……

(2)三眼溶洞质量等级评分为64,其为该区的天然溶洞,是喀斯特地貌的代表,具有一定的科研价值,溶洞内气温较低,负氧离子极高,契合规划主题—“康养”,该区在未来旅游开发中,会发挥一定作用。

(3)黄农阡药材基地和斑竹林药材基地虽然评分较低,但其也是该乡北部的主要发展对象,规划主打康养旅游,药材的种植与其契合,是三义乡旅游区的核心之一,而且也是未来旅游的重要窗口。

从评价因子上看,三义乡旅游区还需要加大对康养项目的规划与创新,资源众多也应思考如何将资源间结合发展,且如何将康养与自然生态有机结合起来,构造一个人文旅游与自然资源交相辉映的旅游区,将是未来规划与打造的重点。

需要说明的是,以上质量评价结果,只是参照国家标准进行的初步评价,并不是旅游主管部门最后认可的质量等级,因此评价分值及等级划分,仅供参考,或作为旅游资源横向对比的依据。

评析:此部分的内容偏多了,且此部分是定量评价,不是定性评价。在评价结论部分,应该列举出三义乡的各级旅游资源点的名称和对应的等级即可,不必再次对特色资源点进行介绍。

第三部分　旅游市场调查与预测评析

一、重庆旅游市场分析

1.综合

中国旅游研究院最新调查数据显示,中国人2021年最想去的城市旅游目的地重庆位居第一。2021年,全市接待过夜游客8 834.86万人次,同比增长37.2%;A级景区接待游客17 546万人次,同比增长9.0%;旅游产业实现增加值1 076.09亿元,增速为9.9%,占全市GDP的3.9%。

2.旅游市场主体

2021年,全市旅游业总体呈现出业态体系不断丰富、旅游市场主体更加健全的良好态势。

(1)旅行社。2021年末,全市共有旅行社753家。其中:出境游旅行社92家(含赴台社

9 家)，一般旅行社 661 家。全年共审批设立一般旅行社 75 家。

(2)星级旅游饭店。2021 年末，全市拥有星级旅游饭店 150 家，其中：五星级 28 家，四星级 47 家，三星级 63 家，二星级 12 家。

(3)旅游景区。2021 年末，全市拥有国家 A 级旅游景区 269 个，其中：AAAAA 级景区 10 个，AAAA 级景区 131 个，AAA 级景区 84 个，AA 级景区 43 个，A 级景区 1 个。新评定 25 个 A 级景区，其中：AAAA 景区 11 个，AAA 景区 10 个，AA 景区 4 个。

(4)旅游度假。2021 年末，全市拥有市级以上旅游度假区 25 个，含国家级旅游度假区 2 个(武隆仙女山旅游度假区、丰都南天湖旅游度假区)。市级五星级温泉旅游企业 3 家。

(5)旅游船。2021 年末，全市拥有三峡游轮 33 艘。

评析：此部分重庆旅游市场分析基本失败，应该围绕来重庆旅游的客源特征进行分析。可以借用官方信息或研究信息来进行说明。此部分目的是通过对来渝游客分析以期望如何吸引他们到三义来旅游。

二、三义旅游目标

1.客源分析

2021 年，"一区两群"各区域旅游业彰显特色、协同发展，均呈稳定复苏态势，见表 4-2。

表 4-2　"一区两群"旅游产业增加值情况表

区域	旅游产业增加值(亿元)	增加值增速(%)	占 GDP 比重(%)
主城都市区	775.08	8.8	3.6
渝东北三峡库区城镇群	189.89	14.1	3.9
渝东南武陵山区城镇群	81.45	12.8	5.3

从表 4-2 中，可以看出渝东南旅游经济增长迅速，且相对于其他地区，渝东南占总体经济比重更大，以此为媒介吸引更多游客来三义乡旅游，所以在此次规划中，将以渝东南地区和湖北利川为核心游客市场，其次以主城九区和万州区为拓展市场；并利用交通条件，将湖北省、湖南省、四川省和贵州省作为机会市场。

2.客源市场时间结构

根据三义乡旅游气候变化和海拔特点，每年 4 月至 10 为旅游旺季，11 月至次年三月为旅游淡季。

3.游客市场结构

老龄化已成为我国的长期基本国情。研学旅行、亲子旅游、老年旅游、康养旅居等具有广阔市场前景。在我国旅游市场主体中，35 岁以上的旅游占比达到 50.9%。由规划主题决定，中老年群体是三义乡主要面向群体，如图 4-2 所示。

评析：此部分应该是来三义或彭水的旅游客源特征分析，应该借助实地发放问卷调查表获得相关数据，并通过图表和文字形式深入分析得出来三义或彭水的游客的空间范围、旅游动机和旅游时间、消费特点及满意度情况，为三义三级客源市场划分做铺垫。

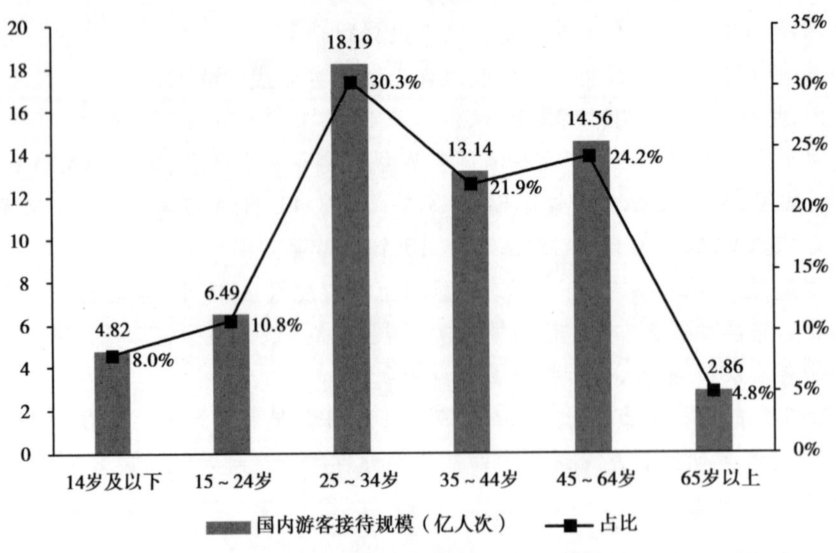

图 4-2　国内游客市场结构(按年龄区分)

三、三义旅游市场规模预测

1.预估参考依据

(1)国内经济形势。中国宏观经济形势连续 20 年保持高速增长,综合国力增强,人民生活水平提高,形成了强大的出游力。近年来,我国城镇居民出游率一直保持在 90%左右,人均花费也迅速提高,在国际经济稳定发展和庞大的人口基数下,广阔的客源市场为旅游业的发展奠定了良好基础。未来 20 年,西部在大开发热潮中将成为拉动我国经济高速增长的区域。经过 20 多年的发展,我国旅游业已取得举世瞩目的成就,许多省市都将其列为当地经济支柱产业。在"九五"计划和 2010 年远景规划中,国家将旅游业列为第三产业中"积极发展"的新兴产业的第一位。

(2)重庆。《重庆市乡村旅游发展规划(2013—2020)》指出:依据重庆乡村旅游资源、产品的空间分布格局和地形地貌特征,将重庆乡村旅游的空间结构规划为:"一核一圈两翼"。"两翼"即渝东北乡村旅游发展翼和渝东南乡村旅游发展翼。

(3)彭水。着力推进乡村旅游示范点建设。新政策指导下,抓住新一轮乡村旅游发展契机,积极发展乡村旅游项目。坚持有步骤、分重点、讲效益的开发原则,逐渐形成"三线三片多点"的乡村旅游发展格局。

2.游客规模预估

三义乡发展较晚,相关旅游数据较少,历年旅游规模、景区面积缺少,所以本次旅游规模采用样本借鉴法。本次样本采用的重庆市石柱土家族自治县冷水镇八龙村的"云中花园",采用原因:①区位相似:两者都位于重庆市内的贫困乡;②主题相似:"云中花园"主题为康养旅游,与三义乡规划类似;③资源相似:两者人文、自然资源相似,且丰富多样;④交通区位相似;⑤政策相似:都属于国家发展的重点对象;⑥环境相似:环境优美、生活闲适。

最终预估三义乡接待观光度假游客:

近期:日接待游客量:80 人次;年接待游客量:2.92 万人。

中期：日接待游客量：440人次；年接待游客量：16.06万人次。

远期：日接待游客量：990人次；年接待游客量：36.14万人次。

评析：客源市场规模预测需要结合规划地旅游发展现实情况进行，当旅游地没有相关统计数据时候，则采取面积法或线路法，如果旅游地无法提供游览区面积，则应采取样本借鉴法进行。此部分的样本地选择较为合理，但应该首先提供出样本地近五年的游客量，再采取回归分析进行预测。但此案例在进行近中远期预测时，缺乏必要的说明且按每天游客量乘以365天来得出，显然缺乏合理性。尤其是每天都有游客来，不符合三义旅游发展冬季是淡季的事实。

第四部分 旅游主题定位评析

一、发展目标定位

1.经济定位

将三义乡现有的资源优势转化为现实的经济优势，推动旅游接待规模（游客人数、停留天数）和旅游经济效应的快速持续增长，旅游产业应适度超前于国民经济总体发展速度，增加旅游业在三义旅游产业中的贡献度。

2.社会定位

（1）塑造区域形象：通过旅游形象塑造促进三义乡区域整体形象的提升和综合环境的进一步改善，从而构建城镇新形象，推动三义乡快速发展。

（2）解决社会就业：增加旅游产业扶贫功能效应和旅游产业对当地社会发展的贡献度，提高旅游产业在农村富余劳动力就业中的作用，加快乡村农民致富的步伐，让更多的农民参与旅游经营并从中获益。

（3）推动新农村建设：通过旅游产业发展来全面落实科学发展观。推动社会主义新农村建设步伐，创建"旅游产业带动"的社会主义新农村建设模式，促进城乡区域统筹发展，构建和谐城镇与和谐乡村。

（4）促进社会有机发展：实现旅游信息流引发当地居民价值观念的改变，旅游产业能够进一步带动社会时尚的潮流，旅游产业成为社会有机发展的推手。

3.环境定位

对接中央建设生态文明的精神，通过康养度假旅游发展，保护生态环境，建设生态文明，打造生态文明建设的样板区。

评析：此处的目标定位涵盖了经济、社会和环境三个目标，切合发展定位要求。但在经济目标定位时，阐述较为空洞，需要将规划期末的游客量、旅游总收入及旅游产业配套设施建设情况进行定量和定性说明。

二、发展功能定位

1.产业定位

三义乡区域旅游产业的支柱产业,第三产业的主导产业。

2.产品定位

(1)生态观光:天然的生态氧吧、喀斯特地貌。

(2)休闲康养:中药材和大自然相结合康养。

(3)文化体验:苗乡、中药材、农事文化带游客回归田园生活。

(4)科考研学:喀斯特地貌、中药材文化研学。

3.竞争定位

重庆西南片区康养旅游核心区。

4.环境定位

重庆是西南片区重要生态功能区。

评析:此部分定位内容较为全面,符合功能定位要求。但在竞争定位和环境定位时将三义乡定位为重庆西南片区康养核心区和重要生态功能区,在空间方位上有错误,应该是重庆东南片区。同时,定位为康养旅游核心区不妥,建议修改为康养旅游示范区。

三、旅游形象定位

将三义乡的气候、地形、文化、农事基础相结合,打造以中药材为核心的西南片区苗乡文化康养胜地。

形象口号:三义,渝东南的康养胜地。

评析:此口号虽然简洁,但没有较好说明三义的康养旅游与周边石柱黄水、彭水摩围山、武隆仙女山的康养旅游的差异点,因而,无法快速形成差异化吸引力。

第五部分　旅游空间功能划分评析

一、分区原则

(1)坚持可持续发展和"三效益"并重的原则,注重生态保护。坚持环境保护基本国策,推动产业结构调整。

(2)坚持整体、长远、经济的原则,把集镇和各村庄的规划建设作为完整的系统进行规划。

(3)立足近期、着眼远期,抓好近期建设,为远期发展打好基础。

(4)注重规划的科学性和可操作性,既有明确的奋斗目标,又有相应的实施措施。

(5)充分利用当地资源,节约用地。

评析:此分区原则不符合理论课上所讲授的旅游功能分区的五大基本原则。

二、发展格局

1.发展策略

(1)加快城镇化进程,建立科学合理的乡镇体系;以集镇为中心,促进乡域经济发展。

(2)优化产业结构,加快传统农业向现代农业转变的步伐,鼓励第二、第三产业的发展。

(3)利用三义乡与湖北交界,大力发展三义乡在彭水经济中的边贸作用,建立各种农副产品的批发市场,利用独特的区位条件和优惠的政策吸引人员和资金。

(4)利用乡村景观资源,发展乡村旅游观光。依托现有自然资源以及现代农业基地,整合开发,逐步打造高山旅游亮点,拉动第三产业全面发展。

(5)完善中心集镇职能,发挥强有力的带动作用,重视基础设施建设,美化城镇面貌,集聚人气、文气和商气。

(6)大力发展特色产业,按照标准化建设和安全生产要求,实现规模化集约化种植养殖。

(7)积极创造投资环境,招商引资,加大开发力度,保证开发健康有序。

2.规划依据

《彭水自治县"十四五"文化旅游融合发展规划》(彭水府办发〔2022〕125号)

《文化和旅游部办公厅关于进一步调整暂退旅游服务质量保证金相关政策的通知》(文旅发电〔2022〕61号)

《财政部　税务总局关于电影等行业税费支持政策的公告》(财政部　税务总局公告2020年第25号)

《财政部　税务总局关于延续宣传文化增值税优惠政策的公告》(财政部　税务总局公告2021年第10号)

《重庆市贯彻〈关于促进服务业领域困难行业回复发展的若干政策〉的措施》(渝发改财金〔2022〕277号)

《重庆市银行业金融机构支持文化产业和旅游产业高质量发展政策措施》(渝银发〔2021〕52号)

3.规划期限与范围

(1)规划期限:本次规划期限为2022—2032年。

近期:2022—2025年。

中期:2026—2029年。

远期:2030—2032年。

(2)规划范围:本次规划分为两个层次。

第一层次:乡域规划范围,三义乡行政区域范围,辖6个村,面积为74.76平方千米。

第二层次:老集镇规划区控制面积约为8.42公顷,其中建设用地4.38公顷;南部莲花村组团建设用地16.94公顷。

评析:此部分写作基本失败,没有阐释清楚三义旅游发展的基本空间格局是什么,抄袭三义乡总体规划的规划总则内容。

三、分区任务

近期将三义乡打造成武陵山区脱贫致富示范区和生态美、产业兴、百姓富的美丽苗乡。后期逐步把三义乡建设成为以第一产业为特色,第二、第三产业发达,商贸繁荣,环境优良,充满吸引力和竞争力,富有现代气息的农、工、商、贸、旅游多业并举的经济强乡。

1.产业发展

加强特色农村产品基地建设,大力发展农业、特色中药材种植以及畜牧养殖,积极发展生态旅游以及为之配套的第三产业。

2.基础农田保护

遵循“十分珍惜和合理利用每寸土地,切实保护耕地”的基本国策,合理配置乡域空间资源,节约用地、保护耕地,确保基本农田数量不减少。

3.生态环境保护

构建人与自然协调的生态环境,优先考虑生态环境保护和建设,构建北部生态屏障,加强山体、水体保护,塑造山青、水秀的乡域环境。

4.科技文化教育

全面实施科教兴渝战略,坚持科技为先导,教育为基础,确保各类科技文化教育用地,普及九年义务教育和高中教育。

评析:分区任务编制基本失败。由于前期没有阐释清晰三义旅游发展的基本空间格局,因此没有办法就不同的功能区进行深入的分区任务数量。正确的分区任务写作应该阐明每个功能区名称、范围、特色旅游资源、旅游功能及在三义旅游发展格局中的地位作用。

第六部分　旅游项目策划评析

特色项目一

项目名称:沉浸式农事体验(龙阳梯田)

特色性:根据农事季节,旅客可以亲自参与农事活动,可以参加现农作物的生产种植、收获等农事活动全过程,也可以仅参加例如播种或收获等单项活动。具体来说,农事生产主要是春播夏管秋收冬享受。春天时可以进行插秧比赛,夏天可以进行,秋天可以进行收割比赛,冬天可以进行烹饪比赛。

开设活动:农事体验

适宜人群:各个年龄阶段

特色项目二

项目名称:药材康养(中草药基地、黄龙阡中药材基地、斑竹园药材基地)

特色性:依托空气清新、环境优美的深林资源,再结合黄农阡药材基地、中药材基地、斑竹林药材基地中药材原有资源在黄农阡旅游区旁边打造药材康养基地,提供中医药体验疗法、药酒康养、与苗族的长桌宴相结合的药膳;药材文化馆,通过专业人士宣讲以及与现代VR技术相结合的方式打造一个中医药文化研学点。

开设活动:药浴、针灸、拔罐、推拿

特色商品:药酒、中草药

体验项目:中医药文化宣讲、药膳苗文化长桌宴

适宜人群:中老年人

特色项目三

项目名称:露营休闲(龙足宝草地、移民新村)

特色性:三义乡共有龙足宝山山王店露营基地和莲花村露营基地两个露营点。本项目依托三义乡现存旅游资源,打造康养露营基地。在露营的过程中融入医疗疗理和中医按摩等方式并加上苗族特色篝火晚会等,让游客体验到当地特色运动康养方式,释放压力,提升身心健康。

适宜人群:亲子游旅客

特色项目四

项目名称:峡谷保健旅游(峡谷观光带)

特色性:度假休闲,森林浴。结合资料得知周边的山体森林覆盖率高,因此开展休闲森林浴,呼吸新鲜空气。

吸引游客群:中老年人

评析:此部分策划的四个项目基本符合前期的旅游功能定位:康养度假游。但在每个项目的写作时候,写的较为简单和缺乏条理性,同时,项目在创新性上还有较大提升空间。

第七部分　旅游基础设施及接待设施规划评析

一、旅游交通规划

1.旅游交通的意义

(1)旅游交通是一个地区旅游业产生和发展的先决条件,一个地区的旅游交通完善,才可以让这个地区的旅游业产生和发展。

(2)旅游交通是旅游地社会经济发展的重要推动力,一个地区在交通旅行上花费的时间越少,对旅游地整体质量的评价就越高,是推动社会经济发展一大力量。

(3)旅游交通是旅游业稳定而重要的收入来源,交通旅行费用是旅游活动中主要的支出

费用之一。

(4)旅游交通是旅游活动的重要内容,旅游以旅行为基础,交通沿途的风景也是旅游的重要内容,交通服务质量的好坏,对旅游费用支出的多少、情绪的好坏有着直接的影响。

2.三义乡交通现状

目前,三义乡的交通格局为两干,一环,多支。有两条省道,S423 和 S422。其中 423 省道连接石柱马武镇、彭水莲湖镇(已开通),5 米宽。422 省道:连接湖北文斗经三义五丰村、龙合村、莲花村(已开通),5 米宽。一环为连接弘升村、龙阳村、龙合村、小坝村,但未完成。支路为连接各村社内部通组支线道路、产业路(未完成)。

综上所述,三义乡内部村村通基本实现,但景景通未实现;省道村道均为单车道,宽度为 5 米,无法实现两车同时通行,容易造成交通事故。

3.应对措施

从道路交通方面考虑,黔石高速已在 2021 年竣工。投入使用,该高速大大方便周边区县到三义乡旅游的游客。其次,对于三义乡的道路交通也要进一步完善,旅游交通能否正常、有序发展,关系到整个旅游业的兴衰成败。再次,强调游客的体验性、景观性;道路景观的优化既能改善当地的绿化环境,又能提高游客旅游的舒适度。最后,突出快进出、慢游览的交通策略。出入旅游地方便快捷,景区内游览注重体验性,可以大大提高游客对旅游地的好感度。对于旅游交通的发展,讲究一纵一横、多环线、多支线。

在原有的交通设施基础上,拓宽道路,保证两车能够同时通行,增添支线到各个景点,保证景点互通,游客们可以更快更便捷地到达景区。

评析:此部分的逻辑体系较为完整,规划要点基本到位,不足之处有:对到达三义乡的外部交通线路如石柱到三义缺乏规划说明,且旅游交通规划需要区分出新建道路、改扩建道路,同时需要明确每一段路的名称、距离、建设标准等。

二、接待设施规划

1.旅游接待设施的意义

旅游接待体系规划既要根据旅游者的需求在规划旅游地不同地域布局合理的旅游接待设施;又要根据旅游者需求在旅游地合理布局不同档次旅游接待设施;还要根据旅游发展需要,合理确定各类设施建设时序。

2.三义乡接待设施现状

目前,三义乡住宿只有两个客栈,分别位于弘升村和五峰村,且住宿环境稍差。餐饮设施方面在五峰村有一家农家乐,小坝村有两家汤锅馆。娱乐设施在村政府有文化活动室。暂无购物设施。

3.应对措施

(1)住宿体系:旅游住宿设施按照档次和规模可大致分为星级酒店、小型旅馆、家庭民宿、农家乐等。对于三义乡的游客特征进行住宿设施的结构设计,将各类住宿设施所占比重明确化。由于三义乡是作为乡村旅游区,切合旅游地游客的市场需求,可以加小型旅馆、家庭民宿、农家乐的比重,切合游客的住宿倾向。

由于旅游是一个具有强烈时间性和季节性的活动，因此游客的数量规模也会随着季节变化产生波动，为了避免在旅游淡季因为接待规模过大而产生资源的闲置或者浪费，可以在酒店建设时采取相对灵活的弹性设计。

所以计划在中医药康养度假区建设以中医药为主的康养度假村，在运动休闲康养区和农事体验区建设新民宿，在莲花村新建青年旅社。

(2)餐饮体系：餐饮是旅游者非常关心的服务类型，同时也是旅游地发掘自身资源潜力、增强旅游业盈利能力的重要途径之一。对旅游餐饮的规划主要是旅游餐饮的类型结构规划和旅游餐饮的发展规模规划。餐饮设施层次应建立低、中、高档次的餐饮结构，对于三义乡的自身条件而言，农家乐、美食街区为代表的特色餐饮结构应占较大比例，高端餐厅、大众餐厅等为少数。同时可以根据三义乡当地的情况，在旅游人口聚集量较大的地方建立美食街区，既有利于宣传当地饮食文化特色，又可以促进旅游业盈利的多元化。在弘扬当地特色饮食文化的同时，还要积极引进和推广满足不同游客口味的菜系，鼓励发展地方小吃，发展特色旅游美食街和特色美食品牌连锁经营，形成地方旅游餐馆特色，提高餐饮服务质量。

所以结合当地的农产特色珍珠鸡，推出农家乐，品尝特色菜，以及羊肚菌和瓜蒌可以发展药膳。

(3)购物体系：适度添加三义乡休闲娱乐设施规划，例如增加基础建设，在乡政府所在乡建设购物中心，改造或者新建文化体育娱乐设施、积极开发游客喜闻乐见的特色旅游娱乐活动，丰富游客的文化娱乐生活。

(4)露营基地可以提供给游客进行野餐、露营、烧烤等活动，此类活动会吸引周边地区的游客进行周末春游等活动，大大提高了景区对游客的吸纳量，见表4-3。

表4-3　三义乡旅游接待服务设施表

设施	类型	分布点	数量	性质（新建/改扩建）	备注
住宿设施	农家乐	五峰村	1	改扩建	需要结合市场客群结构及需求进行合理分配
	青年旅社	莲花村	1	新建	
	民宿客栈	运动休闲康养区 农事体验区	4	新建	
	度假村	康养度假村	1	新建	
	主题酒店	无	0	无	
餐饮设施	农家餐饮	农事体验区	5	改扩建，新建	需要结合地方原材料及当前追求绿色健康餐饮需求提炼出特色菜品
	BBQ等	运动休闲康养区	2	改扩建	
	药膳	中医药康养区	1	新建	
购物设施	纪念品	农事体验区	1	脆红李采摘基地	结合地方特产及非物质文化遗产进行创新策划
	土特产	农事体验区	2	珍珠鸡，大米	
娱乐设施	户外设施	小坝村	1	新建	结合市场人群需求而进行策划
	室内设施	各村文化活动中心	6	改扩建	

评析:此部分接待体系规划内容较为完整,提出了接待体系规划要点、明确了结合前述市场定位下的住宿档次结构比例分配。不足之处,对三义特色购物品类型及物品阐述不够,对特色菜品还需从药膳系列、苗家特色菜系列、农家有机菜系列进行打造;在住宿方面应该强调苗家吊脚楼民宿或度假村建设。

三、公共服务规划

公共服务体系包含以下几个方面。

(1)指示系统体系:包含道路指示、景点指示(导览图)、景点解说牌、安全警示指示;其中对于三义乡主要道路和各个支路相连接处设置道路指示牌,指引方向。在景点内可以设置景点指示牌,介绍景点特色。在露营基地设置安全防护指示牌,提醒游客注意用火,避免火灾。

(2)医疗卫生体系:在游客中心配置卫生室和设备设施、服务人员,保证旅游区的安全保障到位。

(3)环境保护体系:重点是垃圾桶布置、旅游公厕的建造、废水处理方式等,旅游地应该充分考虑游客的行为模式,如停留时间较长的地区易产生垃圾,对此合理设置相关服务设施,如景区出入口、观景休憩区以及中心服务区应重点考虑设置垃圾箱。在主要旅游区和游客集散地,应当将公厕的建造纳入规划,并对其应注重间距人性化、易于寻找、隐蔽性、无环境污染等原则。可以在各个景区设置五到六个公厕,多个垃圾桶,保护环境。

(4)游客服务中心:游客服务中心是为游客提供信息咨询服务的核心区域,该设施应当具有游客咨询服务系统、旅游形象宣传功能,游客在此可以获得信息查询、紧急救援、旅游投诉、旅游代理预定、旅游纪念品展销等综合服务,所以游客服务中心应该设置于所有游客都最易于接近的地区,并预留较大的活动空间,所以可以考虑三义乡村委会周围地区。其次,游客服务中心应该具有功能完善、设备先进、具有鲜明特色等特点。再次,在游客服务中心的外形设计上,可以切合旅游区的自然人文特征,设计出具有古朴、富含乡土人情的建筑。最后,在服务中心建设多功能旅游咨询服务站,方便游客自助了解当地的各种民俗文化。

评析:此部分对公服设施的配置在空间及数量上较为合理可行。上述接待设施配置表简单通俗,值得肯定。但在购物设施空间分布及类型上不太合理,尤其是三义乡的中药材、农副土特产类型多、分布广,在设置时需要结合各区域的农产品特色,分别在农家、游客中心、特色农夫集市进行设置。此外,备注部分的文字应该阐述具体的各类设施的特色是什么。

第八部分　旅游保障体系规划评析

一、组织保障

加强组织领导,强化各级党委和政府文化和旅游公共服务建设的主体责任,加强对文化和旅游公共服务建设工作的组织领导。成立三义乡乡村旅游发展领导小组,将三义乡旅游纳入单位目标考核内容。重点旅游村社组建各类农民乡村旅游协会或者专业合作社，成为基层乡村旅游议事和协调机构，形成三级乡村旅游领导与组织管理体系。根据国家政策并结合当地的基本情况，发展需求和产业模式等具体情况进行统筹，探索建立产品与市场相结合、开发与保护相统一的旅游资源管理体制。

评析：此部分从政府重视、协会主导、农户和企业参与三方角度阐释了三义旅游发展的组织架构，分析得较为准确。

二、政策保障

(1)建立"政府主导、业主开发、市场运作、多方参与"的开发建设机制，以财政投入为引导、业主开发为主体、社会资金为补充、项目经费打捆使用的模式。

(2)积极用好各类政策扶持资金。争取武陵山扶贫资金、民族文化资金、特色村寨、以工代赈、高山生态移民、三峡后续发展扶持工程等各类支农、扶农、涉农资金和项目时，充分考虑乡村旅游发展需要，高度整合、集中申报、打捆使用，适当向乡村旅游倾斜。

(3)农业综合开发、农民培训等项目要向乡村旅游示范工程建设倾斜。

评析：此部分的旅游发展的政策扶持写得不好，没有指出为推动三义旅游业快速发展，三义乡政府及人大应该制定哪些符合三义实情的政策措施。一般地，应该从人才引进、土地配置、资金帮扶、税收优惠、行业管理等方面出台系列配套政策措施。

三、资金保障

(1)政府专项基金。政府制定一系列政策并拨款实现三义乡的旅游建设。可供使用的政府专项资金主要包括：国家三峡工程后扶资金、市县扶贫资金、文物保护资金、农业产业结构调整专项资金、林业专项资金、彭水"巴渝魅力美丽乡村"工程专项资金等。

(2)招商引资。吸引商家到三义乡进行建厂，发展第二产业，例如修建康养休闲山庄，发展养殖业，食品加工厂等为当地带来就业岗位，提高当地的经济收入，以此来发展三义乡。

评析：资金短缺是三义旅游发展的一大短板，如何筹资和融资需要深入思考。一般地，需结合扶贫资金、帮扶资金等政策性政府资金来解决，但也需要企业投资、地方政府及老百姓自筹资金或采取土地、资源入股等形式来完成。当然互联网众筹也是一个好的融资渠道。

四、人才保障

1.吸引旅游人才

坚持培养与引进并举，扩大人才总量。加强院校与旅游企业的合作，强化职业技能教育，培养一支庞大的技术人才队伍。有计划、有步骤地选送优秀人才到国内外旅游高等院校进修学习，培养专业的高素质乡村旅游高级管理人才，保证彭水乡村旅游业的持续性发展。

近期：优先培养专职导游、服务人员等一线操作人员，突出引进优秀的旅游景区管理和企业经营人才，初步建立一支业务技能熟练、管理水平高的旅游企业人才队伍。

中期：加大旅游区管理处各部门领导、企业经理的培养和引进力度，建立一支既有管理理论又有管理实践，掌握现代企业管理知识又富有开拓创新精神的旅游管理队伍。

远期:完善各种培训机制和用人制度,建立一支多层次的、结构优化的旅游人才队伍,即:能参与对景区、景点及旅游规划的工程设计,并具有组织实施的能力的设计型人才;能对旅游业进行行业管理和旅游企业管理的管理型人才;高质量的旅游服务专业队伍。

2.当地青年回流

吸引当地居民的后代回到乡村,进行乡村建设。当乡村发展得越来越好,更多青年愿意回到乡村进行建设。

3.加强人才培养

对养殖基地以及种植基地的农民进行培训。当前迫切需要加强三义乡旅游项目策划和开发、景区管理、家庭旅馆的经营管理、活动组织、市场营销、传统技艺、乡土文化讲解等各类实用人才的培训。同时也要大力培养导游人员,把教师、学生、村域内有文化的年轻人培养成能说会演的导游人员,鼓励他们取得合格的导游证书,并投入到旅游活动中去。

4.人才福利机制

在有人才的基础上,也要留住人才,于是要制定一系列的人才福利机制。通过设立"文化人才引进基金""文化人才奖励基金"等专项基金,畅通村(社区)人才的晋升渠道,使人才流动向基层倾斜;强化岗位晋升、工资福利等激励措施,将工作实绩作为提拔重用的重要指标,同时优化考核评价机制,对工作成效突出的人员加大奖励力度,形成"能者上,优者奖"的良好工作导向,充分调动基层工作人员的积极性,帮助基层留住人才,助力乡村振兴。

评析:此部分写作需要先期分析三义旅游发展在人才方面存在的不足,其次才是如何吸引人才、培养人才的具体举措。

五、技术保障

1.信息技术的运用

旅游业是一个信息密集型产业,这一特点决定了信息化是旅游业发展的强大动力和可靠技术保障。旅游产业信息化趋势越来越明显,成为实现旅游经营管理现代化的重要途径,和推进中国旅游业市场化、国际化的技术前提。

(1)多学科的学术和技术支持——旅游研究中心。

(2)信息技术——CRS、TDS。

2.高新技术的运用

高新技术在规划编制中,发挥出越来越大的作用,例如3S技术的运用。

评析:此部分写得较为抽象,没有结合三义乡的实际情况,具体应该采取什么样的技术推动旅游业的快速发展。实施智慧三义,需要大量的资金,这是不现实的。近期依托互联网平台建立旅游营销中心最为关键,比如建立三义旅游网或链接重庆旅游网最为可行;中期,通过租借或招商方式,引进VR或AR技术提升游客体验感较为可行;远期,建立数字三义旅游,智慧乡村旅游。

总体看,此规划说明书逻辑较清晰,内容体系较为完整,尤其是在主题定位上较为准确清晰、接待服务体系规划上具有较强的落地性,市场规模预测上分析依据较为合理可行,旅游项目策划上较为紧扣主题定位。不足之处:规划背景分析失之偏颇,重庆旅游市场分析理解有误，三义旅游市场群划分及其特征分析不够，旅游项目策划创新性还有待提高。

第二节　旅游规划制图案例评析

旅游规划图件是对规划说明书的直观、简洁呈现，好的规划图件要求图件内容完整，较好表达主题；图件规范性强，符合旅游规划制图规范性要求；图件美观性强，在布局、大小上符合审美要求。本规划制图案例综合两届本科生作品进行分析。

一、图框设计评析

设计图框是进行正式制图的先期步骤之一，一个规划项目必须有一个统一的图框来保证所有图件的形式统一性。参考实验规范部分的图框设计基本要求对以下图框进行简单评析。

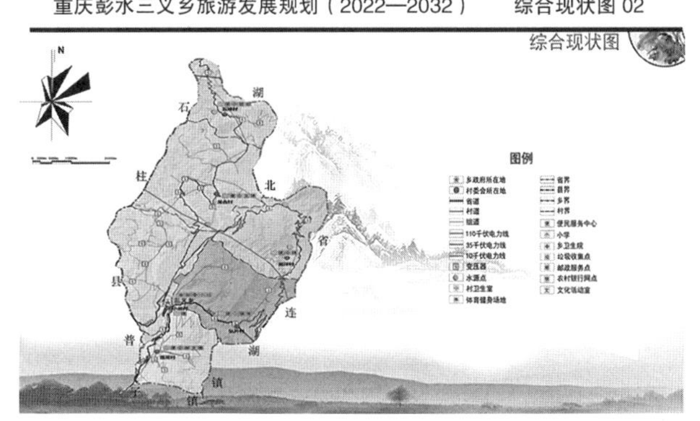

图 4-3　此图框内容完整，意境深远，营造一种恬静淡雅的乡村山水意境

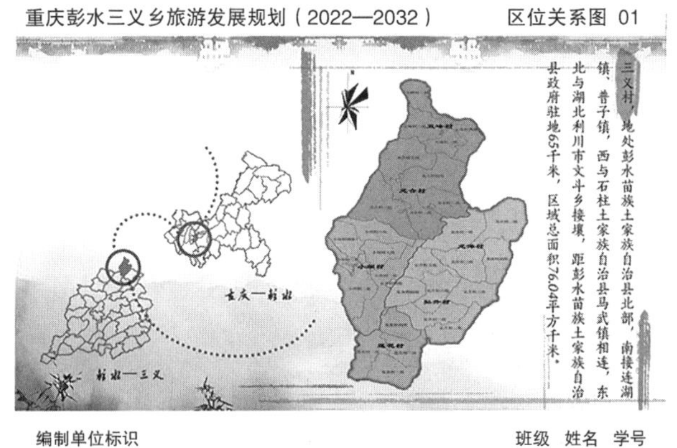

图 4-4　此图框内容完整，较好表达旅游发展主题定位，但项目名与专题图名字体不规范

二、区位关系图评析

区位关系图是规划制图的第一张图，需要直观指出规划地在宏观、中观及微观的位置关系特点。

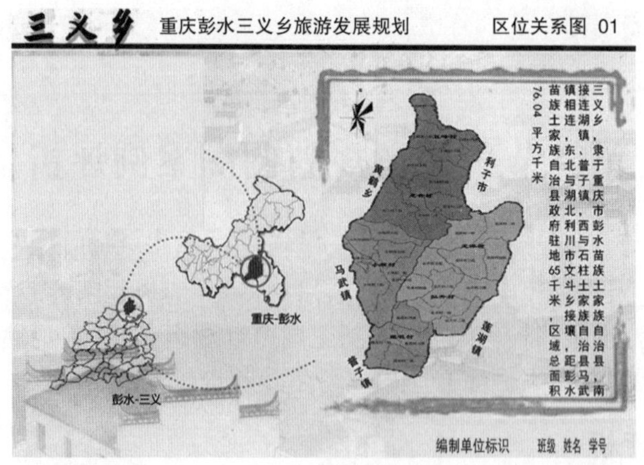

图 4-5 连接线简洁，三个位置关系清晰，但错误地将利川市写成利子市

图 4-6 此图较好表达位置关系，但存在图框不美观，彭水在重庆的位置错误

三、旅游资源分布及评价图评析

旅游资源分布及评价图需要直观指出规划地所有旅游资源在空间上的分布特征，同时按国标要求准确标注出每个资源的类型及等级。

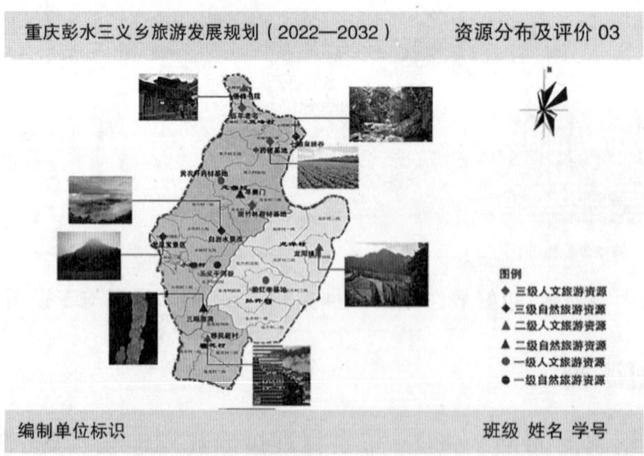

图 4-7 旅游资源位置、类型、等级及各等级形状代码标注上准确规范，但照片缺乏修饰

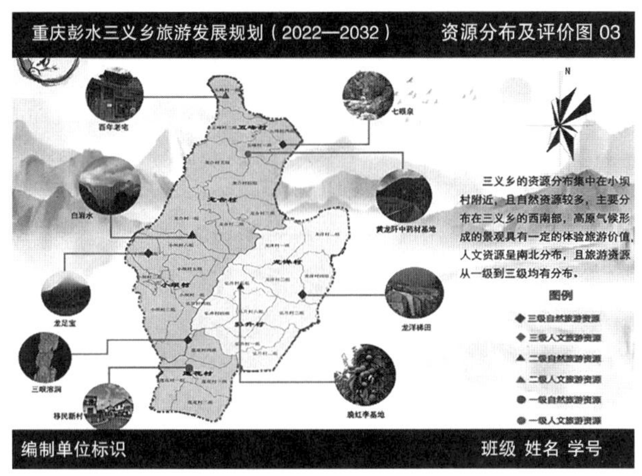

图 4-8　清晰准确标注资源位置及等级，但高原气候描述有错误

四、旅游市场规划图评析

旅游市场规划图需要清晰、直观表达出规划地的三级客源市场范围即可。

图 4-9　三级市场划分准确及空间展示较为清晰

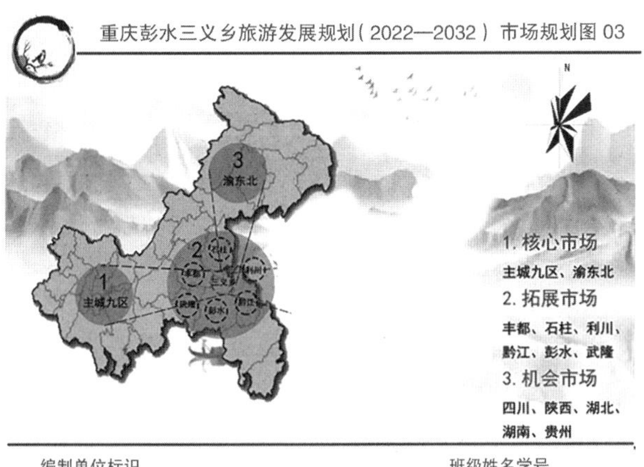

图 4-10　此图揭示三级市场的空间范围较为清晰直观，但核心市场范围值得商榷

五、旅游功能分区图

旅游功能分区图绘制需要结合主题定位进行，同时也需关注各空间填色不宜过浓，对比过强，各空间划分需要具有合理性和可行性（图 4-11、图 4-12）。

图 4-11　此图在配色和线条绘制上较为成功，但在功能分区上值得商榷

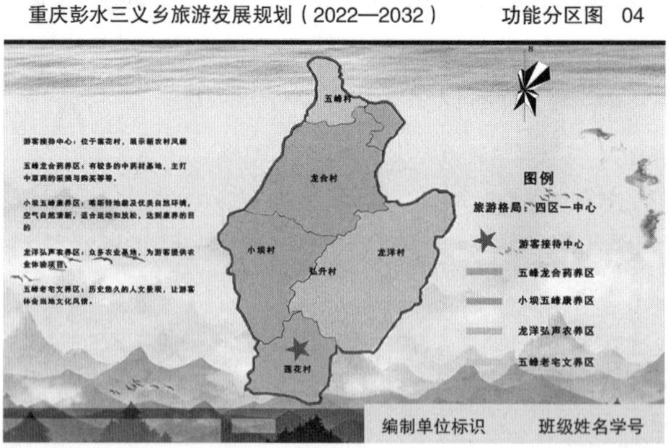

图 4-12　功能分区较为合理，但左侧的文字说明啰嗦，游客中心标注不规范

六、旅游项目策划图

旅游项目策划图需要直观标注出几个主要的能体现规划主题及功能的创意项目。创新性、落地性、可行性及美观性是衡量项目策划图的关键点（图 4-13、图 4-14）。

七、旅游交通设施规划图

旅游交通设施规划图需要直观揭示进出旅游地的外部交通方式及走向；在旅游地内部的交通流向及类型等。清晰、规范、准确并符合旅游交通规划要求是关键（图 4-15、图 4-16）。

八、旅游接待设施规划图

旅游接待设施规划图是按市场需求及开发前景合理配置的餐饮、住宿及购物、娱乐设施。布局合理性、结构档次合理性、地方特色性、图例规范性是关键（图 4-17、图 4-18）。

图 4-13　此图的三义八景有一定的创意，图示也较为美观

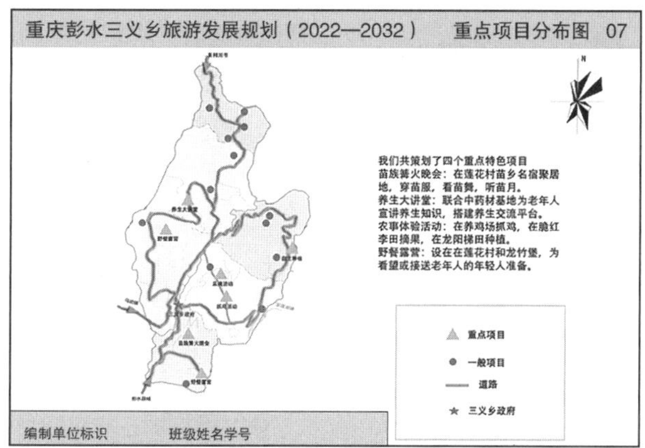

图 4-14　划分出重点和一般项目较为合理，但缺乏对一般项目的文字说明

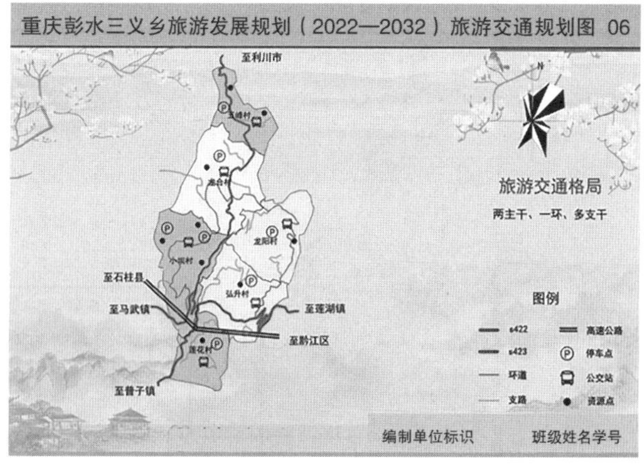

图 4-15　规划地的内外部旅游交通走向及类型表达清晰准确

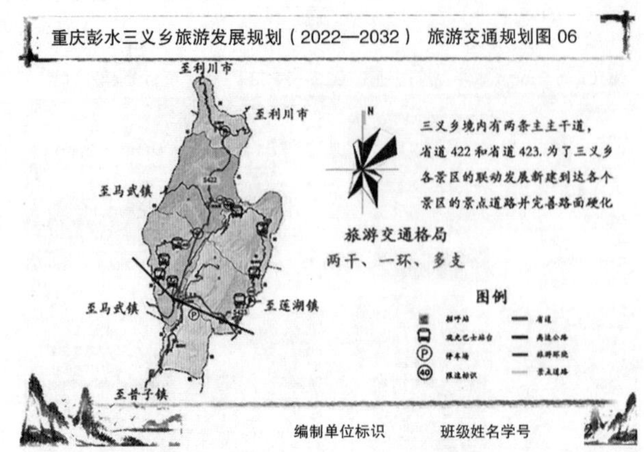

图 4-16 外部交通清晰、准确，内部交通线路类型及走向正确，但招呼站及巴士站台重复了

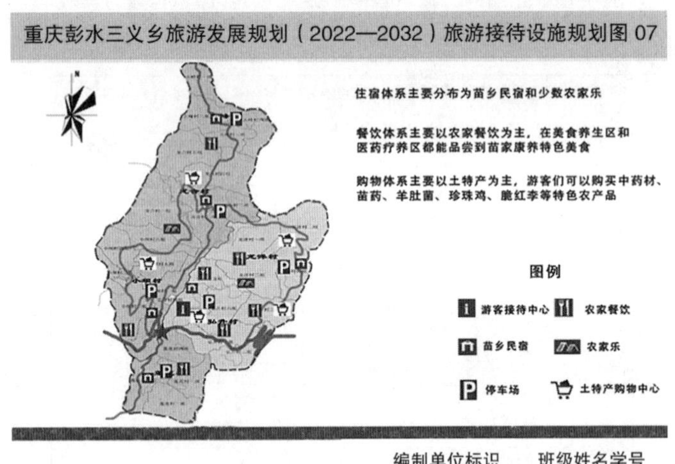

图 4-17 图例较规范，档次结构较为合理，但停车场设置过多，娱乐设施缺失

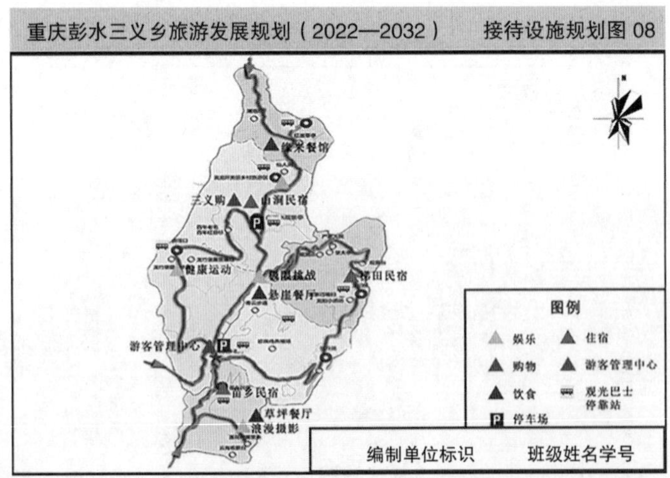

图 4-18 停车场设置合理，地方特色性突出，但设施图例符号不规范

九、旅游公服设施规划图

旅游公服设施包含为游客提供服务的医疗、环卫、游客中心及指示系统设施等，空间合理性、规范性是关键（图 4-19、图 4-20）。

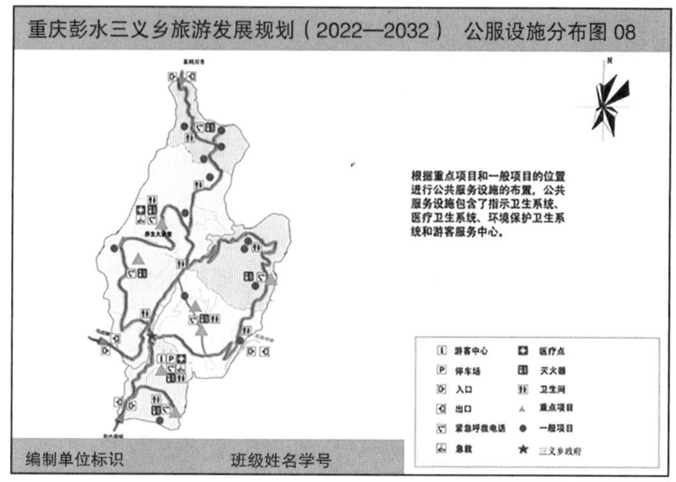

图 4-19 图例规范性好、布局较为合理，但文字说明部分行距过窄，不美观

图 4-20 布局较为合理，但设置两个卫生院不合理，综合接待中心标注图例不规范

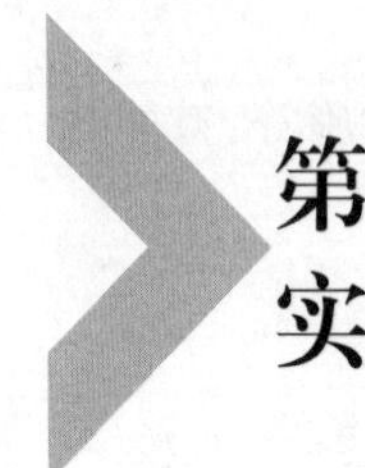

第五章 实验基础资料

实验基础资料是进行实验的基本素材，本课程实验基础资料包含三义乡基本情况介绍、三义乡旅游资源概况及两个上位规划，即《三义乡总体规划修编(2018—2035)》和《彭水乡村旅游规划(2017—2025)》。

第一节　三义乡基本概况

一、区位

三义乡位于彭水苗族土家族自治县最北部，距县城78千米，东北与湖北利川文斗乡接壤，西与石柱县马武镇、黄鹤镇相连，南接本县连湖镇、普子镇。

二、社会

三义乡全乡面积76.04平方千米。常住人口0.39万人(2020年)，人口密度51人/平方千米，辖六个村，即五峰村、龙合村、龙洋村、小坝村、弘升村、莲花村。

全乡现有邮政储蓄所1个，小学1所(含幼儿园)，卫生医院1所，村卫生室5个，无电信、敬老院等设施；全乡以农业种植和畜牧养殖为主；乡人民政府驻小坝村。

三、自然

全乡海拔1 000米以上区域面积约占70%以上，全乡大于25度以上陡坡耕地占耕地总面积的50%左右。全乡40%以上用地在高程1 200米以上，境内植被保存良好，大山峡谷多，景点有一定特色，立体气候明显，常年平均气温15.5 ℃，森林覆盖率达到65%。具备避暑纳凉、民俗生态旅游发展潜力。

三义乡地貌类型复杂，山高坡陡，境内呈“两山夹一沟”地形。退耕还林与农业生产矛盾突出。受地形条件限制，土地集中度低，村民散居特征明显，不利于集中安置和公共服务设施配套。地质灾害中高易发区多，部分建设用地位于其中，存在一定安全隐患。

四、经济产业

近年来，全乡把扶贫开发作为第一要务，稳固烤烟种植面积，培育种养殖大户，发展经济作物，形成了以烤烟等经济作物和肉牛、生猪、豪猪、土鸡等养殖业为主的农村特色产业体系。2017 年全乡经济总收入达到 11 250 万元，是 2012 年的 1.4 倍；全乡农村常住居民人均可支配收入 8 070 元，是 2012 年的 1.4 倍。

原有 2 个小型煤矿已于 2016 年全部关闭，乡内已无工矿企业，一产业占比重已达到 98%以上，二、三产业发展严重滞后。无村集体经济组织，农民专业合作社处于刚刚起步阶段。无市场认可的农业产品品牌，农产品竞争力不强，产品附加值不高，农民增收渠道不宽。

（一）第一产业

（1）种植业。全乡耕地总面积 1 284.35 公顷。种植业以经济作物、粮食作物为主。三义乡各村都大量种植了水稻、红苕、玉米等粮食作物，是县城粮食的一个重要生产点。

其他经济作物中烤烟的主导地位逐步形成。同时，近年来大力推进魔芋产业发展，魔芋产业作为一个朝阳产业，是山区人民脱贫致富的好项目；中药材基地建设也稳步推进。

（2）林业。乡域内共有林地 5 937.75 公顷，保证了全乡森林覆盖率 70%以上。

（二）第二产业

无工业。

（三）第三产业

第三产业主要集中在集镇，主要满足当地居民的日常生活需要。

集镇没有一个市场，商业多以店铺经营为主，规模普遍较小，主要经营日常生活用品（粮油、食品、副食品、日用工业品）及农业生产资料（农具、种子、肥料等）。

此外，交通、旅游等服务行业的规模还需进一步扩大。

第二节　三义乡旅游资源概况

三义乡下辖小坝、龙合、五丰、龙阳、弘升和莲花 6 个行政村，是彭水苗族土家族自治县最偏远的乡村之一。该乡属于喀斯特地貌，境内谷底、坡地相间，山高坡陡，地形复杂，为典型的“两山夹一沟”地形地貌，海拔高度在 420~1 650 米。境内植被保存良好，大山峡谷多，立体气候明显，常年平均气温 15.5 ℃，森林覆盖率达 65%。具备较好的避暑纳凉、民俗生态旅游发展潜力。此外，三义乡也是明末著名巾帼英雄秦良玉的故里，据清乾隆年间秦氏家谱记载，秦良玉祖籍即今境内小坝村石坝大队二生产队，至良玉父辈始举家前往忠县。其祖父墓庐与宅基至今尚存，且有古银杏一株，据说为良玉幼年所植，至今依然巍然挺立、葱郁苍健。

一、五丰村景点介绍

五丰村原名五峰村，后来因生活在三义乡的人民渴望脱贫致富，遂将五峰村改名为“五丰村”，寓意五谷丰登。目前该村拥有七眼泉、澜池坝、红崖草亭观景台、宝峰书院等景点。

1.七眼泉

景区属峡谷风光，海拔 1 000 米，位于三义乡五丰村，与湖北利川市文斗镇接壤，属典型的喀斯特地貌，形成了溶洞、天生桥、孤峰等景观，其中仙人指路、修仙洞、登仙桥、七眼清泉是代表性景点。

谷中可赏峡谷风情，两岸断壁绝崖；谷底溪流清澈见底，可戏水垂钓，摸鱼捉蟹；溪边亦可野外露营，野餐野炊；同时还可沐浴峡谷清风，避暑纳凉，舒缓心情，洗涤世间烦恼。

图 5-1　仙人指路

图 5-2　修仙洞

登仙桥传说：登仙桥，当地居民又称天生残桥，传说为鲁班所修。据当地传说鲁班和徒弟打赌修桥。鲁班修建小龙桥（现三义乡政府所在地），徒弟修建大龙桥（距小龙桥十里地，三义和普子交界处）。因小龙桥小，很快修好，鲁班就开始修第三座桥（五丰村）。徒弟过来看见之后，就说师傅厉害，然后学了一声鸡叫，之后就有石头落下来把鲁班修的这座桥砸了，就变成了一座残桥，就是现在的天生残桥。

图 5-3　登仙桥

图 5-4　澜池坝景观

2.澜池坝

澜池坝，清明山脊一台地，地势较平坦，海拔 1 300 米，黄柏满坡，近山顶有一汪清泉。三义自古是多山少水的地方，饮水问题一直困扰着这里的人们。五峰山顶长流不歇的澜池，多年来滋养着这一方的百姓。

3.红崖草亭观景台

红崖草亭观景台位于彭水至湖北出省通道，贯穿五丰村，省道出于悬崖半山腰，在五丰村口路右有一开阔平地，立于路旁，右观利川断壁，群山莽莽、朝晖夕云；前看五峰，山峰秀丽、清风徐来。于 2018 年建草亭。

图 5-5　红崖草亭

4.宝峰书院

清朝乾隆年间，一外地僧人来到五峰村发现陡崖下两个天然溶洞，进入洞口豁然开朗，洞内能容纳 60 多人；洞中冬暖夏凉，石柱石笋千姿百态。叹天地造物之惊奇，遂于其上一近 1 亩宽平整石块选址建庙。寺庙背山面沟，香火日盛，沟对面湖北利川文斗乡风调雨顺。五峰当地一秦姓乡绅深谙其道，修改庙门，五峰方才蒸蒸日上。1949 年后破除封建迷信，将该寺庙改为学校，培育了不少人才。岁月更迭，虽书院不存，溶洞犹在，依然是村民消暑纳凉、学子刻苦攻读的绝佳之地。

二、龙合村景点介绍

三义乡龙合村位于渝鄂边陲交界，属武陵山喀斯特地貌。平均海拔达 1 185 米，是夏季避暑纳凉、冬日赏雪的好地方。近年来，当地政府充分利用森林、气候等资源优势，积极发展农业旅游、休闲旅游，拥有“百年老宅百年红豆杉”、黄龙阡美丽乡村旅游区、仙人洞等景点。

1.百年老宅百年红豆杉

“百年老宅百年红豆杉”位于龙合村一组秦光义家。以前为木瓦结构一正两厢三合院，今存正房及一边厢房，该建筑院下坡地有百年红豆杉一株。

百年老宅：百年老宅始建于明末清初，据秦光义老人口述，解放初期，彭水三义乡匪患严重，1950年，原西南军区川东军区某部设在此处，历时大半年，肃清三义乡及周边地区匪患。

图5-6 百年老宅

图5-7 百年红豆杉

百年红豆杉：红豆杉是中国一级保护植物，世界珍稀濒危物种。红豆杉是第四纪冰川遗留下来的古老树种，在地球上已有250万年历史。中国红豆杉，为中国特有物种，红豆杉科红豆杉属乔木，相对集中分布于横断山区和四川盆地周边山地。红豆杉四季常青，树形美观，果实成熟时如一颗颗红宝石缀于翠叶间。红豆杉是世界公认的天然珍稀抗癌植物，其皮、叶、果实有极高药用价值。它被世界上诸多国家列为国宝。

2.仙人洞

仙人洞位于龙合村四组，也是民间俗称的“后洞”。

图5-8 仙人洞全景

五彩霓裳：传说洞子里面住着仙人。很久以前，每天午后，这个洞口会有一堆五颜六色的衣服被晾晒，这些衣服在太阳下闪闪发光，还带着雾气，当地人从来没见过这样的衣服，以为是仙人才能穿的衣服。

借谷还糠：仙人有大神通，也有慈悲之心，当地老百姓缺吃挨饿时，根据仙人指引，趁着夜色把放着借条的空箩筐放在洞口，第二天去，就会有满满一箩筐的稻谷。但是后来，当地人在挨饿时，再把空箩筐拿到洞口，却再也没有一粒稻谷。原来，当初仙人说了，在洞口拿到的稻谷，不是白拿的，算是借的，当家里有了粮食，是要还回去的，结果好多人用谷糠代替稻谷去还。于是仙人一怒之下，再也不借稻谷了。“借谷还糠”的故事常被当地老人用来教育后人，做人要讲诚信，不能贪心，要想过上好日子，要靠自己勤劳的双手。

3.黄龙阡美丽乡村旅游区

黄龙阡美丽乡村旅游区位于彭水苗族土家族自治县三义乡龙合村，平均海拔 1 215 米，森林、气候资源丰富，夏秋宜避暑休闲，春冬可观景赏雪。旅游区现已建成“幸福莲池”“小康步道”“瓜蒌基地”“苗乡民居”等旅游点，集休闲娱乐、观光采摘、康养度假功能于一体。

幸福莲池：黄龙阡中心区域是一个占地数十亩的莲花池，盛夏到来，正是“接天莲叶无穷碧，映日荷花别样红”。莲鱼共生，池中生长有鲫鱼、鲤鱼、草鱼、泥鳅、黄鳝等鱼类，全是清水养殖，可供游客休闲垂钓。

小康步道：步道依山而建，黄色的栅栏跃然于翠绿的山林，十分耀眼。晨起暮落，或疾行或漫步，悠然于林间，闭眼深吸几口，全是负氧离子，好不惬意。

图 5-9　幸福莲池

图 5-10　小康步道

瓜蒌基地：瓜蒌是我国的一种传统中药材，其果实和根部皆可入药。采用“公司+基地+村集体经济组织+农户”的模式，基地主要种植瓜蒌，套种黄精。游客在夏日可观绿果，深秋可赏金瓜，挂在一片片的藤蔓之下，甚为壮观。

苗乡民居：几十座红白格子墙、琉璃瓦、木格窗，整齐划一、颜值极高的苗乡民居分布于黄龙阡。停下脚步，居留于此，做苗乡人，吃高山菜，一定会让您康养身心，流连忘返。

图 5-11　瓜蒌基地

图 5-12　苗乡民居

绿波粼粼的“幸福莲池”、黄色栅栏的“小康步道”、硕果累累的“瓜蒌基地”、红白格子的“苗乡民居”……这一切成就了黄龙阡这幅美丽的乡村画卷。

苗乡人以建设“重庆最美乡村”为愿景，喜迎天下客，笑纳八方友！

4.白岩水观景台

白岩水观景台位于千米陡峭山脉之回旋凹处，可俯瞰整个山间魔幻景观，晴天无云时，一览众山秀丽，上拂彩云、远眺八方，心旷神怡；阴雨时节犹如处在仙境之中，山景若隐若现，云雾缭绕，烟波渺渺，若幻若梦，变化万千。

图 5-13　白岩水景观

三、小坝村景点介绍

1.碑垭口

碑垭口地处石柱与彭水交界处清明山山脊，此处北通湖北、南达小坝、西至马武、石柱，是三义与马武两地乡民物产互通及茶马古道必经隘口地之一。峰顶垭口原有一石碑，故而得名。碑垭口为三义乡民往来各场镇的古道起点，沿清明山山脊自南向北可达澜池坝。全程 12 千米坡度起伏不大，苔藓覆盖如毯，密林夹道如棚，空气清新负氧离子丰富。现在是徒步健身的不二选择。

2.龙竹堡登山步道

龙竹堡为清明山海拔 1 500 米最高峰，山峰遍布龙鳞状怪石。石海间生长的箭竹，根如虬髯盘龙，龙竹堡因而得名。有登山步道直达山顶，从龙竹堡山脚拾级而上，沿途天然石门、石笋。其顶可见一天然巨大石椅，当地人称“龙椅”，这把“龙椅”见证了多年前的一场血雨腥风。

龙竹堡传说：龙竹堡一带流传着一个江湖的故事。盐茶古道途经龙竹堡，来往客商颇多。有点势力的家族都想设卡收税。当时就有秦孙两家分别设卡。秦家设卡于龙竹堡山脚隘口，孙家卡口设于杉木沟位置偏后，客商抵达孙家卡口均称已交过税，已无钱再交。孙家与秦家交涉未果，遂心生恶意，于一夜前往秦家所住山洞放毒烟想将秦家一网打尽。当日秦家家主有事外出侥幸逃脱，但一家妻儿老小惨死家中。秦家家主自然不会善罢甘休，某日密召自家精壮男丁将孙家灭门。还瞒天过海指派几户秦氏族人改名换姓接管孙家地宅田产。之后又几年，秦家家主在黔江遭人暗算毙命，后据称是孙家家族设局，报杉木沟灭门之仇，两家均落得家破人亡。正所谓："冤冤相报何时了，为利拼得家人消；箭竹有声石无言，和谐友爱小康到。"

图 5-14　碑垭口

图 5-15　盐茶古道

3.龙竹堡山王店露营基地

清明山最高峰海拔 1 500 米处即为龙竹堡。几个山峰在龙竹堡山脚合围一椭圆形近百亩山涧草地，名曰山王店，为旧时黔江、连湖至马武、石柱的必经隘口之一。此处地势平坦，山风习习，适宜露营度假。

图 5-16　露营基地

四、莲花村景点介绍

1.苗乡民宿

“莲花池，昔日池中种藕，开花结莲，故名。”莲花池苗乡民宿聚集区以苗族风貌元素为主，通透明快设计与苗族文化的碰撞，体现出民族建筑之美。民宿区内道路、便民服务中心、篮球场、健身广场、停车场、公共厕所等公共服务设施完善。

依托莲花池易地扶贫搬迁安置点，三义乡深度挖掘开发苗族文化资源，提升旅游综合效益，成功打造建成了三义乡特色苗乡民宿地，弥补全乡旅游接待服务设施不足的短板。掩映在茂密原生植被中的莲花池苗乡民宿聚集区，让游客在观赏大自然鬼斧神工的自然风景之余，还能深切感受苗乡人家的原生态生活，体验到有别于以往生活的一种新旅游。这里没有雾霾，只有阳光、清风与星空，鸟鸣为伴、清风徐来，让人能更进一步感受自然、接近自然，返璞归真，为疲惫的旅途收获一份小确幸，让人能够一头扎进诗和远方的“家”。

(a)

(b)

(c)

图 5-17　苗乡民宿

2.莲花村露营地

彭水郁山镇有千年盐井，当年所生产的盐是通过乌江的水路（木船）和蜿蜒在大山里的盐道（旱路）运出大山的。《彭水志》载：以郁山为中心的盐道由陆路翻越摩围山到靛水，往西南至洋水、都濡达播州（今遵义），向西经火石垭、萝卜垭至信宁（今江口镇）到南州（今南川）。明清时，彭水的官道南经摩围山到茶园（今靛水），到洋水桥入贵州的道真、务川，或由万足、沿长溪(古都濡水)河谷,经朗溪入贵州的务川。莲花村地处川东鄂西交界之处,川鄂边境地势"深邃歧杂,人烟稀少,被清朝统治阶级称之为'非独官鲜视莅,即谈之者少矣'的所谓深奥之区"(《中国农民战争史论丛》第一辑)。这里山高路险,森林茂密,统治阶级力量较为薄弱,彭水郁山镇毗邻,于是盐商多往返于此,逐渐形成一条沟通川东鄂西的商道,这就是莲花古盐道。数百年来,无数背夫和马帮曾在这条古道上流转,如今莲花古盐道已消逝在历史的长河中,古老的古盐道变身避暑休闲道路,留住消失的记忆。

莲花村露营地:石桩堡山体巨大,山峦连绵,逾 500 米的垂直海拔落差,加上 90%以上的森林覆盖率,夏季山上平均气温要比山下低 4~8 ℃,使莲花山成为市民的避暑首选。安静的山谷,天空云朵飘浮,脚下生机勃发,远处是延绵的群山,彩色的帐篷点缀着露营区绿色的草地,随风飘来阵阵烧烤的香味……入夜,帐篷外亮起一盏灯光,一抬头,满天繁星。

图 5-18 莲花村露营地

3.莲花村羊肚菌

羊肚菌又称羊肚菜,属于子囊菌亚门盘菌纲、盘菌目、羊肚菌科、羊肚菌属,是世界上珍贵的稀有食用菌之一,因菌盖部分凹凸成蜂窝状,形态酷似翻开的羊肚(胃)而得名。羊肚菌是世界公认的著名珍稀食药兼用菌,其香味独特,营养丰富,功能齐全,食效显著,富含多种人体需要的氨基酸和有机锗,具补肾、补脑、提神等功效,人们称它为"天然、营养、多功能"的健康食品。三义乡莲花村严格按照食用菌生长要求,进行土壤改良,改善土壤的肥沃程度以及改善土壤里面食用菌种植所需的营养成分,形成了规模化的羊肚种植基地,带动村民增收致富。

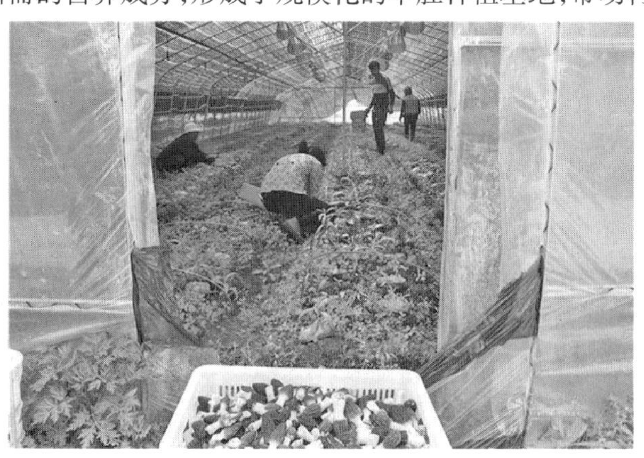

图 5-19 羊肚菌基地

五、龙阳村景点介绍

彭水苗族土家族自治县三义乡龙阳村位于渝鄂交界的武陵山区腹地，距离彭水城近 100 千米，海拔 650~1 680 米。龙阳村地形以高山为主，森林植被丰富，森林覆盖率达高。全村以苗族、土家族居多，夏季气候宜人，是休闲纳凉的好去处。

图 5-20　龙阳村全貌

1. 严家大院

化果坪严家大院位于三义乡龙阳村 1 组，是当地有名的大院子。建于 20 世纪 50 年代初，大院依山而建，呈“凹”字形，注重与周边环境的结合，巧妙利用自然地形，与四邻环境协调，传统木结构瓦屋顶，外观朴实并与山野相融。大院里住着的多数是严姓人家，故名为严家大院。

大院建在山脚之下相对平坦地区，以落地房这种民居类型呈现，中柱直接建立在平坦的地上，没有吊脚。其特点背山面阔，可以挡风向阳，有利于耕种。屋顶是其中的一大特点，采用歇山式或悬山式的屋顶，坡度不大。大院布局围绕公共场所建设，遵守着传统的居住理念，采用聚族而居的组团形式，在内部建筑、周边田地及山川风貌之间体现出一股内向的家族抱团的凝聚力。

大院建成已经有 70 多年了，依然较完整地保持着原有村落的风貌民俗和乡土人情，这幢木结构建筑见证着严家的兴旺发展。走进大院，干净整洁，房梁上挂着火红的灯笼，营造了一种和谐、喜庆的氛围。

图 5-21　严家大院

2.龙阳梯田

梯田是农业文明的产物，彰显着劳动人民的无上智慧和坚强意志。它流动于青山上，层叠于天地间，被誉为“地球最美的曲线”。

龙阳村属高山村落，地势险峻，海拔650~1 680米。千百年来，勤劳的苗族、土家族人，靠山吃山，默默耕耘，将从万木葱茏的谷地到千仞壁立的石崖间，凡有泥土的地方，都开辟成了梯田。

走进龙阳，层层叠叠的梯田，似万级银梯，依着山势，从山脚一直盘绕至山顶。又如散落田间的棋子，高低错落，星罗棋布。所谓“高田如楼梯，平田如棋局。白鹭忽飞来，点破秧针绿”。明代诗人杨慎的《出郊》正是对龙阳梯田最好的诠释。

在这里，早晚光影变幻，四季景色各异。每日清晨日暮，太阳都会攀着湿淋淋、绿油油、金灿灿的梯子，从山间的水田中升起落下，红霞满天、波光粼粼、云雾滚动、竹影婆娑……一年中，春来，水满田畴，如串串银链山间挂；夏至，佳禾吐翠，似排排绿浪从天泻；金秋，稻穗沉甸，像一座座金塔顶玉宇；隆冬，雪兆丰年，若环环白玉砌云端……不断变化的光影美景，如一幅幅色彩斑斓的山水画，将龙阳打造成童话世界，处身其中，令人目不暇接；而漫步其间，阡陌纵横、层叠错落的梯田曲线和田间劳作的农人，又似隐秘的乐谱、跳动的音符，将千年农耕文明与无限情愫谱成了天籁之音，置身其中，让人沉醉。

如果有幸，在云雾天来到龙阳，你会发现，整个村子祥云缭绕，直入云端的梯田宛如天梯，天地间一派祥瑞。这岂不正是你我眼中“天堂”的模样？

图5-22　龙阳梯田景观

3.望夫亭

望夫亭坐落于龙阳村村口，建于山路岩壁旁，是一座方形单檐木结构的撮角凉亭。望夫之名源自当地一个凄美的故事。早年间，龙阳村海拔高、地形复杂、交通不便，是一个罕有人至的闭塞村庄，村民进出赶场全靠双脚，不仅要翻山越岭，穿过几道梁子，遇上下雨，道路泥泞，更是困难重重。有一年夏天，村里一户人家要去村外集镇赶场卖猪，妻子将丈夫送到村口，望着其背影消失在山梁后，就再无音讯，妻子思念丈夫，每天都来村头眺望，这一望就从乌发青丝望到了满鬓霜花……

2017年，为响应习近平总书记提出的让贫困人口和贫困地区同全国人民一道进入全面小康社会的脱贫攻坚号召，重庆市发改委帮扶集团驻乡工作队入驻龙阳村。俗话说“要致富，先修路”，特殊的地形地貌一直是制约龙阳经济社会发展的天然障碍，为打通交通瓶颈，解决当地人出行难的问题，工作队将交通助力作为脱贫攻坚的首要任务。如今，龙阳村修建的蜿蜒起伏的盘山公路宛如一条条游龙将安全便捷送到了家家户户。

便捷畅达的交通让村民们看到了希望，有了盼头和干劲。以小果园、小花卉园、小瓜菜园、小水产园、小养殖园为主的“五小庭院经济”和以小加工、小餐饮、小运输、小制作、小买卖为主的“五小非农经济”在村里遍地开花，龙阳村形成了以中蜂、高山生态大米（蔬菜）、中药材、辣椒等4大产业为主导，以大户养殖、“五小经济”为支撑的产业发展布局。

正所谓“开山劈石创新路，家家户户忙致富”。“送出去的是源源不断的瓜果蔬菜，挣回来的是实实在在的钞票”。龙阳村村民的生活从此有了翻天覆地的变化。如今，屹立村头、供人们歇脚纳凉的亭子，再不是当年望眼欲穿、祈盼夫归的“望夫亭”，它已成为村民们齐心协力奔小康，期盼富裕幸福生活的“望富亭”。

图5-23　望夫亭

4.苗家巧媳妇酒坊

苗家巧媳妇酒坊位于三义乡龙阳村4组，海拔高度1 220米，由贫困户孙章飞经营，酿酒师拥有25年的酿酒经验，小酒坊利用大山纯天然泉水，采用传统小灶、纯粮工艺酿造，现有高粱酒、玉米酒。目前，小酒坊每年产酒量在30 000斤以上，年收入50万元左右。

图 5-24　苗家酒坊

苗家巧媳妇农家乐是龙阳村 3 组贫困户秦宗武利用自家楼房经营的农家乐。该农家乐外观简洁,无论是院坝、楼梯,还是厨房、房间的用品都很整洁、卫生。食材也非常的原生态,都是当地的农家菜,受到来访游客的普遍好评。

图 5-25　酒坊一角

(图片来源:重庆视觉扶贫行动)

六、弘升村景点介绍

1. 弘升湖

弘升湖即杉木沟水库,位于彭水苗族土家族自治县三义乡弘升村,海拔 960 米,于 2020 年建成。

春风拂面,丽日高照,湖畔春晓;夏日炎炎,湖水碧波,云浮半空,清凉气爽;山高云淡,杉高水长,野鸭嬉戏;霜林冰岸,瑞雪飘飘,湖幽神怡,流连忘返。弘升湖,爱人之湖,生态之湖,魅力之湖。

图 5-26　弘升湖景色

2.望云台

望云台位于彭水苗族土家族自治县三义乡弘升村(小地名:尖山),海拔约 1 100 米,因清晨时山谷内往往云雾蒸腾而得名。在这里可以远眺武陵群山重峦叠嶂,连绵不绝,层峦耸翠。右边远处峡谷中郁江奔流而过。郁江是乌江下游右岸最大支流,隋代称彭水,明代改称郁江,堪称彭水苗族土家族自治县的母亲河。望云台是观日出的好去处,可以欣赏到太阳自山后跃出,跳出云端,金色光芒洒满青翠群山的瑰丽景观。

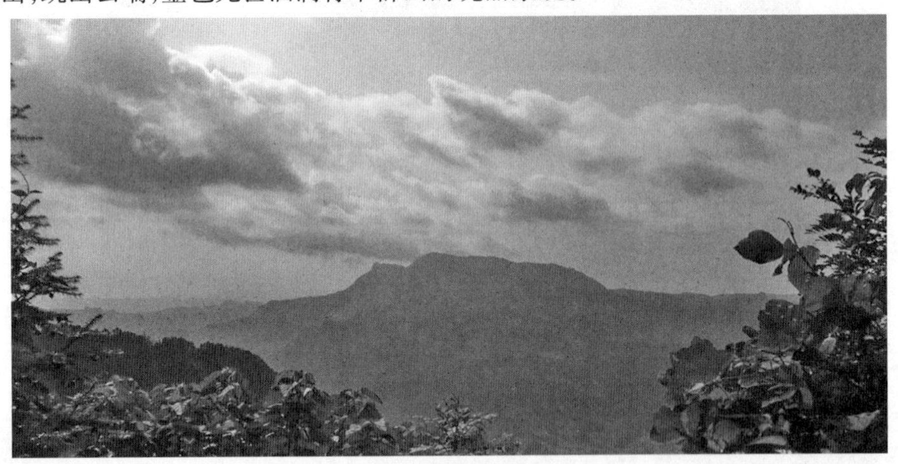

图 5-27　望云台

3.青云步道

青云步道位于彭水苗族土家族自治县三义乡弘升村(小地名:尖山),是一条森林体验健康休闲步道。步道建于 2019 年,地处尖山半山,海拔约 1 200 米,路面平坦顺畅。步道两旁分布青冈栎、高山柏树等武陵山区代表树木。丰富的植物覆盖,让游客置身于天然氧吧中。凭借其独特的地理优势,漫步休闲的同时,还可将远处武陵山脉尽收眼底。

第三节　《三义乡总体规划修编(2018—2035)》节选

第一章　乡域总体规划

一、规划背景

三义乡上一版总体规划编制于2011年,规划期限为2011—2030年(以下简称《11总体规划》),此轮规划适应了当时社会发展的客观要求,较好地指导了三义乡的城镇建设活动,促进了三义乡城镇化进程和城镇建设水平的提高。但由于发展形势和条件的变化,《11总体规划》的规划内容已难以满足继续指导未来三义乡城镇持续发展的要求。

在新的发展形势下,三义乡城镇发展的外部环境发生了比较大的改变,同时三义乡是深度贫困乡村,按照全市脱贫攻坚工作要求,深入推进三义乡脱贫攻坚规划工作,对城镇规划提出了新的和更高的要求,亟须通过总体规划修编加以体现和协调随着经济的不断增长带来的变化,特此受三义乡人民政府的委托编制《彭水三义乡规划修编(2018—2035)》。

二、规划过程

2018年3月我公司与三义乡政府签订了编制《彭水三义乡规划修编(2018—2035)》的合同,项目组为之开展工作,通过现场踏勘,对现状地形、地貌、各个村等状况的分析,结合三义乡脱贫攻坚总体规划及都市区发展的总体要求,在征求县、乡两级政府意见的基础上进行规划。

三、现状概况

(一)区位

三义乡位于彭水苗族土家族自治县最北部,距县城78千米,东北与湖北利川文斗乡接壤,西与石柱县马武镇、黄鹤镇相连,南接本县连湖镇、普子镇。

(二)社会

三义乡全乡面积74.76平方千米。常住人口为6 642人,人口密度89人/平方千米,辖六个村,即五峰村、龙合村、龙洋村、小坝村、弘升村、莲花村,人口分别为583人、1 529人、883人、1 627人、1 103人、917人。

全乡现有邮政储蓄所1个，小学1所(含幼儿园)，卫生医院1所，村卫生室5个，无电信、敬老院等设施；全乡以农业种植和畜牧养殖为主；乡人民政府驻小坝村。

(三)自然

全乡海拔1 000米以上区域面积约占70%以上，全乡大于25度以上陡坡耕地占耕地总面积的50%左右。全乡40%以上用地在高程1 200米以上，境内植被保存良好，大山峡谷多，景点有一定特色，立体气候明显，常年平均气温15.5 ℃，森林覆盖率达到65%。具备避暑纳凉、民俗生态旅游发展潜力。

三义乡地貌类型复杂，山高坡陡，境内呈“两山夹一沟”地形。退耕还林与农业生产矛盾突出。受地形条件限制，土地集中度低，村民散居特征明显，不利于集中安置和公共服务设施配套。地质灾害中高易发区多，部分建设用地位于其中，存在一定安全隐患。

(四)经济

近年来，全乡把扶贫开发作为第一要务，稳固烤烟种植面积，培育种养殖大户，发展经济作物，形成了以烤烟等经济作物和肉牛、生猪、豪猪、土鸡等养殖业为主的农村特色产业体系。2017年全乡经济总收入达到11 250万元，是2012年的1.4倍；全乡农村常住居民人均可支配收入8 070元，是2012年的1.4倍。

原有2个小型煤矿已于2016年全部关闭，乡内已无工矿企业，一产业占比重已达到98%以上，二、三产业发展严重滞后。无村集体经济组织，农民专业合作社处于刚刚起步阶段。无市场认可的农业产品品牌，农产品竞争力不强，产品附加值不高，农民增收渠道不宽。

(五)第一产业

1.种植业

全乡耕地总面积1 284.35公顷。

种植业以经济作物、粮食作物为主。

三义乡各村都大量种植了水稻、红苕、玉米等粮食作物，是县城粮食的一个重要生产点。

其他经济作物中烤烟的主导地位逐步形成。同时，近年来大力推进魔芋产业发展，魔芋产业作为一个朝阳产业，是山区人民脱贫致富的好项目；中药材基地建设也稳步推进。

2.林业

乡域内共有林地5 937.75公顷，保证了全乡森林覆盖率70%以上。

(六)第二产业

无工业。

(七)第三产业

第三产业主要集中在集镇，主要满足当地居民的日常生活需要。

集镇没有一个市场，商业多以店铺经营为主，规模普遍较小，主要经营日常生活用品(粮油、食品、副食品、日用工业品)及农业生产资料(农具、种子、肥料等)。

此外,交通、旅游等服务行业的规模还需进一步扩大。

四、优劣势分析

(一)优势

(1)政策优势。为深入贯彻习近平总书记扶贫开发重要战略思想、深学笃用习近平总书记视察重庆重要讲话精神和在全国深度贫困地区脱贫攻坚座谈会上的重要讲话精神,坚持精准扶贫精准脱贫基本方略,加强组织领导,加大工作力度,确保如期高质量打赢脱贫攻坚战,2017 年 8 月,重庆市委召开常委会会议,专题研究深化脱贫攻坚工作。会议审议通过了《关于深化脱贫攻坚的意见》和《关于完善我市国家重点贫困县脱贫摘帽计划的方案》、《重庆市深度贫困乡(镇)定点包干脱贫攻坚行动方案》、《全市脱贫攻坚问题整改工作方案》、《关于调整市扶贫开发领导小组组成人员的通知》(简称"一文三案一通知")。重庆市全面开展脱贫攻坚工作,进一步深化认识,以更精准的举措、更务实的作风,坚决打赢脱贫攻坚这场硬仗。

三义乡是市级贫困乡,全市开展脱贫攻坚战,势必为三义乡带来重大的转变。

(2)区位优势。重庆东南经济区包括黔江、石柱、彭水、酉阳、秀山、武隆六区县是我市少数民族聚居区和集中连片贫困区。为加快东南经济区发展,打造"单轴双核四极"产业格局。即以陆上大通道(同向紧邻的渝怀铁路、渝湘高速、319 国道)为"轴",依托沿线重点城镇和重要节点,实施"点轴"开发,形成以黔江为主核、秀山为副核,武隆、石柱、彭水、酉阳"四极"支撑的产业发展格局。三义乡地处黔江、彭水和石柱三角经济腹地中心圈内,而且三义乡又与湖北省交界,具有得天独厚的边贸区位优势。

(3)具有一定特色的主导产业。全乡以种养殖业为主,已基本形成一村一品主导产业,其中小坝村大部分地区为高山坡地,红薯有一定规模产量,作为村内主导产业产品,正逐步打造成三义乡红薯示范基地;莲花村、弘升村的以烤烟为主导产业;龙合村、龙洋村以中药材为主导产业;五峰村局部地区海拔相对乡内其他村来说稍高,是高山优质稻适宜产区,以水稻为主导产业。

(4)自然环境优越。三义乡森林资源丰富,气候宜人,森林覆盖面积约 70%。环境污染源,空气清新,植被丰富,林业资源充足,活立木蓄积量大,可种草养畜,开发价值高。

(二)劣势分析

(1)偏离彭水主城。三义乡地处彭水最北部,渝鄂交汇地,民情复杂,汇集九省十八县人,思想较落后,意识较差。属彭水较偏远城镇,导致对中心区服务设施利用不足,处于彭水的物流、信息流的末端。

(2)城镇服务体系不健全。三义乡公共设施配置标准及建设水平落后,造成城镇发展的动力不足,城镇功能不完善,城镇服务设施等支撑体系不健全,影响经济社会的发展。

(3)产业空间布局不合理。第一产业比重较大,无第二产业,第三产业不够完善,产业空间布局不尽合理,产业结构需要进行合理调整。

(4)综合经济实力不强。三义乡人均经济总量不高，在彭水综合经济实力不强，制约了城镇建设的快速发展。

(5)交通不便利。道路建设较为落后，尤其是对外交通联系不足，严重阻碍了全乡的经济发展。

五、发展定位、发展目标

(一)发展定位

依靠彭水发展战略步伐，利用自身的区位优势，努力把三义乡建设成为以发展烤烟、中药材等特色农业为主导，以苗族风情体验为辅的彭水北部苗乡小镇。

(二)发展目标

发挥自身优势，依托外部条件，合理调整产业结构，积极发展药材产业、烟草业，促进经济快速增长，带动社会事业全面协调发展，以可持续发展思想指导城镇全面、科学、有序建设；使三义乡成为与彭水相匹配、经济发达、社会和谐、人居环境优良的边贸小城镇。

规划到2025年，人均地区生产总值和城乡居民收入达到彭水平均水平；基本公共服务能力达到彭水平均水平；环境保护和生态建设取得积极进展，加强天然林保护工作。

规划到2035年，人均地区生产总值、城乡居民收入稳步提高；在彭水率先实现全面建成小康社会的目标。基本公共服务能力高于彭水平均水平；生态环境质量明显改善。

六、发展策略

(1)加快城镇化进程，建立科学合理的乡镇体系；以集镇为中心，促进乡域经济发展。

(2)优化产业结构，加快传统农业向现代农业转变的步伐，鼓励第二、第三产业的发展。

(3)利用三义乡与湖北交界，大力发展三义乡在彭水经济中的边贸作用，建立各种农副产品的批发市场，利用独特的区位条件和优惠的政策吸引人员和资金。

(4)利用乡村景观资源，发展乡村旅游观光。依托现有自然资源以及现代农业基地，整合开发，逐步打造高山旅游亮点，拉动第三产业全面发展。

(5)完善中心集镇职能，发挥强有力的带动作用，重视基础设施建设，美化城镇面貌，集聚人气、文气和商气。

(6)大力发展特色产业，按照标准化建设和安全生产要求，实现规模化集约化种植养殖。

(7)积极创造投资环境，招商引资，加大开发力度，保证开发健康有序。

七、规划原则与目标

(一)规划原则

(1)坚持可持续发展和“三效益”并重的原则，注重生态保护。坚持环境保护基本国策，推动产业结构调整。

(2)坚持整体、长远、经济的原则，把集镇和各村庄的规划建设作为完整的系统进行规划。

(3)立足近期、着眼远期，抓好近期建设，为远期发展打好基础。

(4)注重规划的科学性和可操作性，既有明确的奋斗目标，又有相应的实施措施。

(5)充分利用当地资源，节约用地。

(二)规划目标

近期将三义乡打造成武陵山区脱贫致富示范区和生态美、产业兴、百姓富的美丽苗乡。后期逐步把三义乡建设成为以第一产业为特色，第二、第三产业发达，商贸繁荣，环境优良，充满吸引力和竞争力，富有现代气息的农、工、商、贸、旅游多业并举的经济强乡。

1.产业发展

加强特色农村产品基地建设，大力发展烤烟、特色中药材种植以及畜牧养殖，积极发展生态旅游以及为之配套的第三产业。

2.基础农田保护

遵循“十分珍惜和合理利用每寸土地，切实保护耕地”的基本国策，合理配置乡域空间资源，节约用地、保护耕地，确保基本农田数量不减少。

3.生态环境保护

构建人与自然协调的生态环境，优先考虑生态环境保护和建设，构建北部生态屏障，加强山体、水体保护，塑造山青、水秀的乡域环境。

4.科技文化教育

全面实施科教兴渝战略，坚持科技为先导，教育为基础，确保各类科技文化教育用地，普及九年义务教育和高中教育。

八、规划依据

(1)《中华人民共和国城乡规划法》(2008)；

(2)《中华人民共和国土地管理法》；

(3)《城市规划编制办法》；

(4)《镇规划标准》(GB 50188—2007)；

(5)《重庆市城乡规划条例》(2017)；

(6)《重庆市彭水域新农村总体规划》；

(7)《彭水苗族土家族自治县城乡总体规划(2010—2030)》；

(8)《彭水三义乡脱贫攻坚总体规划》(2017—2020年)》；

(9)《重庆市“十三五”产业精准扶贫规划纲要(2016—2020年)》；

(10)《中共重庆市委重庆市人民政府关于深化贫困脱贫攻坚的意见》(渝委发〔2017〕27号)；

(11)《全市深度贫困乡(镇)定点包干脱贫攻坚行动方案》；

(12)国家其他相关法律法规和技术规范。

九、规划期限与范围

(一)规划期限

本次规划期限为2018—2035年:

近期:2018—2025年;

中期:2026—2030年;

远期:2031—2035年。

(二)规划范围

本次规划分为两个层次:

第一层次:乡域规划范围,三义乡行政区域范围,辖6个村,面积为74.76平方千米。

第二层次:老集镇规划区控制面积约为8.42公顷,其中建设用地4.38公顷;南部莲花村组团建设用地16.94公顷。

十、人口及城镇化率预测

三义乡现辖6村,2017年年末全乡总人口6 642人,集镇现有人口636人,城镇化水平为9.58%。

1.总人口预测

随着人民生活水平的不断提高,彭水作为重庆重要交通枢纽,三义乡受彭水城区和普子镇的辐射,决定了三义乡人口会有较快机械流出(流向县城区等地),但受三义乡扶贫政策的影响,流出人口又必定有所减少。根据近几年人口增长分析,估算从2018—2025年年均机械减少10人,即到2025年年末机械减少人口为70人;从2026—2030年年均机械减少30人,即到2030年年末机械减少人口150人。2031—2035年将是三义乡人口向彭水城区转移加快的过程,估算从2031—2035年年均机械减少40人,即到2035年年末机械减少人口200人。

根据三义乡社会经济发展情况,考虑计划生育政策、人们思想素质提高以及人口平均寿命增长等因素和《彭水苗族土家族自治县城乡总体规划(2010—2030)》要求,故采用10‰自然增长率进行测算。

乡域总人口预测公式

$$Q = Q_0(1 + K)^N + P$$

式中 Q——总人口预测数(人);

Q_0——总人口现状数(人);

K——规划期内人的自然增长率;

P——规划期内人口的机械增长数(人);

N——规划年限(年)。

按以上公式推算,2025年乡域总人口将达到:

$$Q^{2025}=6\ 600\times(1+0.01)^{7}-70\approx 7\ 000(人)$$

2030 年乡域总人口将达到：

$$Q^{2030}=7\ 000\times(1+0.01)^{5}-150\approx 7\ 200(人)$$

2035 年乡域总人口将达到：

$$Q^{2035}=7\ 200\times(1+0.01)^{5}-200\approx 7\ 400(人)$$

预计到 2025 年乡域总人口约为 7 000 人，2030 年乡域总人口约为 7 200 人，2035 年乡域总人口约为 7 400 人。

2.城镇化率预测

衡量城镇化水平的基本指标是城镇人口占乡域人口的百分比，由于机械增长人口的去向是城镇，农业人口机械变化可忽略不计，根据现有数据，我们采用综合增长率法对三义乡城镇人口进行预测。随着集镇的经济发展，服务设施的完善，吸引大量外来人口来三义旅游或安家置业，以及大量的农村人口向集镇聚集，使集镇人口不断增加，依据公式：

$$P_n = P_0(1 + X)n$$

式中　P_n——测算期末城镇人口；

P_0——基准年城镇人口(2017 年底)；

X——城镇人口年均递增率；

n——测算年数。

计算得：

2025 年城镇人口为 2 000 人；

2030 年城镇人口为 2500 人；

2035 年城镇人口为 2 700 人。

根据以上各代表年的城镇人口，计算出城镇化率为：

2025 年的城镇化率为：2 000÷7 000×100%＝28.57%；

2030 年的城镇化率为：2 500÷7 200×100%＝34.72%；

2035 年的城镇化率为：2 700÷7 400×100%＝36.49%。

十一、村镇体系规划

(一)乡域空间组织结构

空间组织结构为“一主中心，一副中心，两发展轴”。

主中心：集镇，老集镇规划区控制面积约为 8.42 公顷，辐射全乡。

副中心：中心村龙合村。

两发展轴：S423 省道、S422 省道与至湖北省利川县主村道沿线。这两条发展贯穿全乡，是未来乡域物资流动的主要道路，也是三义乡经济发展的载体。

(二)村镇等级结构

村镇体系等级结构分为三个层次：

第一级：集镇，规划人口0.27万人，其中老集镇规划人口约为700人，老集镇所在村小坝村农村人口600人；南部莲花村组团规划人口2 000人。

第二级：中心村，即龙合村；规划人口分别约为1 200人。

第三级：基层村，即莲花村、弘升村、龙洋村以及五峰村，规划人口分别为700人、800人、800人、600人。

(三)村镇职能结构

根据各个村的现状及今后的发展方向确定村镇职能结构，形成“集镇辐射全乡，中心村带动基层村，基层村服务本村”的结构模式。

集镇是全乡的政治、经济、文化中心；集居住、商贸、休闲等功能于一体的乡村旅游综合示范点。

中心村通达性较好，集中居住人口规模较大，拥有小型商业，邮政代办所，中心卫生室等基本的公共服务设施，能为自身周边基层村服务。

表1　三义乡村职能结构规划(2035年)

乡村主要职能		名称
集镇	乡域政治、经济、文化和旅游商贸服务中心	三义集镇
中心村	片区经济中心，特色养殖为特色，烤烟种植、经果蔬菜和中药材种植为辅	龙合村
基层村	发展烤烟种植	莲花村
	发展烤烟和中药材种植	弘升村
	发展烤烟和中药材种植	龙洋村
	发展烤烟种植和特色养殖业	五峰村

表2　乡域村级人口规划一览表(2035年)

序号	名称	等级	规模			
			人口/人		人均乡村建设用地/平方米	
			现状	规划	现状	规划
1	小坝村	集镇所在	1 627	600(集镇700)	—	70
2	龙合村	中心村	1 529	1 200	—	70
3	莲花村	基层村	917	700(集镇2 000)	—	70
4	弘升村	基层村	1 103	800	—	70
5	龙洋村	基层村	883	800	—	70
6	五峰村	基层村	583	600	—	70

十二、乡域空间管制规划

(一)全乡域用地分为适宜建设区,限制建设区和禁止建设区

(1)适宜建设区:包括集镇,工矿区,各村居民点和大型基础设施用地。村镇建设区是依法进行审批的开发建设用地。

(2)限制建设区:一般为集镇和各村的远景发展建设备用地,也是集镇未来大型市政设施建设备用地。控制发展区在规划期内保持原土地使用性质,非经原规划部门的批准同意,不得在该区内进行非农项目的开发建设。

(3)禁止建社区:以上两区以外的用地为不准建设区。在不准建设区内又分自然生态保护区,耕地保护区和水源涵养区。不准建设区在规划期内应保持土地原有用途,除国家和市的重点建设项目、行政管理和旅游管理的设施外,不准在区内进行城镇建设开发活动。

(二)在乡域范围内规划蓝线、绿线、紫线、黄线

(1)蓝线:即河流二十年一遇洪水位线和水库坝顶及沿坝顶的等高线,河流为沿十年一遇洪水位线自然岸线两侧划定。

(2)绿线:各种绿地(包括各种林地)的边界线,是一个完整的闭合线,该闭合线同时又是禁建区界线。

(3)紫线:各种已批准的文物古迹和历史文化街区的保护范围线,是一条完整的闭合线,严格按照建设部"紫线管理办法"进行确定。

(4)黄线:对城镇发展全局有影响的、城镇规划中确定的、必须控制的城镇基础设施用地的控制界线,该控制界线内的活动严格按照相关规定执行。

规划"三区四线"就是明确控制建设范围和强制性措施,以方便管理。对中心村和各基层村进行控制,以便相对集中发展;对水库周边及河流进行严格控制,保护的主要饮用水源;对较好的林地进行严格控制,最大限度保证乡域内有自然状态较为良好的净土。

(三)区域空间管制分析

对三义乡的乡域空间进行空间管制,就是一种分区分类细化的规划,以增加规划的可操作性。

"三区"是一个分区控制建设的范围,"四线"也是一个控制建设的界线,通过这种分区分类的细化,可以有效地方便管理。

通过三义乡"三区"的规划,可以明确看出,规划重点在于强调对水源保护的重要性,对自然环境保护的重要性,目前淡水缺乏问题已经是全球性的问题,生物对人类自身的生存影响尚有许多未知因素,因此加强对二者的保护就是保护人类自身的生存。在乡域范围内我们可以通过"三区四线"规划建设一个较好的人居环境,这也是一个功在当代,利在千秋的工程。

通过"四线"的规划特别三义乡溪沟纵横,蓝线和绿线规划,就是有意识地引导城镇空间

布局向溪沟形态来划分,通过这种组织,使我们的规划更加科学。

三义乡的规划,是在大量分析研究基础上完成的,而“三区四线”的空间管制,就是一种生态优先,交通先导的规划过程,从而为下阶段的集镇建设规划打下一个良好基础。

十三、乡域产业发展规划

(一)经济发展水平与阶段评价

三义乡经济总量虽近年提高很快,但人均 GDP 仍然低于全区总体人均水平,还属欠发达地区。近年来,全乡把扶贫开发作为第一要务,稳固烤烟种植面积,培育种养殖大户,发展经济作物,形成了以烤烟等经济作物和肉牛、生猪、豪猪、土鸡等养殖业为主的农村特色产业体系。2017 年全乡经济总收入达到11 250万元,是 2012 年的 1.4 倍;全乡农村常住居民人均可支配收入 8 070 元,是 2012 年的 1.4 倍。

(二)产业发展总体目标

把握扩大内需、增加投资的宏观政策,按照“合理布局、突出重点、完善功能、充实产业、聚集要素、辐射农村”的要求,深化产业结构调整,落实一村一品特色支柱产业,扩大产业规模,为产业梯度转移、国家项目和居民投资做好准备。

(三)发展战略思路

1.在空间布局结构优化的过程中,增强集镇的经济实力,建设具有较高现代化水平的产业经济体系

三义乡未来的产业组织必须跳出乡域的束缚,在县域更大的范围内协调主要产业的布局,通过乡域范围内空间布局结构的优化,进一步完善具有较高现代化水平的产业经济体系,增强集镇的实力。目前工作的重点是合理布局集镇和集镇辐射区的产业,有效疏导集镇的部分功能,形成较为合理的产业布局体系。

2.加快发展特色农业

按照“优质、生态、安全”的要求,深入推进农业产业结构调整,大力发展中药材、经济林等产业,积极推进“一村一品”建设。大力发展产业化经营,通过积极的政策扶持,发展产业化的农产品加工和销售企业,企业围绕农产品生产基地和农贸市场,通过合同及销售代理关系把农户组织起来进行有序经营生产。以当地资源为依托,发展规模大、辐射力强的市场,一方面推动农业产业化的发展,另一方面带动交通运输、饮食服务、文化娱乐以及邮政通信的发展,繁荣小城镇经济。

3.加快发展以商贸和旅游为主的服务业,提升第三产业层次

依托全乡独具特色的自然风光为一体的特色文化旅游资源和地处彭水门户的区位优势,加快乡村旅游业的发展,积极推动与旅游相关产业的快速发展。

集镇在进行产业结构调整的同时,应着力发展旅游业,提升城镇发展的档次,强化集镇在彭水地区的辐射作用。目前的重点是加快三义乡旅游业的建设,完善服务设施建设,重点

发展旅游休闲业，在这些领域形成新的经济增长点。

(四)产业发展规划

鼓励农民按照自愿原则以承包经营权入股建立股份合作社；扶持返乡创业青年、种植养殖大户、致富能手等人群自主创业，发展微型企业。根据三义产业发展的总体布局、地形地貌、与彭水的空间关系以及各村现有的自然条件、规模、产业基础和特色，按照一村一品的特点，将产业空间布局分为“一带三区四特”的格局。

一带：沿省道发展的产业带。

三区：特色种植养殖区，主要分布在五峰村和龙合村；

苗家民宿风情体验区，主要分布在龙洋村和弘升村；

加工商贸服务区，主要分布在小坝村和莲花村。

四特：分别为烤烟、中药材、经果蔬菜种植和特色养殖业。

巩固发展烤烟产业：以龙合村、小坝村、五峰村、龙洋村、莲花村等烤烟种植区为重点。

发展中药材产业：在海拔 1 000 米以下的区域建设前胡、白芷等一年生品种的中药材基地。在海拔1 000米以上区域适度发展苍术、黄柏、杜仲等多年生品种的中药材，在主要中药材生产基地，配套规模种植基地的基础设施、配套必要的烘烤、分拣等初加工设施。

壮大经果蔬菜业：在五峰村、龙合村、小坝村等区域打造规范化蔬菜种植基地，结合退耕还林发展香椿、核桃、板栗等经果林种植。

合理发展特色养殖业：不断培育和壮大土鸡、生猪、肉牛中蜂、豪猪、珍珠鸡等特色养殖业。

十四、农村居民点发展规划

(一)指导思想

按照“生产发展、生活宽裕、村容整洁、乡风文明、管理民主”及“生态良好”的方针，坚持“简洁明了，浅显易懂，具体实在、操作性强，突出特色、避免雷同、尊重民意、合理布局、节约用地、保护环境”的基本原则，推进社会主义新农村建设。

(二)新村居民点空间发展规划

三义乡各村宜采用一个较大集中居民点，多个小规模相对分散的集中居民点的布局方式，同时集中居住的人口比例需要根据对集中居民意愿调查来确定集中居民点。参照重庆市小康村人均建设用地标准，结合彭水当地的实际情况，本规划居民点人均规划乡村建设用地指标按 70 平方米计。规划进一步配套完善公共行政、教育、文化、医疗、商业设施。各村较大集中居民点规模如下表：

表3　三义乡居民点一览表

村	居民点名称	人口	建设用地/公顷
小坝村	坪上居民点	76	0.53
龙合村	斑竹园居民点	163	1.14
莲花村	对门户居民点	318	2.23
弘升村	洋火塘居民点	250	1.75
龙洋村	平阳坝上居民点	463	3.24
五峰村	上坝子居民点	382	2.68

(三)公共服务设施规划

应配置的公共服务设施有:居委会、托(幼)儿园、卫生站、文化活动室、图书馆、全民健身设施、市场设施、放心店、邮政储蓄代办点。公共设施可以集中设计成综合楼形式,结合集中绿地布置。

中心村设置"三室、一园、一场",即办公室、卫生室、文化活动室、幼儿园、运动场地。基层村设置"三室、一场",即办公室、卫生室、文化活动室、运动场地。其中"三室"可以集中建设成为村级公共服务中心,运动场地可以和公共休闲院坝结合修建。村级公共服务中心建筑面积不少于600平方米,可内设警务室、档案室、会议室、农资超市、卫生室,其中村卫生室不少于60平方米。篮球场面积控制在420平方米左右,其功能可与村民公共院坝混合使用;按人均0.1~0.3平方米的标准设置建设五保家园。

(四)基础设施规划

统筹乡域交通、能源、教育、科技、卫生、文化、供水、环卫等各项基础设施建设,加速农村基础设施电力、电信、给水、燃气能源设施与城镇基础设施统一对接,统一供给。避免基础设施建设的低效、低水平利用和重复建设,实施乡村基础设施共建、资源共享,促进乡村一体化协调发展。

(五)社会保障体系

加强农村公共卫生建设,全面推进新型农村合作医疗制度,建立以新型农村合作医疗制度为主体、农村特困医疗救助为补充的农民医疗保障体系。加强农村劳动力转移培训,实施被征地农民养老保险制度,全面落实最低生活保障制度、农村"五保"和城镇"三无"对象集中供养制度,集中供养率要近期达到50%。

十五、乡域建设用地规划

(一)人均建设用地指标

乡域建设用地是指城市建设用地分类中的居住用地、公共管理与公共服务用地、商业服务业设施用地、工业用地、物流仓储用地、道路与交通设施用地、公用设施用地和绿地与广场用地等各类用地的总和。根据《城市用地分类与规划建设用地标准》和《彭水苗族土家族自治县城乡总体规划(2010—2030)》,结合现状,对整个乡域人均建设用地指标确定如下:

由于老集镇用地相对来说比较紧张,人均建设用地控制在62.57平方米;南部莲花村组团人均建设用地控制在84.70平方米。从节约用地的角度出发,结合彭水的实际情况,规划要求村庄集中居民点人均乡村建设用地控制在70平方米以内。

(二)村庄建设用地选址

村庄建设用地选址应尽可能对原有建设用地加以利用,并与基本农田保护规划相协调。

在生产作业区附近,水源充足,水质良好,便于排水,通风向阳和地质条件适宜的地段选择建设用地。选址时应避开山洪、滑坡、泥石流等自然灾害影响的地段,并避开自然保护区、有开采价值的地下资源和地下采空区。

村庄建设用地应根据地理位置、基础设施和自然条件,现有建筑和建设投资等因素,通过技术经济比较,择优确定。

(三)村庄居住用地

村庄居住用地在村庄建设用地中的比重较大,其择址应慎重考虑。

村庄居住用地应重点考虑保护环境、方便出行等因素,按在村庄建设用地中的比重不低于50%布置。

(四)公共建筑用地

公共建筑为村民提供基本的日常服务,在各村均有相应的安排,尽可能布置在靠近中心的地段。

村庄公共建筑在村庄建设用地中比重不宜过大,不宜超过12%。

十六、乡域综合交通规划

(一)现状概况

乡域范围内有S422和S423两条为主要道路骨架,乡域内道路总长195.4千米。

除两条省道外,其余道路均为等外级。现状仅S423线约4.5千米路段为双向两车道,其余道路都为单车道,路基宽度大多在4.5米以下;仅33.7%的路段实现硬化,村民小组通畅率仅为48%。受地形限制,部分村组连接公路绕行严重,全乡的交通发展相对较为落后,阻碍了经济发展。

表4　乡域公路现状表

名称	起止点	途经村社	公路里程/千米	路面宽度/米	路面类型
S422	小坝村—莲花村	莲花村	6.7	4.5	水泥

续表

名称	起止点	途经村社	公路里程/千米	路面宽度/米	路面类型
S423	小坝村—弘升村	弘升村	9.5	7.0	水泥
南北主村道	小坝村—五峰村	小坝村、龙合村、五峰村	21.2	4.5	水泥
东西主村道	小坝村—弘升村	小坝村、龙洋村、弘升村	27.9	4.5	水泥、泥结石

(二)规划原则

(1)结合乡域产业规划,在乡域范围内形成快捷、方便的道路系统,明确功能,提高路面等级。

(2)道路走向结合原始地形,并按照功能、交通量的需求,确定道路等级、红线宽度和断面分幅。

(3)结合三义乡作为彭水边贸集镇的特点,以小坝村为全乡交通枢纽,并与周边镇乡保证较好的衔接。

(4)以省道为主轴,实现村村通公路。

(三)道路规划

按照三义乡村镇体系规划布局,并结合《彭水苗族土家族自治县城乡总体规划(2010—2030)》《彭水综合交通运输"十三五"发展规划》以及三义乡社会经济发展规划,以完善乡域道路交通系统为目的,采取裁弯取直、局部拓宽、分期改造的做法,逐步提高路面等级,改善"村村通公路"质量,以适应经济的发展。结合全乡产业发展时序,对交通需求较大的路段应尽快实现硬化,最终实现便捷、快速的乡域道路系统。

规划省道 S422、S423 作为连接区域内外的主要道路,并结合现有乡道形成整个乡域的道路骨架,以村道、社道等道路连接各村社,改建或新建公路 155.7 千米,其中三级公路 16.2 千米,另在集镇规划一处汽车站。

表 5　乡域道路规划一览表

序号	等级	路宽/米	里程/千米	路面类型	起止
1	三级	7.5	6.7	沥青混凝土	普子镇—三义乡
2	三级	7.5	9.5	沥青混凝土	小龙桥—马武界
3	四级	4.5	5.5	水泥路	黄家—大坪—羊圈溪
4	四级	4.5	10.0	水泥路	乱石告—七树凼—怀垭口—石柱边界
5	四级	4.5	2.0	水泥路	六毛凼—七树凼
6	四级	4.5	5.0	水泥路	大坪—方水井
7	四级	4.5	3.0	水泥路	坳上—碑垭口
8	四级	4.5	5.5	水泥路	坳上—唐家湾—窝凼

续表

序号	等级	路宽/米	里程/千米	路面类型	起止
9	四级	4.5	4.5	水泥路	通花凼—文家槽
10	四级	4.5	3.0	水泥路	白岩水—斑竹园—茶园
11	四级	4.5	4.0	水泥路	黄龙迁—茶山
12	四级	4.5	8.0	水泥路	红岩子—宝峰寺—七眼泉—沙子地
13	四级	4.5	3.5	水泥路	花椒坪—河坝
14	四级	4.5	1.5	水泥路	下院子—龙塘
15	四级	4.5	3.0	水泥路	许家垭口—大垭口
16	四级	4.5	3.5	水泥路	化果坪—后槽
17	四级	4.5	5.0	水泥路	后槽—李家院子
18	四级	4.5	4.5	水泥路	名家垭口—朱家湾
19	四级	4.5	8.0	水泥路	化果坪—汉鱼泉支线
20	四级	4.5	4.0	水泥路	杨家堡—王台山
21	四级	4.5	3.5	水泥路	对门户—炮木园
22	四级	4.5	8.5	水泥路	椒子坪—核桃坪—大沟—对门户
23	四级	4.5	5.0	水泥路	核桃湾—陕西梁子
24	四级	4.5	5.0	水泥路	核桃坪—陕西梁子
25	四级	4.5	0.5	水泥路	宅井—烧鸡凼
26	四级	4.5	3.5	水泥路	铁芯沟—天花坨
27	四级	4.5	5.0	水泥路	观音桥—作坊湾
28	四级	4.5	0.5	水泥路	塘坝—李贤传院子
29	四级	4.5	3.0	水泥路	核桃坪—茶山
30	四级	4.5	2.0	水泥路	核桃湾—炮木园
31	四级	4.5	1.5	水泥路	烧鸡凼—天花坨
32	四级	4.5	1.5	水泥路	朱家湾—后仓坪
33	四级	4.5	5.0	水泥路	龙洞湾—李家院子
34	四级	4.5	2.0	水泥路	王台山—烧鸡凼
35	四级	4.5	1.5	水泥路	唐家湾—石子坪
36	四级	4.5	1.5	水泥路	窝凼—沙坡
37	四级	4.5	6.5	水泥路	椒子湾—大坪
合计			155.7		

十七、市政基础设施

(一)供电

1.供电工程现状

(1)供电电源:三义乡用电由普子35千伏变电站供给。

(2)输配电网络:三义乡已进行农网改造,集镇输配电电压分为两类:10千伏/0.4千伏。

乡域内有35千伏及110千伏架空电力线东西向穿过。

(3)用电量情况:三义乡目前主要以居民生活、公建用电为主。

2.存在问题

10千伏均采用放射形接线、单电源供电,没有环网运行,造成供电可靠性较差。

3.用电负荷预测

全乡按人均综合用电指标3 000~4 000千瓦时/(人·年)计算,用电小时数按4 000时/年计算。预测2035年全乡用电负荷约为0.74万千瓦。

4.供电工程规划

(1)电源规划

根据《彭水苗族土家族自治县城乡总体规划(2010—2030)》,三义乡用电由普子35千伏变电站出10千伏电力线供给。加强农电设施的维护和管理,注意农户低压线路的改造与更新,提高供电可靠性。

(2)电网规划

10千伏城镇公用配电网络以单环网供电网络为主,需要时增修开闭所;10千伏配网的供电半径不超过2千米,农村不超过6千米。

新建集镇10千伏城镇配电网以城镇道路为依托,沿道路埋设。

(二)电信

1.通信工程现状

三义乡没有专门邮政支局和电信支局,电话装机容量800门,实际装机600门,为三义乡辖区服务。其中农村固定电话普及率较低。

2.存在问题

(1)固定电话普及率较低。

(2)互联网发展落后。

(3)广播电视事业发展较为滞后。

3.规划目标

大力发展各种通信设施建设,积极采用先进的通信设施,提供各种通信手段。加大光缆网、传输网、接入网等基础设施的建设,实现数据多媒体以及宽带网和综合信息服务平台的建设,实现全乡范围的光纤网络。坚持邮政事业信息化和邮政服务多样化的发展方向,按国家标准完善和优化建成区邮政网点。

中心村和各基层村根据容量应预留基站等通信设施用地,加快农业专业服务网建设,完善农业信息服务体系,使之成为农民发布农产品信息,获取产供销信息、农业科技信息、进一步完善全县有线电视网络建设,提高可靠性及收视质量。

4.规划

(1)需求量预测

根据现状固定电话普及情况,预测 2035 年三义乡固定电话安装普及率集镇为 30 部/百人,农村为 20 部/百人,市话总需求量为 1 750 门,电话交换机容量为 2 000 门。

(2)电信网络规划

规划新建电信支局。完善固定电话、移动电话、互联网三大通信系统建设,提高三义乡通信可靠性。

到 2030 年城镇家庭基本普及电话,加强数字微波系统建设,形成一个微波通信、无线通信、数字交换为一体的综合通信枢纽。发展信息“高速公路”,采用先进技术装备,扩大和完善光纤通信网络,加快用户接入网建设,促进电信、电视、计算机三网互联互通,提高人们接触认知社会的速度。

到 2035 年做到宽带进村、宽带进园,使宽带网络基本覆盖农村,加强农民信息技术使用能力的培训,在村一级建立公共电子阅览室,为农民上网提供方便。

集镇电信线路,从街道景观要求,应采取逐步下地,在各种通信线路建设过程中宜采取综合管道的建设模式。其他地区及村级原则上架空敷设。

(3)邮政工程

规划新建邮政支局,加快网点建设,并不断完善服务设施,增强服务功能。进一步改善营业环境,提高科技含量,在条件成熟的网点开办更多的邮政业务。加紧城区报刊亭建设和“户箱工程”的推广。

(4)广播电视系统

把握正确的舆论导向,建成全乡统一的广播电视多功能网,巩固村村通广播电视工作成果,逐步实现广播电视社社通和户户通,集镇到村社系统用光缆传输广播电视节目,村社系统用微波传送广播电视节目,使全乡广播电视覆盖率达到 100%,让广大群众都能看到宽带网及加密电视节目,不断丰富和满足群众的精神文化生活需要,促进精神文明建设,充分发挥广电对经济社会和谐发展的重要作用。

(三)燃气

1.燃气工程现状

目前全乡没有使用天然气,集镇燃料主要包括电和灌装液化气为主;农村居民燃料以煤、柴草为主,电和其他燃料为辅。

2.存在问题

由于乡域内燃料柴草占了很大一部分,严重降低了居民的生活质量,同时影响了大气环境、植被的培育、保护以及景观的保护。

3.规划目标

集镇推广使用液化石油气、沼气、太阳能等清洁燃料,加强燃气配套设施建设,建立具有地方特色的沼气能源开发利用模式。加快生态节能灶建设,大力推广秸秆气化集中供气工程。农村社区居民用气以罐装液化石油气为主;散居农户提倡使用沼气,逐步淘汰烧柴和燃煤方式;偏远地区的村庄,推广太阳能、沼气等清洁能源的应用,结合垃圾、粪便、秸秆等有机废物的生化处理,因地制宜搞好分散式或相对集中式的沼气池建设,变废为宝,综合利用。

(四)给水

1.给水工程现状

三义乡在老集镇西北侧有供水站1座,供水规模约为50立方米/日。供水管网为树枝状,管径在DN100~DN50,主要供集镇生活用水。

2.存在问题

(1)三义乡水资源地理分布不均匀,部分山地、丘陵地区缺水严重。

(2)供水工程设施落后,导致工程性缺水严重。

(3)饮水工程建设滞后,供水范围有待扩大,供水普及率有待提高。

(4)农村居民安全饮水意识薄弱。

3.规划目标

合理开发、科学调配水资源,积极推进乡村供水一体化;推进水利发展和改革,保证水资源的持续利用;加强乡村饮用水、灌溉用水的工程整治与建设,完善供水管理体制;提倡再生水回用,提高水的重复利用率,厉行节约用水;全面推广农村安全饮用水教育,增强村民安全饮水意识。

4.用水需求预测

(1)用水量标准

根据三义乡用水情况,集镇人均综合用水量标准取250升/(人·日)。

根据农村地区实际用水情况,参考类似地区用水量标准,农村人畜平均综合用水标准取180升/(人·日)。

(2)用水量预测

集镇用水量:675立方米/日;

农村用水量:846立方米/日;

总用水量:1 521立方米/日。

5.供水工程规划

(1)水源规划

三义乡主要取用山泉资源,目前山泉水量较小,难以满足未来集镇发展需求。

规划扩建原老集镇供水站并新建莲花村地下水引水工程,集镇上原有水源为备用水源。水库及水厂周围不小于10米的范围内应保持良好的卫生状况和绿化环境,不得修建居住区或禽畜饲养场、渗水厕所、渗水坑等,不得堆放垃圾、废渣、粪便等或铺设污水灌渠。

(2)供水系统规划

按照“城乡管网互通,水厂独立成网,资源合理配置,提高综合效益”的思路加快供水基础设施建设。农村地区因地制宜,积极实施农村居民点集中饮水工程,加快实施一批标准化小型水站、简易供水站及其附属构筑设施的新建、扩建、改造工程,提高饮水水质及农村自来水普及率。

(3)政策体系建设

安排专项资金用于农村饮水工程建设,设立专门的政府管理机构,合理确定工程建设(水源工程、管网工程、净水工程)投资比例,快速、合理促进农村饮用水工程建设。

(4)节约用水

大力提倡节约用水,加快建立水资源综合管理制度,在农村宣传节水理念。在农业生产上,加强以节水为中心的灌区配套设施建设、改造,促进农业种植结构调整和灌溉用水方式转变,大胆引进、推广新兴节水灌溉技术、设备和工艺,减少不必要的田间蒸发水量,控制用水量的增长。提高工业用水重复利用率,减少工业用水量,在有条件的地区,积极推动中水回用,在社会生活上,大力发展节水产业,鼓励企业生产、销售和使用节水产品,大力推广和使用节水器具,倡导节水文化,形成厉行节水的社会风尚和文明消费方式。

(五)排水

1.排水工程现状

三义乡没有排水管网,污水直接排放到溪沟中。

2.存在问题

(1)城镇生活污水、工业废水直排水体,对区域水环境功能造成严重影响,而且影响居民的生活和生产。

(2)大部分农村未建排水收集设施,严重影响农村的协调、可持续发展。

3.规划目标

统一规划污水收集与处理设施,集中与分散处理相结合,雨污分流、污水达标排放;污水收集与处理系统规划密切结合产业发展,与用地布局相协调,生态保护与生态建设并举。

4.排水量预测

(1)污水量预测

集镇污水量按用水量的85%估算,农村污水量按人畜生活用水量的60%估算:预测2035年污水总量为1 082立方米/日。

(2)雨水量预测

雨水量的计算采用公式

$$Q = \Psi q F$$

式中 Q——雨水设计流量(升/秒);

Ψ——径流系数,除成片绿地取0.15外其余取0.6~0.8;

F——汇水面积(公顷);

q——设计暴雨强度(升/秒)。

式中暴雨强度公式采用重庆暴雨强度公式：

$$q = \frac{2\ 822(1 + 0.775\ qP)}{(t + 12.8\ P\ 0.076)0.77}(\text{L/ha.s})$$

暴雨设计重现期 P 应根据汇水地区性质、地形特点等因素确定，一般选用一年，低洼、易涝地区采用 2~3 年，区内综合径流系数 Ψ 旧城区取 0.7~0.8，新集镇取 0.6~0.7，绿地径流系数取 0.3。地面积水时间为 5 分钟，管道折减系数为 2.0。

（六）排水工程规划

1.规划排水体制

为保护生态环境可持续发展，集镇及农村居民点的排水体制采用雨污分流制，尤其在生态保护区、取地下水源地区等必须采用雨污分流制。

2.污水工程规划

（1）污水处理设施规划。

1）集镇污水处理设施规划

在老集镇及莲花组团各新建污水处理设施，处理集镇及周边农村污水，污水处理设施执行《城镇污水处理厂污染物排放标准》（GB 18918—2002）中一级标准的 A 标准。

2）农村污水处理设施规划

农村生活减量化排放、无害化处理和资源化利用，统筹城乡污水处理设施规划，因地制宜，分类推进。根据农村经济状况、地形地貌和群众积极性，选择不同污水处理模式的村先行试点建设，树立典型，以点带面，逐步推进。

①处理模式。

根据农村人口分布密度、自然资源和经济条件，科学确定适合农村不同类型的污水处理方式，提高处理率。有条件的农村纳入集镇污水处理管网系统集中处理生活污水。距离集镇远的农村，污水量小、住址分散，不利于污水的收集和集中处理。

无动力厌氧工程处理模式。地势平坦具有一定落差的村庄，通过统一建设地埋式大型净化沼气池，将全村生活污水通过管道网络格栅经收集汇流沼气池，采取无动力厌氧工程实行统一收集。

微动力好氧工程处理模式。村内轻污染家庭工业或养殖场污水采取微动力好氧处理模式，即在无动力厌氧工程处理的基础上配套做动力铺砌设施。

小型沼气池处理模式。村内地势复杂，不易统一铺设污水管道，实行多户联建沼气池处理模式，特别分散的农户单独安装玻璃钢生活污水厌氧净化器。

湿地处理模式。经过处理后的生活污水，有条件的应配套湿地处理。

②充分利用资源，实行有机肥还田。

积极推进改厨、改厕、改圈。对农村生活垃圾、人畜粪便以及养殖业产生的污染源治理，控制农村区域的环境污染；集中水产、禽畜饲养基地排出的鱼类、禽类污水应集中，处理达标排放；推广农村科学施肥技术，减少使用化肥利用率低造成的农业面源污染。

(2)污水收集系统。

完善集镇污水收集系统,提高管道标准和覆盖率,逐步形成较完善的分流制排水体系,使城区污水得到有效收集;扩大集镇周边村庄污水收集范围,创建农村独立污水处理系统,按照集中与分散处理相结合的原则予以实施。

(3)工业、工矿企业污废水达标排放。

工业企业实行“谁污染谁治理”以及环保“三同时”的原则,各工矿企业的污、废水应严格按国家有关标准进行处理,达标后方可排入市政污水管网。

(4)建设污水回用系统,提高水资源的利用率。

3.雨水工程规划

(1)进一步完善城区雨水收集系统,雨水结合地形就近排入水体。

(2)因地制宜确定防洪标准,防治洪涝灾害。

(3)充分储存利用降水资源,加大对雨水的蓄、储、引及其利用的力度。

(4)重视集镇建成区初雨水对受纳水体水质的影响,采取相应措施,维持良好的水生态环境。在重要水源地,加强雨水的收集和净化,设置雨水净化装置或综合考虑湿地处理,雨水净化后进入水体,消减水源地的面源污染。

(5)各级河流在河道两侧应按规定留出绿地,保护和维持一定质量和数量的湿地系统,维持良好的水生态环境。

(6)配合整治疏浚河道和排洪渠道,做好水土保持工作,防止水土大量流失堵塞管渠,并定期清淤,保持雨水系统的疏通。

十八、公共设施规划

(一)规划原则与目标

以方便群众、提高生活品质为原则,根据《镇规划标准》,按“集镇—中心村—基层村”三级结构分别配置。

以为居民和村民创造舒适的生活条件为目标:适龄儿童就近上学、实现及时求医、方便平常购物、丰富文化娱乐等。

(二)公共设施布置规划

1.行政办公设施

规划在各行政村配置村委会,含警务、社保、医保等用房。集镇规划行政办公用地,满足城区发展的需要。

2.教育设施

全乡现有在职教师23人;共有学生389人。

三义乡现有中心校1所。详见表6。

表6　三义乡学校统计表

名称	位置	占地面积	班数	学生人数	教师人数	服务区域
三义乡中心校	小坝村一组	4 500平方米	8	389	23	三义乡、普子镇

规划在原有集镇中心校基础上，改扩建成一所规模为500人的寄宿制小学，规划面积为0.55公顷，并在莲花组团新建一所独立幼儿园，规划面积为0.25公顷。

3.文化娱乐设施

伴随城镇化水平不断提高，城乡差异不断缩小，城乡居民的精神文化生活将越来越丰富。本次规划在老集镇、莲花组团和中心村配置文化娱乐中心、灯光球场、老年活动场所、青少年之家等文体娱乐设施，基层村设置文化室等简单的文娱设施。

4.医疗卫生设施

全乡现有镇村合作医疗站6处（表7），包括集镇卫生院1处，村卫生室5处，主要协助卫生院进行疾病预防、保健和救治。

表7　三义乡医疗卫生设施统计

单位名称	位置	等级	医务人员数	床位数	年就诊人数	建筑面积/平方米
三义乡卫生院	小坝村一组	乡镇一级	10	10	15 000	487
莲花村卫生室	莲花村一组	无	1	1	400	80
弘升村卫生室	弘升村五组	无	2	2	500	60
龙洋村卫生室	龙洋村一组	无	1	1	400	60
龙合村卫生室	龙合村二组	无	4	3	800	90
五峰村卫生室	五峰村三组	无	4	3	300	60

规划全乡形成完善的医疗体系，从集镇到中心村再到基层村，根据需要配置不同规模的医疗卫生设施，村村应有医疗点，并能对各类不同的病情、伤情和疫情采取有效的措施进行医治和控制。

5.商业服务设施

集镇配建经营门类齐全、规模较大的百货商店、生产资料市场、邮政所、农村商业银行、酒店旅馆等。

中心村配置一定规模的商业服务设施，包括百货商店、邮电代办所等基本商业服务场所。

基层村主要规划邮政代办点等各种商业性服务设施，添置小卖部，小吃店等，不断提高服务能力。

6.集贸市场

全乡市场按二级二类设置，二类是指综合市场和专业市场。

综合市场指进行农村一般性的生产、生活物资交易经营的市场，交易门类包括粮食、肉类、食品、五金等。专业市场是指具有鲜明特色商品的交易场所,如以水果交易为主的市场。专业市场的建成使用,能够加强特色产品对外贸易,更有力地吸纳外资,形成规模,进行扩大再生产。

一级市场配置在集镇的中心地段,且分别建设专业市场和综合市场,规模较大,为全乡乃至更广范围的物资交流服务。在中心村设置二级综合市场,较一级市场规模小,物资类别不如集镇市场齐全,但能满足村民基本的日常需要。基层村在规划期内不设市场。

7.社区保障设施规划

(1)现状概况

全乡现有的民政事业大致情况见表8:

表8　三义乡民政事业统计

项目	五保户/人	特困户/人	低保人数	残疾人
2016年	73	74	514	133
2017年	62	62	566	147

全乡无五保家园和敬老院。

(2)存在的问题

乡—村两级社会保障设施网络体系尚未形成。集镇没有敬老院,五保老人散居村里。农村养老保险推进速度慢,覆盖率低。

(3)发展规划

到2025年农村养老保险覆盖率达到70%,2035年达到100%。新建三义乡敬老院,面向老年人、残疾人等有需求的人服务,到2025年敬老院床位数达到2床/千人。五保老人集中供养率,2025年达到50%,2035年90%。

表9　村公共设施项目配置

类别	建筑名称	配置要求
村庄管理	村庄管理用房	建筑面积100~200平方米,含警务、社保、医保等用房
教育	托幼(儿)园	生均占地面积10平方米左右
医疗卫生	卫生站	建筑面积50~100平方米
社会保障	五保家园	按人均0.1~0.3平方米的标准设置
文化体育	文化活动室	含科技服务点,建筑面积100~200平方米
	图书馆	建筑面积为50~100平方米
	全民健身设施(场地)	结合小广场、集中绿地设置,用地面积一般不少于420平方米
商业服务	市场设施	占地面积50~200平方米
	放心店	建筑面积50平方米左右
	邮政、储蓄代办点	结合商业服务建筑设置

表10 村公共服务设施配置要求

类 型	项目	中心村	基层村
行政管理	建设、土地管理机构	○	
	农林水电管理机构	○	
	工商、税务管理机构	○	
	治安室	○	○
	村委会	●	●
教育机构	小学	○	○
	幼儿园、托儿所	○	○
文体科技	文化娱乐室	●	●
	标准篮球场	●	●
	科技站	○	
	儿童及老年活动中心	○	
医疗保健	卫生室	●	●
	五保家园	○	○
商业	银行、信用社、保险	○	
	生活超市、农资门市	●	●
邮电	邮政代办所	○	

注:●为必配,○为选配。

十九、生态环境建设与保护规划

(一)现状

乡域大部分地区的生态建设与保护处于良好情况,全乡森林覆盖率40%以上。

在25度以上坡地种植农作物的现象较为普遍,水土流失现象较为严重。

(二)措施

严格保护现有的林地和河滩地。

认真执行退耕还林还草计划,加大植树造林力度,25度以上坡地按国家规定逐年退耕还林,减少水土流失。

规划区的所有河流两岸自然岸线5~10米宽范围内为禁建区,应加强岸边绿化,栽种能保持水土的植被,以美化环境,并能形成绿色生态廊道。

加强村庄环卫设施建设,对生活、生产污染源加以控制,按照有关规定在集镇修建公厕、垃圾中转站。

在老集镇及莲花组团各规划一处污水处理设施,力争在近期内建成并投入使用。

对乡域范围内的养殖企业、农药化肥企业、乡镇企业等项目的建设应进行环境影响评价。

二十、防灾减灾规划

(一)消防

乡域内各村应设置义务消防队和消防水池,应设置消防通信设施。

(二)防地质灾害

乡域内一切建设活动都必须以相应的地质勘探资料为依据,进行防治地灾处理后,按规定程序报批后方可进行。

特别是旅游景区范围内所有地质灾害危险点和隐患点进行排查,确定危险点和隐患点的具体位置、影响范围和危险程度,建立排查台账,对已经发现的危险点、隐患点要逐一落实防灾责任人、巡查责任人、监测责任人,竖立警示牌,并告知受灾害威胁的居民临灾预警信号和人员撤离路线。

(三)防洪

乡域内集镇和中心村按照20年一遇洪水位设防,其他用地按10年一遇洪水位设防,并注意预防山洪。

(四)防震

按照国家相关规定,乡域范围内所有建筑按6度设防,学校、医院等重要建筑和生命线工程应提高一度设防。

(五)人防规划

①加大对人防设施的投入,建设并完善各级人防指挥所;

②结合民用建筑工程项目建设,按国家、省确定的比例配套建设平战结合的人防工程;

③加强通信警报系统建设,结合新建小区、公共建筑的建设设置防空警报系统,形成有效的通信警报网络。

(六)气象灾害防治规划

三义乡防雷减灾工作,实行安全第一,预防为主,防治结合原则;在三义乡易形成风灾地区的规划,应避开与风向一致的谷口、山口等易形成风灾的地段,并在迎风方向的边缘规划密集型的防护林带;对暴雨、雷电、大风、高温等灾害性天气,气象主管部门应及时预报,并在主要公共场所设置社会公众预警标志。

第二章　集镇建设规划

一、集镇概况

三义乡现有集镇，位于三义乡南部小坝村，常住人口636人左右。由于受地形的限制，现状三义集镇用地布局基本沿423省道展开，布局结构较混乱，功能比较单一。集镇内有卫生、供销、水务、税务等各种服务管理部门，保证各项社会事业正常运转。

邮政储蓄等金融机构为保证经济发展作强有力的后盾；电信、移动、联通等服务机构热忱为用户服务；引自普子35千伏变电站的10千伏电力线保证电力供给；较为完善教育设施使得三义乡的义务教育得到普及；同时文化服务活动也开展得有声有色，农民生活日益丰富多彩。

二、规划原则

(1)突出三义乡在彭水北部边境最重要的商贸镇的地位和作用，合理确定城镇规模和发展方向，突出三义乡地方特色。

(2)重视城镇发展策略的研究，合理引导城镇的近、中、远期发展，实现三义乡经济的腾飞和集镇建设的可持续发展。

(3)立足于近期、着眼于远期，坚持“开发一片，带动一片”的原则，抓好近期建设，为远期发展打好基础。

(4)体现人文关怀，规划要为居民提供优越的生活、生产环境，物质文明与精神文明并重。

(5)注重规划的科学性和可操作性，既有明确的奋斗目标，又有相应的努力措施。

三、性质、范围及规模

(一)集镇性质

集镇是全乡的政治、经济、文化中心；集居住、商贸、休闲等功能于一体的宜居生态小城镇。

(二)范围界定

为了使集镇规划区范围具一定的地域完整性，将老集镇规划区在原有的基础上向西和南发展，都以山体为界，规划区控制面积约8.42公顷，建设用地4.38公顷；同时，由于老集镇外围用地多为山体坡地，用地条件有限，没有发展空间，根据对乡域内地形地貌分析，本次规划选择集镇南部202省道附近莲花村较适宜建设的部分用地作为集镇远期发展建设用地考虑。莲花组团规划区建设用地16.94公顷。

(三)集镇规模

至2025年,城镇人口2 000人,建设用地15.38公顷。

至2035年,城镇人口2 700人,建设用地21.32公顷。

四、总体布局

(一)用地结构

老场镇组团:规划形成"一轴、两片"的空间布局结构模式。

一轴:沿423省道形成的综合发展轴。

两片:423省道将老场镇划分为东西两个片区,分别为:东部以行政、教育、文化、商业等功能为主的功能片区和西部以居住为主的功能片区。

莲花村组团:规划形成"一心、两片"的空间布局结构模式。

一心:以行政、教育、文化、医疗、商业等功能为主的组团综合服务中心。

两片:分别为南部居住综合发展片区和北部远景发展片区。

(二)用地布局

1.居住用地

现状居住建筑用地、商业建筑混合使用程度较高,现状居住用地主要集中建在主要道路两侧,形成沿街布局形态,同时现状拥有部分木结构的陈旧居住用房,存在一定的安全隐患。住宅环境质量较差,整体城镇建筑景观缺乏特色。

居住用地选择环境较好,出行方便的用地,主要集中在行政、商业中心四周,居住用地主要以二类居住为主,建筑以3~4层为主,注重基础设施、环境建设。

加快集镇的建设,成规模地开发各具特色的居住区和居住小区;加快三义商业中心打造和建设步伐,配套建设公共服务设施,降低建筑密度,增加小区绿地,疏解居住人口。

规划到2035年,居住总用地为9.90公顷,人均居住用地36.67平方米,占建设用地的46.44%。其中老集镇居住用地为1.33公顷,人均居住用地19.00平方米,占建设用地的29.69%。南部莲花村组团居住用地为8.57公顷,人均居住用地42.85平方米,占建设用地的50.59%。

2.公共管理与公共服务设施用地

(1)行政办公用地:现状乡政府位于老集镇,基本能满足行政办公需求。规划保留现状乡政府和派出所等办公用地,在南部莲花村组团规划一处行政办公用地,逐步改善办公条件。

规划到2035年,行政办公用地为0.41公顷,人均行政办公用地1.52平方米,占建设用地的1.92%。其中老集镇行政办公用地为0.22公顷,人均行政办公用地3.14平方米,占建设用地的4.91%。南部莲花村组团行政办公用地为0.19公顷,人均行政办公用地0.95平方米，占建设用地的1.12%。

(2)文化设施用地：集镇文化设施较为缺乏。应加强文化娱乐设施建设，满足居民日益增长的精神生活需求，营造健康、浓厚的文化氛围。

在老集镇及南部莲花村组团各规划一处文化设施用地，配建影视文化中心、灯光体育场等多功能文化中心，作为平时休闲及举办文娱活动的场所。

规划到2035年，文化设施用地0.25公顷，人均用地0.93平方米，占集镇建设用地的1.17%。其中老集镇文化设施用地为0.10公顷，人均文化设施用地1.43平方米，占建设用地的2.23%。南部莲花村组团文化设施用地为0.15公顷，人均文化设施用地0.75平方米，占建设用地的0.89%。

(3)教育科研用地：老集镇中心小学基本能满足近期内的发展需求。

规划远期将现有中心校扩改建成一所规模为500人的寄宿制小学，用地面积为0.55公顷；另在南部莲花村组团新建一所独立幼儿园，用地面积为0.25公顷。

规划到2035年，教育科研用地面积为0.80公顷，占规划总建设用地面积的2.96%，人均3.75平方米。其中老集镇教育科研用地为0.55公顷，人均教育科研用地7.86平方米，占建设用地的12.28%。南部莲花村组团教育科研用地为0.25公顷，人均教育科研用地1.25平方米，占建设用地的1.48%。

(4)医疗卫生用地：现状集镇有一座卫生院，有医护人员10人，科室齐全，床位共10张，能满足目前集镇居民就医。

在老集镇规划一所敬老院。在南部莲花村组团中心配套新建一处卫生所，逐渐形成以卫生院为主导，门诊部和医疗站点作为补充的医疗体系。在各居住组团、小区中按规范配置诊疗所、药房及其他医疗卫生机构。

规划到2035年，医疗卫生用地0.34公顷，人均用地1.26平方米，占建设用地的1.59%。其中老集镇医疗卫生用地为0.13公顷，人均医疗卫生用地1.86平方米，占建设用地的2.90%。南部莲花村组团医疗卫生用地为0.21公顷，人均医疗卫生用地1.05平方米，占建设用地的1.24%。

3.商业服务业设施用地

(1)商业用地：老集镇以省道为主轴，莲花村组团以内部十字街为主要轴线，沿路形成商业街区。规划在老集镇和莲花村组团两大组团中心等地段重点打造商业中心，为有力聚集人气、商气，中心区集中规划一批档次高、服务优的商业服务设施，主要以特色餐饮、休闲娱乐、宾馆等设施为主。逐步完善集镇商业服务设施。

规划到2035年，商业用地2.62公顷，人均用地9.70平方米，占建设用地的12.29%。其中老集镇商业用地为0.72公顷，人均商业用地10.29平方米，占建设用地的16.07%。南部莲花村组团商业用地为1.90公顷，人均商业用地9.50平方米，占建设用地的11.22%。

(2)公用设施营业网点用地：在老集镇规划一处电力、电信等公用设施营业网点用地。规划到2035年，公用设施营业网点用地0.03公顷，人均用地0.11平方米，占建设用地的0.14%。

(3)集贸市场用地：集镇现状没有市场，规划在南部莲花村组团新建一处综合农贸市场，是服务于乡域的日常生活资料贸易中心。规划逐步改善市场环境,扩大服务范围,提高服务质量。

规划到2035年,集贸市场用地0.31公顷,人均用地1.55平方米,占建设用地的1.83%。

4.道路与交通设施用地

(1)道路用地:规划到2035年,道路用地2.64公顷,人均用地9.78平方米,占建设用地的12.38%。其中老集镇道路用地为0.69公顷,人均道路用地9.86平方米,占建设用地的15.40%。南部莲花村组团道路用地为1.95公顷,人均道路用地9.75平方米,占建设用地的11.51%。

(2)交通设施用地:老集镇现状没有汽车站等交通设施,规划在南部莲花村组团新建一处长途汽车站。

规划到2035年,交通设施用地0.61公顷,人均用地2.26平方米,占建设用地的2.86%。

5.公用设施用地

按发展的需要,将公用设施分散设置于各处。

在老集镇规划供水站、垃圾转运站和微型消防站各一处。

在南部莲花村组团中心组团规划邮政支局、水厂、污水处理厂各一处。

规划到2035年,公用设施用地0.39公顷,人均用地1.44平方米,占建设用地的1.83%。其中老集镇公用设施用地为0.07公顷,人均公用设施用地1.00平方米,占建设用地的1.56%。南部莲花村组团公用设施用地为0.32公顷,人均公用设施用地1.60平方米,占建设用地的1.89%。

6.绿地与广场用地

(1)广场用地:规划在老集镇和南部莲花村组团各规划两个广场兼停车场。

规划到2035年,广场用地0.74公顷,人均用地2.74平方米,占建设用地的3.47%。其中老集镇广场用地为0.45公顷,人均广场用地6.43平方米,占建设用地的10.04%。南部莲花村组团广场用地为0.29公顷,人均广场用地1.45平方米,占建设用地的1.71%。

(2)公园绿地:规划到2035年,公园用地0.84公顷,人均用地3.11平方米,占建设用地的3.94%。其中老集镇公园用地为0.08公顷,人均公园用地1.14平方米,占建设用地的1.79%。南部莲花村组团公园用地为0.76公顷,人均公园用地3.80平方米,占建设用地的4.49%。

(3)防护绿地:规划到2035年,防护用地1.44公顷,人均用地5.33平方米,占建设用地的6.75%。其中老集镇防护用地为0.01公顷,人均防护用地0.14平方米,占建设用地的0.22%。南部莲花村组团防护用地为1.43公顷,人均防护用地7.15平方米,占建设用地的8.44%。

五、道路交通规划

(一)现状

三义乡集镇交通主要由过境省道承担,过境车辆通过省道对老集镇有一定的影响。

(二)规划内容

1.对外交通

三义乡对外交通主要依靠省道。

在南部莲花村组团规划新的汽车站,占地面积0.61公顷。

2.内部交通

(1)结合规划区地形地貌特点、功能分区、用地布局,合理安排城镇道路网,规划采用"自由式"和"方格网式"相结合的方式。

(2)规划道路划分为干路和支路二个等级。老集镇干路红线宽度为9米,8米;支路红线宽度为6.5米。南部莲花村组团干路红线宽度为10米,支路红线宽度为7.0米。

①干路:是交通不可忽视的组成部分,在交通中干路起到承上启下的作用,主要承担区域性的交通流量,汇集各区内的交通流量,分流城镇主干路的部分交通量,充分体现其集和分的功能。

干路:9米断面:2.5米(人行道)+5米(车行道)+1.5米(人行道)。

8米断面:1.5米(人行道)+5米(车行道)+1.5米(人行道)。

10米断面:1.5米(人行道)+7米(车行道)+1.5米(人行道)。

②支路:为功能区内部交通组织道路,是次干路的有效补充。

支路:6.5米、7米(混行车道)。

(三)交通设施规划

在南部莲花村组团新规划了一个长途汽车站,用地0.61公顷,占总建设用地2.86%。

六、公用工程设施规划

(一)电力规划

1.现状

三义乡集镇由普子35千伏变电站供电,集镇现状为架空电网,与城镇景观产生冲突;随着城镇经济社会的发展,城镇人口不断增多和居民用电负荷大幅度增加,原有线路和配电变压器容量和线径不匹配,超负荷运行的问题将日益突出。

2.规划

用电负荷计算:按生活用电3 000千瓦时/(人·年),最大负荷利用小时数为4 000时,集镇生活用电负荷:

$$2\ 700\times3\ 000/4\ 000=2\ 025\text{ 千瓦}$$

集镇总用电负荷:2 025千瓦,其中老集镇用电负荷为525千瓦;南部莲花村组团用电负荷为1 500千瓦。

集镇远期干道电力线路均为埋地敷设。

(二)通信工程

1.现状

老集镇没有专门电信营业所。

2.规划

根据《彭水苗族土家族自治县城乡总体规划(2010—2030)》,集镇内规划通信交换局一处,电话普及率按30门/百人计,预测电话交换机容量为810门,规划电话交换机容量1 000门。集镇干道通信线路均为埋地敷设。

(三)燃气工程

1.现状

集镇范围内居民燃料多为煤炭。

2.规划

近期推广使用罐装液化石油气、沼气、太阳能等清洁能源,远期规划接入天然气。

(四)给水工程

1.现状

现状规划区内集镇西北侧有供水站一座,供水规模约50立方米/天,基本能满足现状集镇供水需求。集镇主要街道已敷设供水管网,但尚不完善且部分管网管径较小腐蚀严重。

2.用水量预测

用水量按人均综合用水量指标250升/(人·日)计算,集镇人口为2 700人,用水量为675立方米/日。其中老集镇用水量为175立方米/日;南部莲花村组团用水量为500立方米/日。

3.给水规划

规划扩建老集镇供水站,扩大现有供水站规模至200立方米/日。在南部莲花村组团东北侧新建供水站,供水规模为500立方米/日,水源为山泉水。

从水源至供水站分别敷设一条DN300的原水供水管,集镇内给水干管为DN200—DN150,管网布置成环状。给水管道不大于120米设置一处地上室外消火栓。

加强水源地的植被保护和安全措施,注意供水水质的监测,搞好消毒,防止二次污染的发生。

(五)排水工程规划

1.现状

集镇无完善的排水系统,污、雨水均直接排入农田,从而造成了农田的污染。

2.规划

污水量按给水量的85%估算:675×85%=574立方米/日。其中老集镇污水量149立方米/日;南部莲花村组团污水量425立方米/日。

规划排水体制为雨、污分流制；雨水就近排入沟渠；污水则由集镇道路敷设的污水干管接至规划的污水处理设施，经处理后再排入小溪。

老集镇污水处理厂位于规划区北部，不在本次规划范围内，规划在莲花村组团西南侧新建污水处理站一座，处理规模500立方米/日，占地面积约为0.15公顷。集镇污水自流进入污水处理设施。

污水管规划最大管径为D500，最小管径为D300。

雨水量根据重庆市暴雨强度公式计算。暴雨重现期为$P=3$年，地面综合径流系数$\psi=0.60$，地面集雨时间为5分钟，管道折减系数为2，根据地貌状况，集镇雨水就近排入现状小溪。

(六)环卫设施规划

集镇环卫设施过少，垃圾乱丢乱放现象严重。为了跟上城镇的发展，原有设施不能满足需求，需更新换代，添置一定数量的环卫设施，应根据服务半径和人流的集散情况更添。

(1)公共厕所宜设在集镇车站、市场、公园绿地等地方；在流动人口密集区服务半径为200~300米，一般地段服务半径为500~700米。严禁修旱厕。

(2)在老集镇北部集镇出口布置一座垃圾转运站，按服务半径覆盖集镇设置。垃圾收集应分类处理，按照减量化、无害化、资源化原则进行处理，将不可利用垃圾运往垃圾填埋场，其中医疗垃圾应焚烧处理。

(3)果皮箱在交通干道每100米左右设置一个，一般道路每100~200米设置一个。

七、集镇风貌规划

(一)集镇风貌规划原则

(1)本规划区是彭水北部重要的门户地区，具有重要的景观地位。规划区内建筑的形式、色彩、尺度应与山水园林城镇风貌相协调。

(2)保护强化沿河自然地形和生态绿地，充分利用小城镇周边良好的自然景观资源。

(3)加强对集镇四周山脊轮廓线的保护，塑造独特的山水城镇天际轮廓线。

(4)加强对集镇入口的景观风貌设计，以展示重庆小城镇良好的形象。

(二)山脊轮廓线的保护

三义乡地处山区，地势高低起伏，内部溪河纵横，周围被山体环抱，有着良好的自然景观和山脊轮廓线。规划应严格控制建筑高度，不宜超过5层，在集镇的中心区和公园、绿化游园等重要节点位置应有开敞空间正对周边山体。

(三)形象控制

应进行专项风貌规划，以展示三义乡良好的形象。

（四）风貌控制

1.建筑风格

建筑风格应灵活多变，注重城镇形象的统一性、地域性和独特性。集镇老街建筑应体现我国的传统民族风格，以砖混坡屋顶为主要的传统民居形式，新开发区建筑风格应体现现代与传统相结合的风格。

2.建筑体量

小城镇的建筑体量应根据当地的实际情况因地制宜，不宜过高过大，应以多层建筑为主，高度在5层以下，多以3层为主。

3.建筑色彩

建筑的色彩应结合不同地段的使用功能和景观要求进行综合设计。居住建筑以白色、浅暖色（米黄、橙色、赭石色等）系列为主，公共建筑可以重色为主，体现其在城镇中的景观地位，建筑的檐口、阳台、门窗等可运用不同色彩以增加建筑鲜明特色。

（五）景观规划

1.规划思路

城镇景观规划的目标是通过一定数量的自然景观和人文景观的合理布局，逐步改善城镇环境生态质量，创建优美、健康、清洁的生态空间。

绿地景观是城镇风貌和形象的标志之一。城镇景观质量的提高和改善，除了控制污染、搞好环卫等措施外，建立合理、数量足够的生态绿地是必不可少的。建立高效、和谐、稳定的生态型绿地是城镇景观规划重要的目标之一。

景观规划必须体现当地的文化特色和自然特征，尊重和挖掘城镇的文化底蕴，达到塑造城镇风貌和个性的目的。

2.规划要点

首先，要充分利用自然景观资源，根据绿化，打造景观。并在山体上修建梯步，种植观赏性植物，在最高处建标志性建筑，形成特有景观。

其次，人文景观建设要突出特色，结合实际，有所侧重。在过境道路上，除了要加强绿化外，还要精心选择灯具，白天可作装饰，晚上可营造美丽的城镇夜景；在集镇中心，围绕广场、政府楼、商贸中心作好景观设计，突出整体性、协调性和观赏性，实现景观的最大共享；其余地段的景观设计，要在开发建设过程中，从整个城镇面貌角度入手，综合考虑，同步建设。

八、园林绿地系统规划

（一）规划原则

生态性原则：生态性原则是城镇绿地规划的重要原则。从改善城镇环境质量的角度出发，保持城镇清洁卫生，降低各种环境污染，实现城镇生态平衡。生态性原则还表现在城镇绿地系统本身要结构合理，生态稳定，使系统中的能流、物流畅通，达到结构良性、关系和谐、功能高效的目的。

连续性原则:城镇绿地如果被城镇建筑重重包围,被其四分五裂,成为一个个彼此隔离的孤岛,则会使绿地生态水平和游憩、观赏功能都大大降低,难以形成较为完整的城镇自然生态系统。加强绿地之间的联系,形成连续的绿地景观,使之成为系统。

多样性原则:多样性产生稳定性。过去城镇绿化结构普遍单一、选用植物种类有限,不利于绿化的稳定。本规划引入新的绿地设计理念,在深入调查和研究当地自然植被特征的基础上,以乡土树种为主,模拟当地植被的顶级群落类型,设计物种丰富、结构合理的绿地系统。

因地制宜原则:各个城镇的发展历史、绿化基础、自然条件互不相同,在绿地面积、数量、空间格局等绿地指标和空间形态的规划设计上要从实际的需要和可能出发,因地制宜,避免生搬硬套。在绿化用地和绿化设计选择方面,一要使绿地更好地发挥改善城镇环境质量,美化环境的作用;二要在满足植物生长条件的基础上,尽量利用荒地、山冈、低洼地等布置绿地。

(二)布局要点

主要道路是整个规划区的脉络,由行道树形成的通道是小区的通风道,行道树规划对小镇景观建设有非常重要的作用。行道树不仅为行人行车遮阴、吸附灰尘、减弱噪声、吸收汽车尾气,而且整齐的大树和美观的绿化隔离带也有效地增强了视线的丰富性和层次性,减弱了行人行车的视觉疲劳。

公园是整个规划的"绿肺",它的绿化对整个环境的塑造及给居民提供良好的娱乐休闲场所起着至关重要的作用,公园绿化与道路绿化及庭院绿化相结合。

公建附近以开花植物为主;小区宅旁及院落绿地要求观赏性与经济性相结合,并加强灌木与草坪的比例。居住区集中的地方,安排适量的绿化用地,要求高档次、高标准、高效益,做精做细,人工与自然相结合,切实为居民提供优质的生活空间。

九、环境保护规划

(一)环境保护规划

1.现状

三义乡环卫设施相对缺乏,缺少专业的环卫工人和垃圾车辆,垃圾乱堆乱放严重。

2.城镇建设需遵循的环境保护原则

(1)城镇开发与环境建设同步进行原则。

(2)预防为主,防治结合,综合治理原则。

(3)谁污染谁治理,谁开发谁保护原则。

3.环境保护目标

至2025年本规划区环境质量得到明显改善,主要指标达到国家控制标准,至2035年本规划区环境质量得到全面改善,整体达到国家控制标准,基本实现环境清洁、优美、安静和生态良性循环。

(1)水体:乡域内水系的水质,达到在国家地表水Ⅱ—Ⅲ类标准。

(2)噪声:各类环境噪声整治符合国家标准。

居民、文教区昼间50分贝,夜间40分贝;

商业中心区昼间60分贝,夜间50分贝;

工业区昼间65分贝,夜间55分贝。

(3)大气:大气环境整体上应保持在国家大气环境质量一级标准,交通干线两侧不低于二级标准。

(4)森林植被:应保持森林植被不被破坏,森林覆盖率至少保持现有水平。

4.措施

城镇环境污染的防治,特别是地质、山洪等灾害的防治,绿化系统建设,能源、水资源的合理利用是生态环境保护的主要内容。

(1)严格控制集镇上游地段的建设,特别要防止污染企业进入上游地段。

(2)严格控制集镇四周林地建设,防止乱砍滥伐,要大力植树、种草和种植经济树木。进一步退耕还林还草,加强植树造林,25度以上坡地按国家规定逐年退耕还林,减少水土流失。

(3)尽量改变集镇居民的能源结构,推广液化气等清洁能源的使用。

(4)加强绿化建设,美化集镇环境。规划区内确定的公园绿地必须严格保护,严禁置换。街道及居住区绿化严格按规划执行,严禁侵占。

(5)垃圾的收集和转运,要有完善的体制和有效的措施,便于管理,安全运输。集镇内设有垃圾转运站并运往乡垃圾填埋场集中填埋。

(6)完善排水设施,污水要经过集中处理达标后方可排放。

(7)对各种噪声进行严格控制,必须达到相关标准。

(8)加强交通管理,降低噪声污染。

(二)环境影响评价

(1)三义乡在规划中将乡域分为村镇建设区,建设控制区和非建设区三部分,其中90%以上用地基本上是不准建设区,保证原有土地属性和用途不变,从根本上预防和减弱了对环境的不利影响。

(2)规划规定了一系列的排污措施,严格控制污水排放并在下游规划一处污水处理设施,集镇内所有污水将集中排放处理,有效防止了集镇建成后对水环境的不利影响。

(3)规划制订了一系列环境保护规定和措施,特别规定了乡域范围内的养殖业、乡镇企业、农药化肥、水源保护、大型设施等都要进行环境影响评价,预防和减缓了规划实施后环境的不利影响。

综上所述,规划采取了一系列规定和措施,预防和减缓了规划实施后对环境的不利影响。

十、防灾减灾规划

(一)消防

1.现状

现状集镇没有消防站,缺乏固定消防取水点,没有专门的危险品运输路线,部分建筑消防间距不够,特别是历史街区内,存在消防隐患。

2.消防供水

在旧城改造和新区建设的同时,沿集镇主要道路按间距不大于 120 米设置市政消火栓,在居住区、商业区集中的地段,应控制市政消火栓的间距,使其保护半径不应大于 150 米。

为了充分满足城镇消防用水的需求,规划消防水源与自来水管网。

3.建筑消防

在集镇建设中,当建筑物的沿街部分长超过 150 米或长度超过 220 米时,均应设置穿过建筑物的消防车通道,消防道路宽度应不小于 4 米,净空高度不应小于 4 米。沿街建筑应设连通道和内院的人行通道,其间距不宜超过 80 米。

4.消防通信

集镇通信线路建设中,设置 2 对的消防通信线路,并同步建设。

(二)地质灾害防治

(1)防灾目标:通过加强汛前、汛期地质检查,建立健全地质灾害监测预报系统,完善地质灾害预案,达到防灾、减灾、消灾之目的,保障经济持续、稳定、健康发展。

(2)防治原则:地质灾害的防治主要坚持"预防为主,防治结合;属地管理,分级负责;谁破坏,谁负责;谁受益,谁治理"的原则。

(3)加强对高切坡、深开挖建设工程的管理,作好合理定点、科学勘察设计、规范施工、认真监理、严格验收、定期检查以及后期跟踪监测的工作,发现问题,及时处理。

(4)本规划区内一切建设活动都必须以专业部门的地质勘探资料为依据。

(三)危险品运输

现状过境道路穿越集镇,没有专门的易燃、易爆危险品的运输路线,对居民安全有一定的影响。规划要求危险品通过集镇,应限定时段,按规定采取相应措施方可通行。

(四)避难场所

利用道路、广场、运动场、公共绿地等开敞地作为消防避难场地。

(五)抗震

三义乡属地震基本烈度 6 度区,一般建筑物按 6 度抗震设防,重要建筑、大型公建及生命线工程按 7 度抗震设防。

（六）防洪

集镇地势相对较高，四周被山体包围，属山洪易发的地区应采取相应措施预防山洪。

（七）人防

（1）应结合乡政府办公大楼修建乡级人防指挥所。
（2）集镇防空警报覆盖率应达80%以上。

第四节　《彭水乡村旅游规划（2017—2025）》节选

第一章　发展环境

一、产业趋势

（一）产业价值上，从“经济价值”向“社会价值”联动

随着社会的发展，乡村旅游已不仅仅是实现农业增效和农民增收的一种形式，而是通过充分发挥乡村地区的资源优势、生态优势和产业优势，全面拓展农业和村镇功能，使生态农业、休闲农业和乡村旅游在促进城乡统筹发展、社会主义新农村建设、农业产业结构调整、推动脱贫致富等方面发挥积极而显著的作用，成为实现农业产业化、助推农业现代化的重要助推器，是实施乡村振兴战略的重要手段。

（二）开发主体上，从“农民主体”向“多元主体”转变

乡村旅游在发展过程中，已经逐渐从单一的村民自主开发模式向多个开发经营主体联合或分工协作开发经营乡村旅游经济活动的开发模式转变，如企业、村委、农民等多个开发主体共同开发乡村旅游地社区，分享旅游利益，由分散的、粗放的小农经营逐渐向集约化、规模化转型，使乡村旅游逐步向产业化、规模化发展。

（三）产品类型上，从“休闲观光”向“康养度假”过渡

乡村旅游产品已经从观光层次的初级产品，如以生态农业观光园、采摘果园、农家乐等为主导的产品，结合生态农业旅游的发展方向，向着结合当地特色资源提供能满足游客观光、购物、猎奇、尝鲜、休闲、度假、养老、参与等多种旅游需求的旅游产品的发展。乡村旅游行为除了停留在赏心悦目的基本层次之上，体察乡俗、度假休闲、修身养性、老年颐养的成分逐渐增多，逐渐发展形成以文脉为核心，集观光、娱乐、康养、参与体验于一体的多功能乡村旅游产品结构。

（四）设施配套上，从“传统粗放”向“精致品质”提升

在乡村旅游资源丰富的地区，基础配套设施一般比较落后，这也是制约乡村旅游发展的最大因素之一，原有的基础设施主要是为当地居民生产生活服务的，较为原始和粗放，作为旅游目的地后，适应不了游客的需要。为了满足游客的需求，在保留“原始风味”的基础上，按照“一村一品”进行精致提升，对旅游村基础设施的改建和旅游接待户配套设施的改造，不仅提升旅游者体验乡村旅游的舒适度，也能让旅游者体验到乡村旅游的建设和发展。

（五）游客来源上，从“近程市场”向“远程市场”复合

在乡村旅游的起步阶段，客源以城市居民为主，出游游程多为近程旅游，重点以城市近郊区（1~2 小时车程）为活动范围。随着乡村旅游产业规模的扩大，主要的乡村旅游目的地日益注重品牌建设，加大了宣传促销的力度。乡村旅游目的地的客源构成趋向多元，一些知名的乡村旅游目的地吸引了中远程的国内游客以及境外旅游客源。随着“一带一路”深入推进，全球化进程加快，乡村旅游的国际化也随之加快。

（六）出行需求上，从“假日探亲”向“国民休闲”扩散

城市居民去乡村地区旅游的最初目的绝大多数是为调节都市生活而出游，希望通过乡村旅游暂时远离喧嚣的生活环境，寻求一种回归自然的享受，并通过参与各种农事活动获得身心的放松和愉悦。随着国民休闲计划与活动的深入发展，在休闲度假旅游活动逐渐成为人们日常生活重要的组成部分的同时，去环境优美的乡村地区体察乡俗、修身养性、商务会议、艺术创作、文化体验、颐养天年的需求越来越高，游人希望在领略风景如画的田园风光的同时，感受丰富多彩的民俗风情，欣赏充满情趣的文化艺术。将乡村旅游与生态旅游、文化旅游紧密结合，是现代乡村旅游向深层次发展的必然趋势。

二、市场形势

乡村旅游如火如荼，旅游经济的占比越来越重。2016 年，重庆市接待境内外游客达到 4.51亿人次，实现旅游总收入 2 645.21 亿元。2016 年末，全市拥有全国特色景观旅游名镇 14 个，全国特色景观旅游名村 7 个；市级特色景观旅游名镇 38 个，市级特色景观旅游名村 18 个。全国“景区带村”旅游扶贫示范项目 3 个，全国“能人带户”旅游扶贫示范项目 3 个。全国乡村旅游扶贫重点村 613 个。2016 年，全市乡村旅游接待游客 1.52 亿人次，实现综合收入 349 亿元，分别占总数的 33.7%和 13.19%。

彭水“十二五”期间，年接待游客量从 2013 年底的 554 万人次增加到 2016 年底的 1 718 万人次，过夜游客 300 多万人次，景区接待游客 265 万人次，团队游客 30 万人次，境外游客 3 万人次，旅游综合收入从 16.6 亿元提高到 74.8 亿元。乡村旅游接待游客 120 万人次，实现

旅游综合收入1亿元,解决农村就业1.2万人,带动了2万人脱贫,7 500多户贫困农户通过旅游产业实现增收,实现了乡村旅游、农村发展、农民致富的同步发展,旅游业已成为脱贫致富的支柱产业。

从重庆市、彭水旅游产业发展来看,乡村旅游市场正在逐步扩大,市场前景看好。

(一)乡村农家餐饮备受青睐:重点面向团体、中年客源市场,可辐射1小时车程范围

"观农家景、吃农家饭、住农家屋、做农家事、购农家物、享农家乐"是重庆市乡村旅游中最受游客欢迎的形式,特别是乡村农家特色餐饮,广受游客喜爱。这部分旅游者以大众型为主,家庭、团体出游较多;以中年人为主群体;客源地域结构呈现近域性,一般在距城市1小时车程范围内。

(二)乡村观花采果持续火爆:重点面向散客、青年客源市场,可辐射2小时车程范围

重庆市乡村地区具有丰富的观赏植物资源和果木资源,"春赏花,夏采果"的乡村旅游形式提高了游客的体验性和参与性,增加了乡村旅游的乐趣,使这种旅游形式也广受游客的欢迎。这部分游客主要是散客,以青年人为主要群体,出行方式以自驾游居多,出行的距离一般在距城市2小时车程范围内。2013年,重庆市到乡村地区观花采果的游客超过1 959万人次,占重庆市乡村旅游总接待量的22.52%。

(三)乡村避暑纳凉迅猛发展:重点面向散客、老年客源市场,可辐射3小时车程范围

重庆夏季高温的气候特点,使得人们对避暑和纳凉具有很大的需求,在盛夏之时,他们选择到古朴、自然的生态环境中,享受旖旎的农村风光,避暑养生。这部分游客主要是散客,出行的距离较远,一般在距城市3小时车程范围内。重庆市到乡村地区避暑纳凉的游客,占全市乡村旅游总接待量的20%左右。

(四)乡村主题农庄异军突起:重点面向团体、中年客源市场,可辐射3小时车程范围

随着乡村旅游的不断发展,主题农庄越来越受到人们喜爱。它在传统农家乐以餐饮、娱乐、休闲为一体的服务模式基础之上,融入一些返璞归真、贴近大自然并体现特有主题的现代化元素的新型农家乐。主要消费群体为企事业单位、政府工作人员以及社会中上层人士的团体,年龄结构以中年人为主。这个群体追求比较有品质和特色的旅游体验,出行距离可在3小时车程范围内。

(五)乡村素质拓展空间巨大:重点面向团体、少年客源市场,可辐射3小时车程范围

让生活在城市的孩子回归自然,体验乡村生活,参与农事劳动并从中得到锻炼,这种乡村素质拓展的方式在乡村旅游市场中具有巨大的发展空间。主要消费群体为特定的团体,年龄结构以少年为主,出行距离可在3小时车程范围内。

(六)乡村遗产遗迹日益稀缺:重点面向散客、专项客源市场,可辐射5小时车程范围

历史遗产遗迹遍布重庆众多乡村地区,虽然有些未被开发,但是依然吸引着众多专家、

学者和爱好者来考察和参观,这部分游客主要是散客,有着专门目的的群体,出行距离可扩大到5小时车程范围以上。

三、政策形势

1.《武陵山片区区域发展与扶贫攻坚规划》(2011年)

规划提出将武陵山片区建设成为扶贫攻坚示范区、跨省协作创新区、民族团结模范区、国际知名生态文化旅游区和长江流域重要生态安全屏障。

2.《重庆市乡村旅游发展规划(2013—2020)》(2013年)

规划指出:依据重庆乡村旅游资源、产品的空间分布格局和地形地貌特征,将重庆乡村旅游的空间结构规划为:"一核一圈两翼"。

"两翼"即渝东北乡村旅游发展翼和渝东南乡村旅游发展翼。

渝东南乡村生态民俗板块包括黔江、武隆、石柱、秀山、酉阳、彭水。品牌建设,板块以"巴渝人家"为统领,发展区域"武陵人家"品牌,板块各区县立足自身资源优势,发展武陵人家、仙女人家、黄水人家、边城人家、桃源人家、阿依苗家品牌。以民俗文化体验、巴渝文化传承、乡野田园休闲度假为主题功能,以乡野农庄度假、传统农业观光、有机食品加工、现代新村度假为辅助功能。将民族民俗"体验式"的感官感受作为乡村旅游发展主线,为渝东南区县分别量身打造与"五感"和"以心会意"适配的不同特色主题。通过乡村旅游带动农村地区经济社会发展和武陵山区旅游扶贫,实现民族地区经济社会发展、生态环境的保护以及民俗文化的继承和发扬。功能与产品定位上结合特色农业、民俗特色、生态特色,发展民族民俗乡村旅游、野生动植物生态旅游、山地特色观光乡村旅游。

彭水拥有高台狮舞、鞍子苗歌、庙池甩手揖、充分利用苗族"娇阿依"的品牌知名度,打造彭水"阿依苗家"品牌。打造重庆以苗族风情阿依苗家为核心体验内容的乡村旅游目的地,并将苗族手工艺品制作、特色美食烹饪、服饰首饰生产等产业统一融入品牌中。"苗王巡疆"民族歌舞大型实景演绎公园石溪板凳龙舞、木腊庄傩戏、梅子山歌等众多的乡土歌舞类非物质文化遗产,须以此为依托,在鞍子苗寨打造"苗王巡疆"民族歌舞大型实景演绎舞台,成为继"印象武隆"之后重庆第二个也是唯一一个以乡村旅游为基础的真人秀实景文化演出项目。摩围山乡村旅游扶贫产业示范区整合摩围山乡村旅游资源,以旅游扶贫为目标,打造集观光旅游、避暑纳凉、休闲度假等功能于一体的摩围山乡村旅游扶贫产业示范区,让游客深情感受郁山古镇"苗风古韵"。

3.《彭水"十三五"旅游业发展规划》(2015年)

规划提出创建3个重庆市乡村旅游示范点:提升鞍子苗寨、周家寨、佛山寨、桂花新村、昌蒲塘、桃花山庄、玉泉新村、长生、岩东、阿依山、兴隆村苗家寨、平安爱情花海、阿依林海、漆园林场等乡村旅游产品,择优选择3~4家进行市级乡村旅游示范点建设。

着力推进乡村旅游示范点建设。新政策指导下,抓住新一轮乡村旅游发展契机,积极发展乡村旅游项目。坚持有步骤、分重点、讲效益的开发原则,逐渐形成"三线三片多点"的乡村旅游发展格局。

优先发展以高谷兴隆村、石盘生态旅游综合农业园、鞍子苗寨、梅子佛山寨、善感周家寨等为主的乌江画廊线；以靛水街道文武村、桂花村、欣宜度假村等为主的摩围山环线；以汉葭街道凤凰花海、保家桃花山庄、郁山玉泉新村、长生、岩东油菜花基地等为主的国道319线。适度推出以阿依山、大同等为主的彭桑路片；以平安（爱情花海）、鹿鸣合理林场、太原齐耀山林场为主的彭石公路片；以普子小河电站、联合乡阿依林海红豆杉基地为主的大坪盖扶贫片。集中打造鞍子苗寨、周家寨、佛山寨、桂花新村、昌蒲塘、桃花山庄、玉泉新村、长生、岩东、阿依山、兴隆村苗家寨、平安爱情花海、阿依林海、漆园林场等14个乡村旅游点。截至2020年，力争成功申报3~4个重庆市乡村旅游示范点/国家级休闲农业与乡村旅游示范点。

升级休闲度假类旅游产品。借助摩围山、七曜山、苗王山、插旗山、凤凰山等地良好的气候条件，提升度假疗养类休闲产品；围绕彭水天然淳朴的原生态乡村乡土气息、静谧美丽的田园风光、传统的农耕方式、古老的民风习俗，开展靛水、鹿角、黄家、鞍子、高谷、润溪、龙塘、长生等乡村旅游产品。以乌江、阿依河、后照河为依托，开展漂流、水上运动等项目；以摩围山等为依托，开展背包徒步、山地露营等项目；借助县城发展，开展茶馆文化、民俗文化等。

4.《彭水苗族土家族自治县"十三五"农业发展规划》(2016年)

规划提出坚持"以农为本，突出特色，因地制宜、持续发展"的原则，按照市政府"努力把旅游业培育成渝东南生态保护发展区主导性支柱产业"的要求，实现休闲农业与乡村旅游跨越式发展。"十三五"期间，按照"两线三点"发展布局，着力发展乡村生态民俗旅游，完善乡村旅游购物消费服务，建设4条农家乐特色街。到2020年，休闲农业与乡村旅游接待游客200万人次，实现收入3亿元以上。

规划提出建设乌江沿线休闲农业与乡村旅游示范带，含万足、鹿角、善感、鞍子、梅子等乡镇，以山水(苗寨、石林)和特色民俗文化为特色，建成融现代农业、休闲度假、科普教育和农事体验于一体，一、二、三产业深度融合，示范效应显著的休闲农业与乡村旅游示范带。

规划提出以大旅游、大市场、大产业为主题，发展农家大院、田园风光、城郊休闲等多种形式的休闲农业与乡村旅游。通过打造创意农业，开展星级创建活动，逐步推进休闲农业与乡村旅游的快速提档升级。"十三五"期间，以发展避暑地产为契机，以发展农业产业、建设休闲农业基地、扶持休闲农业实体、创建全国和市级休闲农业与乡村旅游示范点为着力点，重点打造乌江画廊休闲观光农业示范带，发展景区景点依托型、规模化产业支撑型、高山避暑纳凉型、体验观光型等符合彭水实际的"四型"休闲农业，为城乡居民提供看得见山、望得见水、记得住乡愁的高品质休闲旅游体验，让游客尽情享受彭水独特的蓝天、碧云、森林、净水、洁气等绿色生态资源，欣赏现代设施农业、高科技农业的迷人美景，领略渝东南特色民居风貌与"微田园"景观相映成辉的宜人风光。到2020年，力争成功创建全国休闲农业与乡村旅游示范县，建成乡村旅游示范镇2个、示范村10个，培育国家级休闲农业示范点2个以上，建设市级休闲农庄10个以上，县级休闲农业示范园区20个以上，县级休闲农业点50个以上，建成星级农家乐120家，打造独具特色的休闲农业示范基地。

规划提出实施"田园绿化、庭院美化、房屋靓化"行动，打造特色集镇8个、农民新村50个、全国名镇2~3个，全国名村3~5个，改造农村危旧房2万户。建成20个美丽乡村示范村、5个美丽乡村示范片。

5.《彭水苗族土家族自治县"十三五"扶贫开发规划》(2016年)

规划提出继续支持摩围山旅游扶贫开发片区建设，建成大坪盖生态农业扶贫综合开发示范区,整合资金30亿元以上。到2020年,新建和续建乡村旅游示范点30个。全县乡村旅游接待床位达15 000张,新发展乡村旅游农户和农家乐500家,乡村旅游产值达3亿元。

摩围山旅游扶贫示范区,打造"一线、两带、三园、八点":文武居委—樱桃村—白果村—大厂村—长岩村—阳藿村—桂花村—文武居委森林纳凉精品线;文武岔路口—樱桃井果疏休闲农业观光带,文武岔路口—桂花新村桂花、银杏绿化观光带;菖蒲塘私家农场体验园,楠木坪生态农业观光采摘园,白果坪科技种养殖示范园;文武、菖蒲塘、摩围山居、少数民族竞赛项目训练基地、白果坪、楠木坪、野鹅池、桂花新村八个乡村旅游示范点。全区床位达到5 000张,参与农户500户。

雷公盖—七曜山乡村旅游扶贫示范片,沿彭石路连通彭水—石柱黄水旅游区旅游线路,新建太原镇高桥,普子镇凤凰,棣棠乡牌楼,龙射镇钟山、葡萄,平安镇平安、长坪(阳平油茶山),鹿鸣乡合理林场,汉葭街道雷公盖等9个乡村旅游点;新建太原—龙射特色农业观光带;结合乡村旅游、扶贫移民建设高桥、钟山农民共富新村;在雷公盖、长坪、漆园、葡萄等村发展以油茶、林果为主,配套实施林下种养殖业,打造休闲观光农业园区。全区床位数达到5 000张,参与农户达到200户。

乌郁两江乡村旅游示范点,继续以民俗文化和盐丹文化为主线,以阿依河、乌江画廊等现有自然景区为依托,在郁山镇、保家镇、长生镇、安子镇、梅子垭镇、善感乡、岩东乡等乡镇积极发展休闲旅游休闲观光农业。床位数达到5 000张,参与农户达到500户。

6.《彭水苗族土家族自治县"十三五"商贸服务业规划》(2016年)

规划提出商旅联动,依托丰富旅游资源开拓旅游购物消费市场。到2020年预计年接待游客1 800万人次,人均消费达到400元,过夜游客600万人次。"十三五"期间要紧紧围绕"一线四区"的旅游发展战略,完善布局旅游景区及沿线的餐饮娱乐、文化体验等商业配套设施,为游客提供集"生态旅游休闲、民俗文化体验、娱乐美食购物"于一体的全方位服务,满足外来游客"吃、住、行、玩、购"方面的消费需求。按照苗族风情、购物休闲、观光旅游等各类需求,重点布局一批旅游景区和现代农业示范基地商业网点,建设配套乡镇百货商场,打造文化特色街、民族风情商业街。力争到2020年游客人均消费支出在现有基础上提升50%。在新城旅游接待中心新增5 000~10 000平方米的商业面积,建设民俗文化特色的旅游商场。在乌江画廊一线的重点旅游景区阿依河旅游区、万足水上休闲运动旅游区、摩围山旅游度假区、蚩尤九黎城以及郁山古镇建设民俗旅游文化商圈,按照"生态旅游休闲、民俗文化体验、娱乐美食购物"一体化的原则,在旅游区打造"一店一街二网",即一个星级酒店,一条集特色旅游商品、民俗文化体验、美食、休闲娱乐于一体的商业街,一个覆盖商业街的无线Wi-Fi网络,一个物流配送网点,坚持旅游购物同步、线上线下融合的消费服务理念,提升旅客满意度,激发潜在消费需求。在阿依河景区出入口和摩围山景区新增5 000~10 000平方米的商业面积,建设阿依河民俗文化村。依托丰富的生态资源和现代农业示范基地,大力发展乡村旅游,围绕乡村游精品线路,在周家寨、鞍子苗寨等民族特色旅游名镇名村规划建设星级农家乐、便民超市、特色农产品售卖点,让游客"玩得开心、吃得放心、购得安心",新增15 000平方米的商业面积。开展星级酒家、绿色饭店、钻级酒家达标创建工作,特色旅游商业示范街、星级农家乐、农家乐示范村评选。在下塘至摩围山、关口至县城、县城至阿依河进出口建设 4 条农家乐特色街。新建两江酒店等三星级以上酒店 10 家、星级农家乐 120 家，达到年 3 000万人的接待能力。

7.《彭水苗族土家族自治县“十三五”综合交通规划》(2016 年)

规划提出建设东西南北高效畅达的出口大通道，进一步提升乌江航运在渝东南交通体系中的地位，构建“一江二铁四高”对外综合交通网络格局，到 2020 年全面实现“1 小时重庆主城、1 小时周边”发展目标。提升县内交通通畅度，建成完善的域内综合交通骨架网络。着力完善优化水陆交通设施，全面建成渝东南水陆联运综合交通枢纽和重庆市向东开放重要交通节点，主动深度融入国家长江经济带及“一带一路”建设，发挥渝东南交通核心支撑功能。

规划提出加快铁路建设步伐，切实提升铁路运输保障能力。建设渝怀铁路复线彭水段，开工建设渝湘高铁(重庆至黔江段)。将长滩火车客运站扩容搬迁纳入渝怀铁路复线建设同步实施。加快构筑“北上、南下、东突、西进”高速公路网体系，提升高速公路网密度。建设彭西高速、彭务高速、黔石高速，与现有渝湘高速共同构筑“四高”高速公路格局。加快建设县内骨干公路网络。积极推进绕城环线前期工作；稳步推进普通国省道改造，完成一批县乡道及联网公路改造。推进骨干桥梁建设，全面建成鹿角乌江大桥、上塘乌江大桥复线桥、徐家坝乌江大桥、郁江三桥、郁江四桥等工程。加快县内旅游干线公路建设。建成县城—阿依河—黄家—摩围山旅游环线公路、水泥厂至蚩尤九黎城滨江路等。加快农村公路建设。重点推进撤并村通畅工程建设，实施村级公路联网，提升农村公路通畅水平。强化客运枢纽建设，推进老城中心客运站搬迁，完成城市公交站场建设。强化农村客运招呼站建设。协同周边区县合力推进乌江航道整治，大力实施通航能力提升工程，全面提高水运能力。加强下塘货运码头、蚩尤九黎城客运码头、县城旅游客运码头、万足码头、鹿角码头、周家寨旅游码头等港口建设。

8.《彭水苗族土家族自治县“十三五”新型城镇化规划》(2016 年)

规划提出推进特色集镇建设。扎实推进以郁山、桑柘、高谷、普子、黄家、鹿角、龙射等片区中心为重点的集镇建设，加快集镇基础设施建设，配套完善公共服务设施，不断增强集镇功能，主动吸纳和承接周边人口的梯度转移。加快发展生态旅游。提速建设乌江画廊旅游区、郁山古镇旅游区、鹿角水上休闲运动旅游区、鞍子民俗文化旅游区建设，大力发展民俗生态文化旅游业，因地制宜发展乡村休闲观光旅游。大力发展山地特色农业。升级打造摩围山山地特色农业市级示范区，加快实施乌江画廊休闲观光农业示范带建设，统筹推进特色农业示范基地建设，巩固发展烤烟、红薯、蔬菜、畜牧、林业等主导产业。加强生态保护与建设。全面加强区域生态环境保护与建设，严禁一切人为破坏，加大生态治理、植被修复、石漠化治理、水土流失治理、地质灾害防治力度，改善区域生态环境。

规划提出积极发展休闲养生养心养老产业，建设太极养生产业园、摩围山康复疗养中心、摩围云顶养心苑、万足滨水度假区。大力发展乡村旅游业，按照“两线三点”的发展布局打造 10 个乡村旅游示范点，建成星级农家乐 80 家。完善旅游配套设施，加快景区集中供水重点工程建设，提速建设下塘、万足、鹿角等旅游码头，推进景区与高速公路连接道建设，实施“景景通”工程，建成阿依河至摩围山旅游环线，全县所有重点旅游景区实现二级公路直达。提升游客接待能力,加快旅游星级饭店建设;规划建设游客集散中心和旅游购物商场,扶持商品生产企业研发旅游纪念品、旅游商品,完善旅游标识系统和服务功能。推进民族文化建设,利用非物质文化遗产,打造鞍子民俗村寨,建设民俗风情长廊和民族文化一条街,加快发展旅游文化产业。

表1　彭水"十三五"旅游城乡建设项目一览表

摩围山旅游度假区建设项目	总面积约129.5平方千米(12 950公顷)。度假区规划建设"一中心四组团",即摩围山景区和摩围山生态旅游区、蚩尤九黎城组团、阿依河组团、黄家坝组团、龙塘坝组团。
蚩尤九黎城建设项目	续建二期内所有建设的景点及功能配套设施、业态布局,其中包括游客集散中心、游客购物商场、公共厕所、休闲长廊、乌江旅游码头、彭水老街、特色接待区和主题酒店、文化广场、换乘车停车场、特色饮食街、非遗文化街等。三期主要建设苗王后花园等。
郁山古镇旅游开发建设项目	郁山古镇实行分期开发,一期工程是利用飞水盐井流出的天然盐泉水建设盐浴场,项目总投资44 000万元。二期工程与一期工程比邻,占地面积约 300 亩,总建筑面积约 5 万平方米。三期工程建设主要围绕郁山镇后照河流域进行建设,规划总用地面积103 850平方米。四期工程位于郁山镇老场镇滑石板古街,主要是修复民族民俗文化风情区,规划总用地面积78 909平方米。
新城旅游酒店	建设五星级酒店 1 座及配套设施。
乌江画廊水上休闲运动旅游区建设项目	在乌江沿岸的上塘、城区、万足、鹿角、善感、高谷六个重点片区,把乌江画廊打造成为国家级旅游黄金线。
阿依山花木旅游观光休闲度假胜地开发项目	建设游客服务中心、草原娱乐区、生态旅游区、赏月度假区和商务休闲区。
神龙谷风景区	建设体验峡谷设施,建设高端农副产品生态种植园,建设旅游度假区及配套设施。
云顶生态文化度假区	建设绍庆府历史文化公园、云顶寺顶山缆车道和新城至云顶山公路等。
龙门峡傩王洞	建设龙门百花谷、傩王神像、傩舞广场、接待中心、交通道路,打造龙门傩舞等。
芦渡沟休闲公园	开发芦渡沟旅游景点、建设三岔河自驾游营地等。
桃花山庄	改造桃花基地,培植三江口油菜花海,建设大鲵养殖基地,开发乡村旅游房地产等。
长生镇休闲度假地	提升农家接待能力,改善环境,完善服务。
仙人洞养生村	开发建设长寿主题养生村,研发养生长寿矿泉水,建设农家乐等。
乡村旅游工程	建设全县 100 个乡村旅游点。

第二章　发展基础

一、区位基础

（一）地理区位

彭水位于长江上游地区、重庆东南部，处武陵山区，居乌江下游，北连丰都、石柱县及湖北利川市，东连黔江区，南邻贵州省沿河、务川、道真县，西连武隆区。

彭水属于国家重点生态功能区与重要生物多样性保护区，武陵山绿色经济发展高地、重要生态屏障、生态民俗文化旅游带和扶贫开发示范区。

彭水是重庆市唯一以苗族为主的少数民族自治县，是苗族文化与汉族、土家族文化碰撞、融合的特色民族区域，其民族融合和文化开放程度高，民俗风情浓郁。

彭水位于武陵山片区，该片区是重庆市最大的少数民族聚居地、革命老区和全国扶贫开发工作重点地区。

（二）交通区位

公路：已建包茂高速（重庆段）横穿彭水，在彭水内设有彭水东互通、彭水西互通、保家互通，2 小时可到达重庆主城。另有国道 319 线和彭石、彭务、彭酉二级路，以及多条省际干道，可以保障陆路通达通畅。开工建设的梁黔高速，拟建的彭酉高速、彭务高速，建成后将与包茂高速共同构成彭水内外交通的主通道。

铁路：渝怀铁路在彭水境内设有高谷、彭水、保家、郁山 4 个站点，2.5 小时左右可到达重庆主城，现为 I 级单线电气化铁路，复线在建。拟建的渝黔城际铁路设计时速 250 千米，渝长客专铁路设计时速 300 千米，建成通车后可实现 1 小时内到达重庆主城。

港口：乌江纵贯彭水全境，目前通行航运的航道 64 千米，现有 17 座码头用于货运与客运。拟建的 7 座码头中四棱碑码头与万足码头具备旅游客运功能。

航空：彭水周边 200 千米范围内分布有江北国际机场、黔江武陵山机场、武隆仙女山机场（在建）、恩施许家坪机场等机场。其中，距离最近的黔江武陵山机场约 65 千米，该机场定位为 4C 级民用支线机场，2013 年吞吐量达 9.5 万人次。

（三）旅游区位

从近周边看，彭水位于水路旅游通道——乌江流域沿河至涪陵段中部，由南至北分布有龚滩古镇、酉阳桃花源风景区、阿依河景区、蚩尤九黎城、摩围山景区、武隆岩溶国家地质公园、武隆喀斯特旅游区、武陵山国家森林公园等知名景区。乌江彭水段同时也是乌江画廊风景区的重点区域。

从渝东南看，以渝湘高速为轴线，重庆主城至渝东南片区分布有万盛黑山谷景区、南川金佛山景区、武隆喀斯特旅游区、蚩尤九黎城、阿依河景区、黔江小南海景区、酉阳桃花源景区以及洪安边城景区，彭水与其中部分景区共同带动渝东南地区的旅游发展。

从武陵山区看，彭水位于武陵山片区的西北部，与恩施大峡谷景区、张家界风景区、武隆喀斯特旅游区、铜仁梵净山景区等共同推进武陵山旅游扶贫的开发。

从国内外看，彭水位于中国历史上华夏五方之民的南方与中原交接区域，也是南方少数民族文化与中原文化接触、碰撞、融汇的区域，是蚩尤九黎、三苗先民一脉相承的苗族聚居地，有着丰富的民族文化遗迹。

二、资源基础

(一)资源分类

通过调查，彭水乡村旅游资源点近 1 000 个。

乡村旅游资源没有明确的分类标准，参考《旅游资源分类、调查与评价》(GB/T 18972—2003)将彭水乡村旅游分为 9 类，包括以摩围山、七曜山、苗王山等为代表的乡村山林风光资源 200 多个；以郁江、阿依河、诸佛江、普子河、棣棠河、芙蓉江等为代表的乡村水域风光资源 200 多个；以平安花海、长生花海等为代表的乡村田园风光资源 200 多个；以鞍子苗歌、诸佛盘歌等为代表的乡村文化艺术资源 20 个；以鞍子苗寨民俗风情表演，斗锣鼓、木蜡庄傩戏等为代表的乡村民俗风情资源 30 个；以鞍子苗寨等为代表的乡村民居建筑资源 50 多个；以特色农耕地试验田、特色果园等为代表的乡村传统劳作资源 100 多个；以苗族踩花山节、苗式泼水节、水上民俗节等为代表的乡村农事节气资源 50 个，以郁山擀酥饼、彭水大脚菌等为代表的乡村旅游商品资源 100 多个。

(二)资源分布

乡村旅游资源呈独立或集聚分布，而集聚分布的旅游资源开发潜力更大，一般集聚类型为环城、靠景、顺路、依园。其中环城型以芦渡湖、雷公盖等为代表的 300 多个；靠景型以摩围山居、桂花新村、野鹅池等为代表的 300 多个；顺路型以周家寨画廊新村、郁山镇玉泉新村等为代表的 200 多个；依园型以平安镇长坪村、太原镇高桥村、高谷镇锣鼓村等为代表的 100 多个。

(三)资源分级

通过层级分析法，将彭水乡村旅游分成优、良和普通 3 个等级。其中优级包括芦渡湖共富新村、周家寨、简家堡、无私溪等，共 100 多个；良级包括桂花新村、玉泉新村、菖蒲塘新村等，共 300 多个；普通级包括诸佛乡的清河温泉、鹿角镇的古苗寨等，共 500 多个。

表 2　彭水主要乡村优良级乡村旅游重点资源点一览表

序号	乡镇	资源名称	资源分类	空间特征	等级
1	汉葭街道	芦渡湖共富新村	乡村民居建筑	环城	优
2		芦渡沟	乡村峡谷风光	环城	良
3		采芹城	古城遗址	顺路	良
4		犀角岩	乡村山体风光	环城	良
5		雷公盖休闲观光园	乡村观光园	依园	优
6	绍庆街道	青龙山庄	乡村民居建筑	顺路	优
7		弹子岍采摘园	乡村观光采摘园	顺路	良
8		阿依河新村	乡村民居建筑	靠景	优
9		胡家湾苗寨	乡村民居建筑	靠景	优
10		过江观光园	乡村山林景观	靠景	优
11	靛水街道	云顶山风景区	乡村山体风光	环城	优
12		桂花新村	乡村民居建筑	靠景	良
13		野鹅池村落	乡村民居建筑	靠景	优
14		大厂坝花海	乡村田园风光	靠区	优
15		简家堡乡贤民宿	乡村民居民宿	靠区	优
16		靛水巴渝民居	乡村巴渝民居	顺路	良
17	高古镇	庞溪沟御林山庄	乡村民居建筑	顺路	良
18		兴隆苗寨	乡村民居建筑	依江	优
19		高谷新村	乡村民居建筑	环城	优
20		王家坝果园	乡村观光园	依江	良
21	鹿鸣乡	漆园林场	乡村山林风光	顺路	良
22		向家坝蒙古村	乡村民居建筑	顺路	良
23		凤生水库	乡村山水风格	顺路	良
24	平安镇	平安特色水果采摘园	乡村田园风光	顺路	良
25		平安爱情花海	乡村观光园	依园	优
26		宝源山油茶园	乡村山林风光	依园	良
27	龙射镇	三星洞	乡村地陷风光	顺路	良
28		钟山麒麟寺	乡村山地寺庙	顺路	良
29		葡萄水库	乡村山水风光	顺路	优
30		敲梆岭	乡村珍稀植物	顺路	良
31	棣棠乡	胆子峡传统村落	乡村民居建筑	顺路	优
32		棣棠河风光	乡村峡谷风光	顺路	优
33	太原镇	太原冷水鱼基地	乡村特色养殖	顺路	优
34		无私溪忠孝堂	乡村民居山水	顺路	优

续表

序号	乡镇	资源名称	资源分类	空间特征	等级
35	太原镇	麒麟村山地休闲度假区	乡村山林风光	依园	优
36		大王洞风景区	乡村山林与历史	依园	优
37	普子镇	普子河风光	乡村水域风光	顺路	良
38		大坪盖红豆杉观光园	乡村山林风光	依园	优
39	三义乡	四斗坪景区	乡村山地风光	依园	良
40		五峰中药材示范基地	乡村田园风光	依园	优
41		三义苗寨	乡村民居田园	依园	良
42	保家镇	凤凰花海	乡村田园风光	依园	优
43		老营顶桃花山庄	乡村田园风光	顺路	良
44		三江口电站水库	乡村水域风光	顺路	优
45		苗王山	乡村文化遗存	依园	优
46	郁山镇	玉泉新村	乡村民居建筑	靠景	良
47		后照河景区	乡村峡谷风光	靠景	优
48		朱砂窝风情园	乡村历史文化	依园	良
49	连湖镇	郁江电站水库	乡村水域风光	顺路	优
50	石柳乡	冷竹箐林场	乡村山林风光	依园	优
51	走马乡	鸡冠城	乡村古遗址	依园	良
52	乔梓乡	仙人洞景区	乡村山水风光	依园	优
53		不老泉荷花园	乡村观光园	依园	优
54	长生镇	水田坝长生花海	乡村田园风光	环城	优
55	岩东乡	岍山长生花海	乡村田园风光	顺路	优
56		沙坝李子园	乡村采摘园	顺路	良
57	万足镇	茶林坪移民新村	乡村古建筑	靠景	优
58		美人窝巴渝民居	乡村风情建筑	依园	良
59		瓦厂坝传统村落	乡村民居建筑	靠景	优
60	新田镇	阿依山观光园	乡村田园风光	依园	优
61		神龙谷风景区	乡村地陷风光	依园	优
62	桑柘镇	青蒲垭风光	乡村山地风光	顺路	良
63		茶心石林	乡村石林景观	依园	优
64	大同镇	九门十八洞景区	乡村石林景观	依园	优
65		大同烟草观光园	乡村田园风光	顺路	良
66	桐楼乡	桐木溪风景区	乡村峡谷森林	依园	优
67		桃花园风情村	乡村民居建筑	顺路	良

续表

序号	乡镇	资源名称	资源分类	空间特征	等级
68	诸佛乡	诸佛电站水库风景区	乡村水域风情	依园	优
69		红岩洞	乡村溶洞山体	依园	优
70		庙池风情村	乡村民居建筑	依园	良
71	梅子垭镇	佛山寨	乡村民居建筑	依园	优
72		山木寨	乡村土司文化	依园	良
73		箩篼溪传统村落	乡村民居建筑	顺路	良
74		梅子垭知青文化陈列馆	乡村文化陈列	环城	优
75	鞍子镇	鞍子苗寨罗家沱	乡村苗家文化	依园	优
76		鞍子苗寨石磨岩景区	乡村苗族歌舞	依园	优
77		木欧水传统村落	乡村民居建筑	依园	优
78	善感乡	周家寨画廊新村	乡村民居建筑	顺路	优
79		罗兴百岁坊	乡村石雕艺术	顺路	良
80	鹿角镇	龙门峡风光	乡村峡谷风光	顺路	优
81		龙门峡电站水库	乡村水域田园	依园	优
82		鹿角文普园	乡村观光园	依园	良
83		大溪沟水上乐园	乡村水域风光	依园	优
84	双龙乡	双龙林场	乡村山林风光	顺路	良
85		龟池坝风光	乡村田园风光	顺路	良
86	石盘乡	石兴草场	乡村草场风景	顺路	良
87		水池坝村落	乡村民居建筑	依园	优
88		十二盘果园	乡村观光采摘	顺路	良
89	朗溪乡	何家盖传统村落	乡村民居建筑	顺路	优
90		竹板桥村落	乡村传统造纸术	靠景	优
91	黄家镇	母子溪采摘园	乡村田园观光	靠景	良
92		穿石大峡谷	乡村峡谷风光	顺路	优
93		黄家坝红军街	乡村红色文化	环城	优
94		龙虎水库	乡村水域风景	顺路	良
95	龙塘乡	龙孔岩飞泉	乡村山体水景	顺路	良
96		川岍风景区	乡村地质奇观	环城	良
97		桃园传统村落	乡村民居建筑	顺路	良
98		九竹坎草场	乡村特色草场	依园	优
99	润溪乡	菖蒲塘民族新村	乡村民居建筑	顺路	良
100		黄地峡巴渝民居	乡村民俗建筑	顺路	良好

续表

序号	乡镇	资源名称	资源分类	空间特征	等级
101	润溪乡	摩围新村	乡村民俗建筑	顺路	优
102		百果园新村	乡村民俗建筑	顺路	良
103		摩围树屋	乡村特色建筑	依园	良
104		锅滩风景区	乡村综合景观	依园	优
105	大垭乡	木腊庄传统村落	乡村民居建筑	依园	优
106		大垭石林	乡村石林景观	依园	良
107		东瓜溪风光	乡村峡谷景观	顺路	良
108		龙口风情小镇	乡村边境小镇	环城	优
109		珠子溪风景区	乡村峡谷风光	依园	优
110		浩口电站水库	乡村水域风景	依园	良

三、产业发展基础

(一)旅游产业发展基础

彭水是“中国最佳文化休闲旅游县”“中国特色旅游休闲度假胜地”“亚洲金旅奖·大中华区十大民族(民俗)特色旅游目的地”“美丽中国·生态旅游十佳示范县”。

彭水现有阿依河景区(AAAA 级)、蚩尤九黎城(AAAA 级)、摩围山景区(AAAA 级)、乌江画廊旅游区、鞍子苗寨、郁山古镇等景区,全县现有星级酒店 3 家(其中三星级 1 家),景区酒店 3 家(四星级标准 2 家),全县有农家乐达到 600 余家,其中星级农家乐 139 家,总床位数达 7 000 余张。

党的十八大以来,彭水立足生态保护发展区功能定位,牢牢把握“生态优先、绿色发展”和“面上保护、点上开发”的要求,大力推进旅游产业化发展,取得了明显成效。

1.“旅游+”发展战略务实推进

城旅、农旅、商旅、文旅等深度融合发展,以旅游产业为纽带的关联型生态经济发展体系正加快形成,旅游产业对经济社会发展支撑作用更加明显。

2.旅游基础设施提档升级

蚩尤九黎城、摩围山、阿依河、乌江画廊、郁山古镇等精品景区提档升级,蚩尤九黎城、摩围山成功创建国家 AAAA 级旅游景区,阿依河景区通过国家 AAAAA 级旅游景区景观质量评审,我县入选市级全域旅游示范县创建单位。

3.旅游营销取得重大突破

“一节一赛”影响力日益扩大,“首届渝东南生态民族旅游文化节”成功举办,“世界苗族同胞看苗乡·百架包机游彭水”活动成功拓展了境外旅游市场,“中国爱情治愈胜地”旅游品牌知名度和影响力进一步提升。

4.构建了“三线三片多点”的乡村旅游发展格局

按照“一乡一品、一村一景、各有特色”的发展要求，依托资源优势，通过整合资源，有序引导、政策扶持，大力发展乡村旅游，打造了以“休闲农业、景区依托、古村聚落”等模式为主体的乡村旅游升级版，“旅游+美丽乡村”建设取得了重大突破。“十二五”期间，乡村旅游接待游客120万人次，实现旅游综合收入1亿元，解决农村就业1.2万人，带动了2万人脱贫，实现了乡村旅游、农村发展、农民致富的同步发展，为加强供给侧结构性改革，推动全域旅游发展，改善民生、脱贫攻坚、全面建成小康社会奠定了坚实的基础。

5.旅游助推脱贫攻坚成效显著

年接待游客量从2013年底的554万人次增加到2016年底的1 718万人次，过夜游客300多万人次，景区接待游客265万人次，团队游客30万人次，境外游客3万人次，旅游综合收入从16.6亿元提高到74.8亿元，7 500多户贫困农户通过旅游产业实现增收，旅游业已成为脱贫致富的支柱产业。

（二）农业产业发展基础

彭水乡村旅游农业产业情况如下。

1.绿色粮油基地

彭水绿色粮油种植基地分布在汉葭、保家、郁山、高谷、桑柘、鹿角、黄家等乡镇，可年产水稻15万亩，油菜10万亩。此外，鞍子镇不仅拥有优质大米水稻示范基地，而且创建了“苗妹香香”特色优质稻米农产品品牌。

2.“西部油茶第一村”

平安镇长湾村现有特色高山油茶种植基地，园区面积1.5万亩，可建成集丰产优质油茶基地、林下种植养殖与休闲旅游观光、“巴渝新村”为一体的现代高效油茶农业园区。

3.蔬菜种植基地

包括观光蔬菜种植基地及高山反季节蔬菜种植基地。根据耕地条件及土壤特质，规模化种植，形成生态农业园区或农场式基地。其中，主要蔬菜基地布局在汉葭街道、保家镇、郁山镇、高谷镇、黄家镇、普子乡等，根据海拔优势及耕地条件，种植高山反季节蔬菜的乡镇有太原镇、棣棠乡、平安镇、鹿鸣乡等。

4.肉牛、山羊养殖基地

高山草场、峡谷地貌为肉牛、山羊养殖基地的有利条件，优质肉牛养殖基地主要集中在太原、棣棠、龙射、平安、鹿鸣等区域。优质山羊养殖示范区主要集中在三义、连湖、联合、石盘等区域。

5.中蜂养殖基地

彭水有较长饲养中蜂的历史和习惯，中蜂养殖基地主要分布于保家、郁山、高谷、桑柘、鹿角、鞍子、善感、双龙、石盘、大垭、润溪、朗溪等乡镇。

6.大脚菌羊肚菌人工栽培基地

大脚菌和羊肚菌是彭水的特色山珍，彭水大脚菌、羊肚菌人工栽培基地规模2万亩，年生产能力250万吨，栽培基地布局在朗溪、黄家、龙塘、润溪、鹿角、双龙、善感等乡镇。

7.鹿合现代化农业园区

园区面积1万亩,以百香果等特种水果为主,可建设成集水果种植休闲观光为一体的现代园艺农业园区。

(三)乡村旅游发展基础

彭水坚持"开发与保护相结合、生态效益与经济效益相结合、因地制宜、突出特色",秉持"兴于生态、立于经济、成于家园"的发展理念,按照"人无我有、人有我特"的原则,紧紧围绕"四圈一线"总体目标,立足"自然生态、民俗风情、历史文化"三大特色,以农业为基础,以阿依河、摩围山、乌江画廊等大旅游景区为依托,以"休闲纳凉、生态观光、民族风情"为主题,以"养生、养老、养心"为特色,以"生态+文化""景区+农家乐""乡村+游购"等模式,以"品农家饭,住农家屋,赏田园风光,购绿色食品,体验农事生活"为内容,利用自然景观、地理地貌、农业资源、民间风俗,立足"优先发展三条线,适度发展三个片,集中打造多个点"的发展思路,在特色产业带发展特色观光、农耕文化休闲农业,在旅游景区及交通干线发展餐饮、休闲娱乐、农事体验休闲农业,在江河湖泊、水库区域发展垂钓、水上体验休闲农业,在少数民族聚居地发展民俗体验、生态休闲农业,发展休闲农业及乡村旅游。

彭水现有乡村旅游资源点共100多个。先后建成各类大小休闲观光农业及乡村旅游示范基地50余个,各类休闲农业经营主体500余家,星级农家乐100余家,接待床位7 000余个。有效促进休闲农业和乡村旅游发展,积极推进产业发展、乡村旅游、农民致富的同步发展。

表3　彭水部分已开发乡村旅游点一览表

序号	乡镇	旅游点名称	主要吸引力	接待床位/张	2016年接待量/万人次
1	汉葭街道	下塘美食街	特色农家乐	500	22.56
2	汉葭街道	关口美食街	特色农家乐、烤羊、游泳	400	16.50
3	汉葭街道	磨寨美食街	特色农家乐	800	25.00
4	绍庆街道	龙泉洞山庄	特色农家乐、烤羊、儿童乐园	120	8.55
5	绍庆街道	阿依河移民村	特色农家乐	200	18.66
6	绍庆街道	胡家湾苗寨	特色餐饮、葡萄采摘、草莓采摘	250	16.88
7	靛水街道	桂花新村	山地纳凉、农家乐	250	6.07
8	靛水街道	欣宜度假村	避暑纳凉、烤羊、农家乐	600	25.88
9	万足镇	茶林坪移民村	垂钓、乌江鱼、特色农家菜	100	6.56
10	万足镇	美人窝	农业观光、特色美食	200	5.55
11	鞍子镇	石磨岩景区	石林、苗歌、特色农家乐	500	20.32
12	鞍子镇	罗家沱苗寨	苗家风情村寨	150	6.10
13	梅子垭镇	知青博物馆	知青文化	0	3.50
14	梅子垭镇	佛山寨	苗家风情村寨	200	8.55

续表

序号	乡镇	旅游点名称	主要吸引力	接待床位/张	2016年接待量/万人次
15	润溪乡	菖蒲塘	乡村休闲度假	200	6.62
16	润溪乡	云游山度假区	森林空中别墅、特色农家乐	150	4.55
17	保家镇	桃花山庄	桃树林	100	7.25
18	保家镇	凤凰花海	赏花、休闲	100	2.55
19	善感乡	周家寨	乌江画廊、垂钓、农家乐、采摘	200	10.80
20	长生镇	长生花海	赏花、纳凉	200	8.52
21	岩东乡	岍山田园休闲	田园风光、赏花	50	5.04
22	郁山镇	玉泉新村	农家田园、郁山特色美食	200	4.35
23	平安镇	爱情花海	花海、烤羊、猕猴桃采摘	200	5.78
24	平安镇	凉风洞烤羊	烤羊、度假	20	5.55
25	平安镇	马玄洞烤羊	烤羊、度假	20	4.38
26	太原镇	麒麟村	山地纳凉、乡村休闲度假	200	3.90
27	普子镇	阿依山林海	红豆杉探秘、特色餐饮	120	3.22
28	新田镇	阿依度假基地	特色乡村游	120	2.05
29	黄家镇	红军街	红色文化、大脚菌	150	2.55
30	乔梓乡	荷花园	长寿文化、观光	0	2.25

第四章　SWOT分析

一、优势与劣势

(一)优势

1.区位优势突出

彭水地处渝东南,是渝、黔、湘、鄂四省(市)重要的交通枢纽,随着渝湘高铁、彭酉高速、彭务高速、渝怀铁路复线等建设开通,彭水进入重庆主城区1小时交通圈,即将成为重庆市的“后花园”。彭水是距离重庆市最近的民族自治县,地处长江三峡、南川金佛山、武隆仙女山、酉阳桃花源、湖南张家界等旅游“极核”的中心地带,居于乌江山峡旅游功能区的中心位置,是仙女山、桃花源、小南海旅游“金三角”的腹心,担负着旅游中转站的职能,在发展跨省、跨县联合旅游上具有难得的区位优势。

2.旅游异军突起

经过十年发展,彭水成为重庆旅游后起之秀。拥有阿依河、蚩尤九黎城、摩围山3个AAAA级景区,彭水乌江画廊、鞍子苗寨成为旅游热点,郁山古镇、摩围山旅游度假区正在建设之中,周家寨、兴隆苗寨、凤凰花海、平安爱情花海等一批乡村旅游示范点已经产生较好效益,为以沿江、依景、通道为特征的乡村旅游发展提供了有力支撑。

3.自然资源丰富

彭水属于亚热带季风气候区,处于武陵山、大娄山、齐岳山交汇处,乌江穿境而过,四季分明,江河纵横,森林覆盖率高,生态环境较好,与乌江水系构成山、水、林相依的景观环境,融生态景观、山体景观、人文景观于一体;乌江、诸佛江、普子河、棣棠河以及郁江(上半段)两岸的景观基本上保持原始风貌,“峡·江”景观亲水性、可进入性良好,境内峡谷景观较多,品质高,为乡村旅游开发提供了良好的自然条件。同时,河谷台地、山间槽坝、高山盆地等农业种植、休闲示范片(点),为乡村旅游的发展奠定了良好的基础。

4.文化风情浓郁

早在4 500年前,蚩尤九黎、廪君部落等苗族、土家族先民就进入彭水开发食盐、丹砂,开辟江河运输,开发地方产业,彭水悠久的历史文化和独特的民族风情在渝东南乃至重庆市都独树一帜。蚩尤文化、郁山文化和以“盐丹文化”为内核的“黔中文化”独特而富有魅力;围绕以苗族为主的民族文化,形成了错落有致的苗寨村落、独具特色的歌舞表演,历史文化源远流长并富有传奇色彩。

(二)劣势

1.设施配套有待完善

彭水老城区处于大江峡谷地带,城区道路狭窄,影响游客流畅通,城区以外区域与高速路连接的公路等级及密度低、“断头路”多、旅游客流与交通“瓶颈”矛盾突出,目前的交通、城乡建设设施与快速发展的旅游产业不配套,降低了彭水乡村旅游的竞争力。

2.缺乏整体规划指导

彭水乡村旅游产品有一定的基础,但全县未形成统一规划布局,使得乡镇打造的旅游产品参差不齐,主题重复,特色不鲜明,甚至在内部形成竞争,不利于整体发展。

3.缺乏乡村特色品牌

目前,彭水乡村旅游对乡村文化传统和民风民俗资源的开发重视不够,过分地依赖农业资源,缺乏文化内涵,地域特色文化不突出。康养资源丰富,但对养生、养老品牌的开发缺位。国家级传统村落、旅游名村、民族传统村寨等的开发利用滞后,大量优质民宿资源闲置。已经建成的乡村旅游品牌对中远程市场吸引力差。

4.产品打造合力欠缺

规划建设分别由发改、农业、扶贫、民族宗教等部门和乡镇(街道)组织实施,商贸负责星级农家乐的评审,旅游主管部门只负责从业培训,城乡建设、林业、水务、国土、市政等部门参与度差,统筹性差,资金分散,没有形成品牌效应,示范作用不足。

二、机遇与挑战

（一）机遇

1.国家战略支持加大

党的十九大提出“乡村振兴战略”，明确了土地承包再延长30年，确立了实现农业现代化的目标和任务，界定了脱贫致富的时限，确立“美丽中国”在2035年达标，为乡村旅游的发展带来众多利好政策。随着党的十九大愿景的深入实施，乡村旅游将迎来前所未有的发展机遇期。

2.上级政府大力支持

上级政府在文件中明确指出应实施乡村旅游富民工程，开展各具特色的农业观光和体验性旅游活动，合理利用民族村寨、古村古镇，建设特色景观旅游村镇。在全市培育多个全国休闲农业与乡村旅游示范县、全国休闲农业示范点。

3.市场需求日益增加

随着重庆市城市化发展，城市拥挤度逐渐增加以及生活节奏加快，城市人的压力逐渐增大，越来越多的人利用周末等时间开展乡村旅游。随着人民生活品质的提高、老年化的日益加重，养生、养老旅游产业也必将在乡村蓬勃发展。

4.基础设施不断完善

“十三五”期间，彭水随着“一江二铁四高”对外综合交通网络的推进，彭水旅游的可进入性将极大改善，全县交通旅游路网的建设也将极大改善彭水旅游的交通运输状况。农业现代化建设、新农村建设、“美丽乡村”建设、休闲农业建设、扶贫产业开发、全域旅游建设等，也将大力改善乡村生产生活条件。

（二）挑战

1.区域同质化竞争激烈

彭水邻近的渝东南、渝东北地区，有良好的生态资源及乡村旅游资源，同质程度较大，渝东南其他区县已开发了较多的此类乡村旅游景点，且部分品牌已经初具规模。彭水旅游资源与周边景区旅游资源，尤其是自然风光具有很大的相似性，因此旅游产品开发同质化趋势严重，同质化替代性竞争是彭水乡村旅游发展的最大威胁。

2.乡村生态环境保护开发

良好的生态环境是彭水乡村旅游发展的重要条件，但原生态的生态环境十分脆弱。同时，由于生态保护区的限制，部分区域改善交通、房屋建设受到政策性、法规性制约。由于缺乏专家指导，一些经营管理者缺乏对其实质的认识，缺少对生态环境和传统文化的保护意识，盲目迎合一些旅游者的需求，使乡村旅游的资源可持续性得到了威胁。

3.管理服务水平急需提升

彭水是国家重点扶贫开发县，经济欠发达，生产生活条件较差，青壮年劳力几乎都外出打工，留乡的大多是老弱病残幼。现有乡村旅游点承担接待的以家庭为主，文化水平较低，从业培训较少，服务质量较差。乡村旅游点组织化程度低，管理水平急需提高。

第五章　发展战略与目标定位

一、发展战略

(一)空间优化,升级带动战略

在空间格局上,实施按照"借景、依城、进园"的点状聚集战略和"顺路、依山、傍水"带状联动优化发展战略,并通过这一空间战略的实施,扩散、带动和示范周边区域乡村旅游发展,打造彭水乡村旅游精品。

(二)优化整治,品质提升战略

结合"四风"理念,因地制宜,营造特色乡村旅游环境。一是开展乡村环境整治,推进乡村"风景"建设;二是升华乡村氛围,注重民俗"风情"营造;三是美化乡村建筑,加强乡村"风物"控制;四是提升乡村产品,突出农家"风味"特色。

结合"七化"理念,和谐统一,提升乡村旅游整体品质。基础设施城镇化;建筑风貌民族化;人居环境园林化;内部设施现代化;支柱产业特色化;民族文化草根化;旅游经营规范化。

(三)多元融合,产业集聚战略

一是乡村旅游与农业、手工业等相关产业的融合,二是旅游产业联动。发展乡村旅游,必须由资源出售模式转为资源参与型的旅游产业联动发展模式,通过产业集聚,将乡村旅游业和农业、服务业、加工业等产业紧密结合在一起,从而创造产业集聚的组合发展优势。

(四)模式创新,因地制宜战略

乡村旅游分为乡村度假休闲型(农家乐型)、依托景区发展型、旅游城镇建设型、原生态文化村寨型、民族风情依托型、特色产业带动型、现代农村展示型、农业观光开发型、生态环境示范型、红色旅游结合型等丰富多彩的发展类型。根据不同乡村旅游类型,因地制宜地构建相应的发展模式。

二、目标定位

(一)市场定位

1.区域市场定位

(1)基础市场:包括重庆主城九区、彭水县城及涪陵、黔江、南川、丰都等周边区县城镇居民为主的客源市场。

表 4　基础市场主要城市经济发展情况

地区	指标			
	GDP/亿元	总人口/万人	城镇人口/万人	城镇居民人均可支配收入/元
渝中区	766.03	64.93	64.93	117 977.8
大渡口区	127.08	32.65	31.43	38 921.9
江北区	527.76	81.02	76.27	65 139.5
南岸区	465.56	81.46	75.93	57 152
沙坪坝区	658.14	108.07	100.44	60 899.4
九龙坡区	776.3	114.77	103.14	67 639.6
北碚区	334.76	74.52	57.66	44 922.2
渝北区	879.32	143.32	110.28	61 353.6
巴南区	420.85	94.62	72.04	44 477.9
南川区	160.5	68.36	18.58	23 528
黔江区	147.95	44.63	23.03	16 007
丰都县	111.08	63.95	18.2	16 765
涪陵区	690.04	116.77	48.49	24 650
石柱县	93.1	54.6	14.72	19 055
总计	6 158.47	1 143.67	14.72	688 488.9

(2)拓展市场:包括大足、合川、永川等“一小时经济圈”内区县市场;“渝湘”旅游精品线过境市场;遵义及黔东南旅游精品线带来的过境客源市场等。

表 5　拓展市场主要城市经济发展情况

地区	指标			
	GDP/亿元	总人口/万人	城镇人口/万人	城镇居民人均可支配收入/元
一小时经济圈	8 864.8	1 837	1 249.95	22 968
成都	8 138.9	1 404.7	1 185	27 193.6
贵阳	1 700.0	445.2	314	21 796
长沙	6 399.9	704.4	534.7	27 163.9
武汉	8 003.8	978.54	836.7	21 796
合计	33 107.4	5 369.84	4 120.35	120 917.5

(3)机会市场:以长江三峡黄金旅游线、乌江画廊、武陵山、大仙女山、大足石刻、桃花源景区等带来的过境旅游市场;重庆、成都、武汉、长沙以及沿海经济发达区的养生、养老、康复需求市场。

2.细分市场定位

(1)按时间细分。

以旅游需求为基础,以国家劳动时间规定、国家带薪假期安排及《职工带薪年休假条例》等相关规定为依据,按照旅游时间细分,将彭水乡村旅游市场细分定位为:以夏季暑期市场为重点,以常态化旅游休闲市场、中老年养生养老市场、少年儿童游玩市场和周末双休市场为基础,以冬季赏雪玩乐为补充,以黄金周为拓展。其中:

夏季暑期市场(1~3个月):主要应对夏季高温难耐时段,针对避暑纳凉人群市场等,范围覆盖面广泛。

黄金周市场:主要针对国家法定节假日黄金周,满足游客乡村休闲、生态休闲、文化猎奇和度假休闲等旅游休闲需求。

常态化旅游休闲市场(一日游):主要针对彭水县城及周边城镇客源市场,满足其乡村体验、美食休闲、文化探秘等旅游休闲需求。

双休日旅游休闲市场(二日游):主要针对周末休闲客源市场,满足乡村休闲、生态休闲、农事体验、文化猎奇等旅游需求。

养生养老市场:主要针对大企业老板、城市中年白领、退休人员等客源市场,满足其休闲度假、生态度假、康健修复、颐养天年等旅游康养需求。

少年儿童游玩市场:主要针对小学生、儿童客源市场,满足其学生科普、夏令营、农事参与、农家生活体验等游玩需求。

赏雪玩乐市场:主要针对城市客源市场,满足其市民赏雪、玩雪、滑雪和休闲度假等旅游猎奇需求。

(2)按旅游主题细分。

乡村体验市场:主要针对春季踏青观花、夏季避暑纳凉、秋季摘果丰收、冬季养生赏雪、四季农事活动的乡村体验需求市场。

市场特征以家庭出游为主,其购买能力强,对设施、环境、服务要求完善。

乡村养生养老市场:主要针对注重生态养生、养老的中老年和身体康复调养需求市场。

市场特征是市场体量大,对生态环境要求高,配套设施要求完善,服务水平高,此类市场消费比较理性,同时也是潜力巨大的市场。

自助自驾旅游市场:四通八达的高速公路及县内良好的交通网络使自驾游成为可能,其方式包括个人自驾游、家庭自驾游,朋友同事、网友结伴自驾游,汽车俱乐部、新闻媒体组织的自驾游。

市场特征是个人和家庭自驾游的随意性强,时间灵活。此类市场追求新奇、刺激,对沿途车辆维修、加油站等设施要求完善。

乡村康体旅游市场:主要针对山地运动、漂流运动、真人CS、传统狩猎等体育健身市场。

市场特征是此类市场较为年轻化、个性化,游客身体素质较好,对体验健身设施要求较高。

(二)形象定位

主题形象是旅游区的生命,是形成竞争优势和垄断最有力的工具,旅游作为一项大众化、审美化的经济文化参与活动,区域旅游主题形象便成了关系其旅游业繁荣的关键心理指标。综观世界及中国旅游业莫不如此,大凡万众神往、游人如织的旅游胜地,无不具有鲜明独特的形象。

1.主题旅游形象

根据彭水乡村旅游资源的显著特点、文化内涵及区域环境条件,其总体性的主题旅游形象建议为:

乌江苗乡　养心彭水

备选形象——

乌江风情画　彭水苗乡情

梦中画廊　多情苗乡

2.宣传口号

世界苗乡,养心彭水

彭水,乌江画廊畔的梦中苗乡

(三)目标定位

1.总体目标

彭水乡村旅游在保持乡村自然人文环境原真性的前提下,实现风土、风物、风俗、风景等优势资源的有效整合。以避暑休闲、养生度假、休闲娱乐为主要发展方向,以苗族风情为特色,集观光、休闲、养生、养老、度假、体验等旅游形式于一体,培育一批具有彭水特色的乡村旅游产品。建成一批规范化、规模化、特色化、品牌化的乡村旅游区(点);打造一批民族特色浓郁的民族村寨院落,建设一批服务优良的星级农家乐,开发一批具有苗家风味特色的地方美食;精心培育一批民族特色的民宿基地;开发建设一批养生、养老、康复生态基地、风情园区。最终将彭水打造成为全国休闲农业与乡村旅游示范县、重庆重要的乡村旅游目的地,并确定以下指标体系:

产业经济发展目标:到 2020 年,全县乡村旅游总收入实现超倍增计划,达到 3 亿元以上;乡村旅游接待总人次超过 220 万人次。到 2025 年,乡村旅游实现爆发式增长,综合收入在全县旅游收入中的比重突破 10%,达到 20 亿元,接待总人次超过 1 000 万人次,乡村旅游收入占农民总收入的 60%以上。

产业要素发展目标:到 2020 年,打造特色集镇 8 个、农民新村 50 个、全国名镇 2~3 个、全国名村 3~5 个,建成 20 个美丽乡村示范村、5 个美丽乡村示范片;建成乡村旅游示范镇 2 个、示范村 10 个,培育国家级休闲农业示范点 2 个以上,建设市级休闲农庄 10 个以上,县级休闲农业示范园区 20 个以上,县级休闲农业点 50 个以上,建成星级农家乐 120 家,新发展乡村旅游农户和农家乐 500 家,建成下塘至摩围山、关口至县城、县城至阿依河进出口 4 条农家乐特色街,全县乡村旅游接待床位达 15 000 张。打造独具特色的休闲农业示范基地,成功创建全国休闲农业与乡村旅游示范县。到 2025 年,特色集镇实现全覆盖达 35 个,建成农民新村 200 个、乡村旅游示范片 4 个、乡村旅游示范点 40 个、生态养生度假基地(中心)4 个、生态养老基地 2 个、生态调养康复基地(中心)1 个,打造精品民宿 5~10 家,新发展乡村旅游农户和星级农家乐 1 000 家，全县乡村旅游接待床位达 30 000 张，建成重庆主城“后花园”、全国生态养生养老康复目的地。

基础设施建设目标：到 2020 年，实现村村通硬化乡村旅游公路，建成 5 大乡村旅游综合接待节点；新建、改建旅游点厕所 2 000 个，新建星级厕所 5 个以上；全县 100%的乡村旅游发展带头人、90%的经营户和 80%的服务者得到全面有效的培训。到 2025 年，实现乡村旅游所有环线、示范片(点)主通道全面通畅；新建、改建旅游点厕所 3 000 个，新建乡村旅游星级厕所 20 个，示范片(点)、养生养老康复基地(中心)环保设施齐备；全县 100%的经营户和服务者得到全面有效的培训。

相关行业发展目标：到 2020 年，旅游直接从业人员超过 5 万人，为相关行业提供就业机会 10 万个；在产业结构调整中，通过发展观光农业、生态旅游、民俗旅游等促进解决“三农”问题、带动脱贫致富，通过旅游景点开发、项目建设逐步实施旅游扶贫工程，实现转移农村剩余劳动生产力 5 万人。到 2025 年，旅游直接从业人员超过 15 万人，为相关行业提供就业机会 20 万个；通过发展观光农业、生态旅游、民俗旅游、养生养老游、少年儿童游等推动“乡村振兴战略”、带动农民奔小康，通过旅游景点开发、项目建设逐步实施旅游致富贫工程，实现转移农村剩余劳动生产力 20 万人以上。

2.阶段目标

(1)近期目标(2017—2020 年)：近期主要目标是完善乡村旅游基础设施，营造良好的乡村旅游环境，提档现有乡村旅游景区景点；进一步开发彭水乡村旅游资源，打造一批特色鲜明的乡村旅游示范点，重点开发建设大垭、三义两个深度贫困乡和贫困乡村的乡村旅游产品，完善乡村旅游产品链条；大力进行市场营销，塑造彭水乡村旅游市场形象；培训乡村旅游人员，提高农民参与能力和综合素质；建立乡村旅游管理体系和规范标准，提高乡村旅游管理水平。

到 2020 年，打造特色集镇 8 个、农民新村 50 个、全国名镇 2~3 个、全国名村 3~5 个，建成 20 个美丽乡村示范村、5 个美丽乡村示范片；建成乡村旅游示范镇 2 个、示范村 10 个，培育国家级休闲农业示范点 2 个以上，建设市级休闲农庄 10 个以上，县级休闲农业示范园区 20 个以上，县级休闲农业点 50 个以上，建成星级农家乐 120 家，新发展乡村旅游农户和农家乐 500 家，建成下塘至摩围山、关口至县城、县城至阿依河进出口 4 条农家乐特色街，全县乡村旅游接待床位达 15 000 张。打造独具特色的休闲农业示范基地，成功创建全国休闲农业与乡村旅游示范县。

(2)中远期目标(2021—2025 年)：中远期主要是完成乡村旅游的提档升级，全域旅游示范县建设取得成效，形成完备的乡村旅游接待体系。到 2025 年，特色集镇实现全覆盖达 35 个，建成农民新村 200 个、乡村旅游示范片 4 个、乡村旅游示范点 40 个、生态养生度假基地(中心)4 个、生态养老基地 2 个、生态调养康复基地(中心)1 个，打造精品民宿 5~10 家，新发展乡村旅游农户和农家乐 1 000 家，全县乡村旅游接待床位达 3 万张，建成重庆主城“后花园”、全国生态养生养老康复目的地，成为重庆重要的乡村旅游目的地。

第六章　空间布局与分区规划

一、空间布局

(一)布局原则

彭水乡村旅游发展空间布局以整合乡村资源、形成功能组合、建立区域协作、形成配套产业为宗旨,遵循以下原则。

(1)地域整合原则。以乡村旅游资源为主体结合地域特色景点、地域文化进行区域性整合,形成主题乡村旅游区域,实现地域单元,旅游主题化,旅游品牌化。

(2)功能组团原则。以旅游主导功能为纽带,通过功能一致的集中整合,使其成为旅游功能性组团,既通过多样性的景观类型吸引游客、形成鲜明形象,又利于乡村旅游线路的组织,在空间上形成规模聚集效应。

(3)区域协调原则。即协调好乡村旅游与周围环境的关系,各功能分区与管理中心的关系,功能分区之间的相互关系,景观结构(核心建筑、主体景观等)与功能小区四种关系。

(4)产业配套原则。乡村旅游空间布局主要从资源分布、交通组织、产品组合和客源市场分布等因素综合考虑出发,对乡村旅游发展格局进行提炼,形成旅游要素的整合配套功能。

(二)总体布局

在综合考虑彭水乡村旅游资源分布状况、自然生态环境、旅游产品建设状况、交通发展格局、人文风情资源、乡村旅游发展基础、客源分类,并结合各地区农业产业发展情况以及兼顾行政区划因素的基础上,将彭水乡村旅游发展的总体布局为一环两带三廊六区。

(1)一环:围绕彭水城区形成的城郊乡村休闲旅游环线。

(2)两带:依托包茂高速、国道319线沿线的特色村落打造一条陆路苗乡风情带;依托乌江流域两岸生态资源打造滨江生态观光休闲带。

(3)三廊:依托摩围山旅游度假区打造养生、养老、康复度假环廊;依托桥梓不老水、长生花海资源打造长寿文化度假长廊;依托鞍子苗歌与苗家村寨打造娇阿依民俗风情体验走廊。

(4)六区:依托摩围山景区、阿依河景区和摩围山旅游度假区打造避暑纳凉度假区;依托大厂盖打造高山运动观光体验区;依托郁山古镇打造盐丹文化体验区;依托七曜山农业资源打造生态农业休闲区;依托普子河打造旅游扶贫区;依托石盘山打造高山纳凉休闲区。

二、分区规划

(一)"一环"(即县城乡村旅游环线)

1.分区范围

涉及绍庆街道、汉葭街道、靛水街道3个行政区域,乡村旅游项目主要分布在彭水中心城区以外的区域。

2.资源特色

本区域邻近县城(距离县城约40分钟车程以内),交通便利,主要包括龙泉洞、弹子岍猕猴桃园、过江田园风光、勃朗葡萄园、胡家湾苗寨、芦渡湖、芦渡沟、采芹城、雷公盖农业观光园、犀角岩、云顶山、福尔沱茶厂、兴隆苗寨等为代表的旅游资源,为乡村旅游发展提供了良好的资源基础和条件。

3.开发方向

以彭水城区居民近郊休闲需求为导向,以提供回归自然的淳朴乡村环境为特色,突出休闲度假、观光娱乐的功能,打造城郊乡村休闲旅游环线。

4.发展模式

乡村度假休闲型+现代农业(林业)展示型。

(二)"两带"

1.陆路历史文化体验带

(1)分区范围。包含高谷镇、汉葭街道、保家镇、郁山镇、走马乡、龙溪乡6个行政区域,乡村旅游项目主要分布在国道319线沿线。

(2)资源特色。本区域依托包茂高速、国道319线公路以及包茂高速彭水西互通、彭水东互通、保家互通现场的农家乐,乌江、郁江峡谷景观,江河田园风光,以及郁山文化和众多文化遗址等,主要包括高谷王家坝果园、凤凰山花海、保家桃花山庄、玉泉新村、后照河峡谷等优势资源。

(3)开发方向。以主城、邻近区县和彭水城区居民远郊休闲需求为导向,以提供和探求历史文化为特色,突出休闲度假、观光娱乐、学习体验的功能,打造陆地盐丹文化体验带。

(4)发展模式。乡村休闲观光+历史文化体验模式。

2.乌江生态河谷休闲带

(1)分区范围。包含高谷镇、汉葭街道、绍庆街道、万足镇、新田镇、石盘乡、鹿角镇、双龙乡、善感乡9个行政区域,主要分布在乌江河谷地带。

(2)资源特色。本区域依托乌江航道和国道319线、彭酉二级公路沿线乡村旅游,乌江峡谷景观,沿江古镇、村落,以及乌江文化和民族风情等。除高谷镇、汉葭街道、绍庆街道已经使用的资源外,主要包括高谷浅滩峡谷、乌江画廊题刻、犀牛峡、万足湖、万足垂钓基地、万天宫古建筑群、茶林坪移民新村、红旗村、马峰峡、鹿角湖、文普园、庞公峡、龙门峡、洪渡湖、周家寨等优势资源。

(3)开发方向。以主城、邻近区县和彭水城区居民远郊休闲度假需求为导向,协调利用阿依河、乌江画廊远程客源市场,以提供峡谷观光、江河垂钓、山地探险、农业休闲度假和黔中文化、乌江文化、巫傩文化、古镇探秘等为特色,突出观光娱乐、江河垂钓、休闲度假、学习体验的功能,打造生态河谷休闲度假带。

(4)发展模式。乡村休闲观光+江河垂钓度假+历史文化体验模式。

(三)"三廊"

1.生态康养环廊

(1)分区范围。包含靛水街道、润溪乡2个行政区域的桂花村、大厂村、阳藿村、长岩村、樱桃村,主要分布在摩围山旅游度假区核心区环线地带和摩围山景区两个出入口。

(2)资源特色。本区域依托摩围山景区、摩围山度假区吸引,森林群落多样性、宜居宜养海拔、休闲农业开发、民族传统村落的养生、养老、康复资源禀赋等。主要包括桂花旅游新村、菖蒲堂旅游村、黄帝峡巴渝民居、摩围山居、樱桃井传统村落、欣宜度假村、简家堡乡贤村落、靛水巴渝民居、阳藿槽民居以及荆竹坝田园、大厂坝田园、莱坝田园、诸粮坝田园、楠木坪山地等优势资源。

(3)开发方向。以主城、邻近区县和远程养生、养老、康复度假需求为导向,以提供农业休闲养生度假、森林养生度假、民宿度假、中药材基地康复度假、山地养老度假、农事活动体验、农业观光休闲等为特色,突出生态养生、生态养老、生态康复、休闲度假、学习体验的功能,打造生态康养度假环廊。

(4)发展模式。乡村生态康养+乡村休闲观光+农事体验模式。

2.长寿文化长廊

(1)分区范围。包含万足镇、岩东乡、长生镇、桥梓乡、走马乡,主要分布在西山盖以下槽谷地带。

(2)资源特色。本区域处于乌江画廊、郁山古镇的连接带上,以不老水品牌、长生镇蕴含的长寿文化为核心吸引,区内田园风光秀丽,生态休闲农业较发达,以道教天师道首领范长生为主体的养生养老文化独树一帜。主要包括沙坝李子园、岍山田园风光、绕旗田园风光、水田坝田园风光、桥梓荷花园、仙人洞、鸡冠城遗址等优势资源。

(3)开发方向。以主城、邻近区县、远程养生、养老度假和近程周末休闲度假需求为导向,以提供农业休闲养生度假、生态养老度假、农业观光休闲、农事活动体验等为特色,突出生态养生养老、休闲度假的功能,打造长寿文化长廊。

(4)发展模式。乡村生态康养+乡村休闲观光+农事体验模式。

3.娇阿依民俗风情体验走廊

(1)分区范围。包含善感乡(部分村)、鞍子镇、梅子垭镇、诸佛乡、桐楼乡、鹿角镇(大圆片区、乌江村)6个行政区域,主要分布在东山盖以下丘陵河谷地带。

(2)资源特色。本区域处于乌江画廊、鞍子苗寨两个景区的吸引带上,以苗族文化、自然山水为核心吸引。除鞍子苗寨外,主要包括善感百岁坊、何家坝田园、鞍子木欧水传统村落、"苗妹香香"系列商品、梅子垭箩篼溪传统村落、梅子垭知青博物馆、佛山寨、梅子苗歌、官衙坝土司府、庙池风情村、庙池甩手揖、诸佛盘歌、红岩洞、诸佛电站水库、桃花村落、桐木溪原生态风光、清河自然村、大圆田园风光、龙门峡电站水库等优势资源。

(3)开发方向。以主城、邻近区县和近程苗族风情体验、乡村休闲度假需求为导向，以提供苗家风情体验、农业观光休闲、农事活动体验等为特色，突出文化探秘、休闲度假、农事体验的功能，打造苗家风情走廊。

(4)发展模式。乡村风情体验+乡村休闲观光+农事体验模式。

(四)“六区”

1.摩围山避暑休闲度假区

(1)分区范围。本区域涉及润溪乡、大垭乡、龙塘乡、黄家镇4个行政区域，属于摩围山景区、摩围山旅游度假区主要辐射区。

(2)资源特色。本区域峰峦叠嶂、峡谷纵横，除有峡谷、峰峦、石林、绝壁、天坑、地缝、溶洞等地质奇观外，兼有漫山云雾、日出日落等天象景观，傩戏文化、张果老传说也独具特色。主要资源有九重岩风光、莲花寺、樱桃井传统村落、云游山空中别墅度假区、白果坪高山移民新村、锅滩冉氏土家文化、大垭石林、珠子溪风光、木腊庄传统村落、木腊庄傩戏、塘口风情小镇、东瓜溪、九竹坎—岗家槽风景、双龙村传统村落、黄金林场、川岍风光、龙孔岩飞瀑、老虎水库、黄家坝红军街、西南红色革命纪念馆、笔架山、穿石峡谷等优势资源。

(3)开发方向。依托摩围山景区、摩围山旅游度假区、阿依河景区带动，发挥优越的自然气候与自然景观，利用适宜度的海拔优势，重点开发高山避暑纳凉、峡谷观光游览、傩文化体验、休闲农业体验、户外自驾露营、户外休闲活动等项目。

(4)发展模式。高山林草度假型+依托景区发展型+文化体验型+农业休闲度假型模式。

2.七曜山生态农田休闲区

(1)分区范围。七曜山脉所在区域，涉及鹿鸣乡、平安镇、龙射镇、棣棠乡、太原镇5个行政区域。

(2)资源特色。本区域平均海拔高，特色农业突出，以喀斯特地貌自然景观为主，乡村田园景观独特；文化遗存较丰富，佛教文化浓郁，太原民歌、高杆狮舞、冉氏忠孝文化等也有影响力。主要有万年孔、向家坝蒙古村、漆园林场、平安休闲农业示范区、平安爱情花海、凉风洞烤羊山庄、马玄洞烤羊山庄、阳平村油茶基地、龙门寺、钟灵寺、三星寺天坑、钟山坝山地、葡萄水库、敲梆岭红豆杉银杏原生林、担子峡传统村落、朱三洞、棣棠河谷风景、欧阳坝田园风光、欧阳冷水鱼养殖场(碧水清泉)、无私溪风光、忠孝堂、麒麟红豆杉栽培基地、大王洞汉代铜矿遗址、七曜山林场、板楯沟风光、太原民歌等优势资源。

(3)开发方向。本区域乡村旅游应围绕特色农业旅游资源、高山休闲度假旅游资源展开，开发乡土气息浓郁的农事休闲项目，提升农村资源旅游价值，营造自然生态的休闲度假氛围。利用佛教文化、乡贤文化、古遗址、传统村落、优秀非物质文化遗产，凸显区域性特色。

(4)发展模式。特色产业带动型+山地休闲度假型+峡谷瀑水观光型+特色文化体验型。

3.普子河旅游扶贫示范区

(1)分区范围。本区域涉及保家镇(部分)、芦塘乡(部分)、龙射镇(部分)、普子镇、三义乡5个行政区域。

(2)资源特色。本区域位于普子河流域,处于大坪盖西北侧,海拔高差大,交通条件相对较差。大山、大江、深谷是其地貌特征。特色农业发展不平衡,以喀斯特地貌自然景观为主,江河水库亲水性较好。主要有三江口电站水库、苗王山、普子河峡谷、大地西瓜种植园、大坪盖红豆杉基地、刘伯容故居、大龙桥(天生桥)、普子铁炮火龙、七眼泉、龙足宝、三眼洞、四坪盖、弘升田园、龙合中药材基地等优势资源。

(3)开发方向。本区域乡村旅游应围绕特色农业旅游资源、高山休闲度假旅游资源、扶贫安置乡村、江河湖水等展开,开发乡土气息浓郁的农事休闲度假、江河湖水休闲度假、历史名山探秘、传统村落度假、养生养老度假等项目,提升农村资源旅游价值,营造自然生态的休闲度假氛围。

(4)发展模式。扶贫开发带动型+山地休闲度假型+峡谷瀑水观光型+特色文化体验型。

4.盐丹文化探秘体验区

(1)分区范围。本区域涉及郁山镇(部分)、芦塘乡、联合乡、石柳乡、联湖镇5个行政区域。

(2)资源特色。本区域位于郁江及其支流中井河流域,以河谷景观、山地景观为主,江河水库亲水性较好。主要有中井坝橘园、朱砂窝、朱砂田园、郁江电站水库、郁江画廊、马岩山、冷竹箐林场、盐丹文化、古盐道、老郁山遗址、朱砂三人花灯、郁江鱼等优势资源。

(3)开发方向。本区域受郁山古镇景区带动,乡村旅游应围绕盐丹文化探秘体验、峡谷风光观光游览、特色农业旅游资源、森林旅游资源等展开,开发乡土文化气息浓郁的江河湖水休闲度假、历史遗存探秘体验、森林休闲度假等项目,提升历史文化资源、峡谷风光资源、农村资源旅游价值,营造盐丹文化探秘体验氛围。

(4)发展模式。江河观光休闲型+森林休闲度假型+特色文化体验型。

5.大厂盖运动观光体验区

(1)分区范围。本区域涉及新田镇、桑柘镇、大同镇3个行政区域。

(2)资源特色。本区域是苗族文化与郁山文化的分水岭,一般海拔1 200米,高山平坝、丘陵是其地貌特征。特色农业发展较好,经济较发达。主要有新田蔬菜基地、阿依山风情园、三潮水明代民居、新城古集市、任家班吹打、庹家银饰锻打、神龙谷、桑柘中学旧址、窦家坝古民居、河坝重庆市旅游代言树金丝楠、百果园古银杏、青蒲垭风光、茶心石林、九门十八洞石林、大同田园等优势资源。

(3)开发方向。本区域乡村旅游应围绕特色农业旅游资源、高山休闲度假旅游资源、石林景观、山地景观等展开,开发乡土气息浓郁的农事休闲度假、高山纳凉度假、石林观光运动等项目,提升农村资源旅游价值,营造自然生态的运动观光体验氛围。

(4)发展模式。天坑探险体验型+山地休闲度假型+石林运动观光型。

6.石盘山高山休闲度假区

(1)分区范围。本区域涉及鹿角镇(部分)、双龙乡、石盘乡、万足镇(部分)4个行政区域。

(2)资源特色。本区域河谷、山地、森林、草场、古村落为其主要特征。特色农业发展一般,经济欠发达。主要有庞公峡、双龙林区、龟池坝田园、石新草场、云雾寺、石盘果园、水池坝民居、美人窝巴渝民居、瓦厂坝传统村落、爱国茶园、石盘核桃等优势资源。

(3)开发方向。本区域处于阿依河、乌江画廊两个高品质景区边缘,乡村旅游应围绕景区拓展服务、特色农业旅游资源、高山休闲度假旅游资源、民族传统村落等展开,开发乡土气息浓郁的农事休闲体验、高山纳凉度假、高山避暑运动等项目,提升农村资源旅游价值,营造自然生态的高山休闲度假氛围。

(4)发展模式。江河观光休闲型+山地运动度假型+民族村寨体验型。

第七章　乡村旅游建设项目规划

一、乡村旅游主要项目策划

依托资源优势、交通环境、景区带动等要素,以及未来发展态势,实行乡村旅游主要项目布局。

(一)一环两带三廊六区布局

1.一环

升级改造项目:龙泉洞山庄、白云山庄、弹子岍采摘园、勃朗葡萄园、胡家湾苗寨、芦渡湖共富新村、兴隆苗寨、高谷生态农业体验园、黔中大道农家乐一条街(下塘—上塘段)等。

新建拟建项目:过江七彩生态观光园、云顶寺遗址探秘区、雷公盖休闲度假基地、犀角岩休闲度假村、芦渡沟度假公园、芦渡沟玩水俱乐部、采芹城休闲农业示范园、云顶山观景休闲度假区、云顶山自驾游营地、福尔沱茶厂休闲度假村、庞溪沟农业休闲度假村等。

2.两带

(1)陆路历史文化体验带。

升级改造项目:王家坝遗址果园、高谷草莓园、高谷新村、凤凰花海、老营顶桃花山庄、大河坝油菜花、海玉泉新村、郁山通道购物街等。

新建拟建项目:后照河风景区、武陵山特大桥观景园等。

(2)乌江生态河谷休闲带。

升级改造项目:御林山庄、磨寨农家乐一条街、万足垂钓基地、茶林坪移民新村、乌江电站观景台、鹿角文普园、周家寨画廊新村等。

新建拟建项目:共和王家坝观景台、犀牛峡观景台、万天宫文化体验园、万足湖儿童乐园、马峰峡观景台、红旗民俗村、峡口观景台、鹿角湖观景台、鹿角湖大溪沟水上乐园、龙门峡傩神谷、善感休闲农业观光园、周家寨自驾游营地、周家寨垂钓游乐基地等。

3.三廊

(1)生态康养环廊(摩围山)。

改造升级项目:桂花旅游新村、菖蒲堂旅游新村、黄帝峡巴渝民居、摩围新居休闲度假区、靛水巴渝民居、大厂坝民俗村、大厂坝乡村旅游接待中心、欣宜度假村等。

新建拟建项目：简家堡乡贤民宿村、峰子洞—太阳坪景观长廊、荆竹坝生态采摘园、连坑槽生态果蔬采摘园、菜坝休闲农业示范园、向家堡经果林示范基地、河坝生态水库休闲园、峰子洞传统狩猎场、荆竹坝生态康复中心、大厂坝生态养老基地、黄葛堡猕猴桃基地、苦竹塘生态中药材基地、火石坳珍稀食用菌基地、诸粮坝高山蔬菜示范基地、阳藿槽珍稀水果基地、楠木坪生态瓜果基地、菖蒲塘运动养生中心、艾火坪生态牛羊养殖基地、余家生态生猪养殖基地、丁家沟生态玉米栽培基地、小厂珍稀花木栽培基地、苗子沟冷水鱼养殖基地、文武堂花蜂谷等。

(2)长寿文化长廊(万足—走马)。

改造升级项目：沙坝生态果园、岩东移民新村、岍山食用菌品质基地、岍山花海、绕旗荷塘、水田坝花海度假区、长生风情农家乐一条街、不老泉荷花园、桥梓花果山等。

新建拟建项目：万足休闲农业示范基地、岩东休闲农业示范基地、东道岍溶洞游览区、仙人洞生态养老基地、仙人洞风景区、不老泉养生中心、“长寿堂”体验馆、走马休闲农业示范基地、鸡冠城休闲度假基地等。

(3)娇阿依民俗风情体验走廊。

提升改造项目：石磨岩景区苗家乐一条街、盘歌堂、罗家沱苗寨、梅子垭知青博物馆、佛山寨、庙池风情村等。

新建拟建项目：罗兴百岁坊风情体验区、何家坝苗乡休闲农业示范区、鞍子冯家苗乡农特产一条街、“苗妹香香”购物中心、木欧水苗家村落度假区、梅子箩篼溪苗家村落休闲区、官衙坝土司文化体验园、红岩洞观光体验区、亭子口休闲度假区、诸佛岗盘歌休闲游乐区、桃花园风情村、桐木溪生态体验区、清河温泉度假村、清河苗家风情体验区、大圆湖水上休闲度假区等。

4.六区

(1)摩围山避暑休闲度假区。

升级改造项目：彭水烟叶科普展示馆、云游山空中别墅度假区、黄家坝红军街等。

新建拟建项目：樱桃井度假区、白果坪度假村、莲花寺景区、锅滩土家文化体验区、大垭石林景区、珠子溪风景区、浩口风情村、木腊庄傩戏体验区、龙口边寨巫傩风情小镇、冒火山地质度假区、东瓜溪风景区、九竹坎—岗家槽露营基地、黄金森林度假区、双龙传统风情村、川岍风景区、大岍观景台、笔架山红色旅游体验区、穿石峡谷观光休闲区、母子溪农家乐一条街等。

(2)七曜山生态农田休闲区。

升级改造项目：鹿鸣漆园林场、平安休闲农业示范区、平安爱情花海、凉风洞烤羊山庄、马玄洞烤羊山庄、麒麟红豆杉山庄等。

新建拟建项目：牛岍古铺客栈、向家坝蒙古村、双宝山油茶度假村、龙门寺佛教体验园、三星寺探险体验基地、钟山坝—钟灵寺休闲度假区、葡萄水库休闲园、敲梆岭珍稀植物观光度假区、胆子峡民俗体验区、棣棠河风景区、欧阳坝冷水鱼度假村、无私溪风情休闲度假村、板楯沟休闲观光区、七曜山森林运动度假区等。

(3)普子河旅游扶贫示范区。

升级改造项目：阿依山红豆杉休闲度假区等。

新建拟建项目：木兰湖休闲度假区、苗王山体验度假区、大地西瓜采摘园、普子河漂流、大龙桥(三眼洞、七眼洞)峡谷观光体验区、白崖水野外露营基地、弘升民俗风情村、龙合民俗风情村、四坪盖养生养老基地等。

(4)盐丹文化探秘体验区。

新建拟建项目:中井河文化探秘体验区、老郁山郁盐研学游览区、中井坝柑橘采摘园、朱砂窝丹砂文化探秘园、朱砂休闲度假区、郁江画廊风景区、联湖郁江生态渔村、冷竹箐森林运动游览区、联合高山休闲度假区等。

(5)大厂盖运动观光体验区。

升级改造项目:阿依山风情观光园等。

新建拟建项目:新田生态蔬菜采摘园、三潮水民俗风情园、新田风情街、神龙谷景区、窦家坝民俗体验园、鹿箐避暑度假区、月亮洞观景亭、河坝金丝楠观景台、百果园银杏园、青蒲垭景区、茶心石林休闲度假区、九门十八洞风景区、大同休闲农业度假区等。

(6)石盘山高山休闲度假区。

升级改造项目:美人窝巴渝民居、美人窝农家乐、何家盖红色旅游村等。

新建拟建项目:老鹰岩乌江画廊观景台、白果坝森林运动体验园、龟池坝贡米休闲农庄、石新草地车辆特技表演场、石盘自驾游宿营地、石盘优质核桃采摘园、十二盘特色水果采摘园、水池坝观景休闲度假村、瓦厂坝民俗风情村、爱国茶园休闲度假村、美人窝风俗美食园、竹板桥古法造纸体验园等。

(二)主要项目行政区划布局

表6　彭水乡村旅游主要项目一览表

序号	所在乡镇街道	功能分区	项目名称	升级或新建
1	汉葭街道	一环	芦渡湖共富新村	升级
2			黔中大道农家乐一条街	升级
3			雷公盖休闲度假基地	新建
4			犀角岩休闲度假村	新建
5			芦渡沟度假公园	新建
6			芦渡沟玩水俱乐部	新建
7			采芹城休闲农业示范园	新建
8		两带	磨寨农家乐一条街	升级
9	绍庆街道	一环	龙泉洞山庄	升级
10			白云山庄	升级
11			弹子岍采摘园	升级
12			勃朗葡萄园	升级
13			胡家湾苗寨	升级
14			过江七彩生态观光园	新建
15			云顶寺遗址探秘区	新建

续表

序号	所在乡镇街道	功能分区	项目名称	升级或新建
16	靛水街道	三廊	桂花旅游新村	升级
17			靛水巴渝民居	升级
18			大厂坝民俗村	升级
19			大厂乡村旅游接待中心	升级
20			欣宜度假村	升级
21		一环	云顶山观景休闲度假区	新建
22			云顶山自驾游营地	新建
23			福尔沱茶厂休闲度假村	新建
24		三廊	简家堡乡贤民宿村	新建
25			峰子洞—太阳坪景观长廊	新建
26			荆竹坝生态采摘园	新建
27			连坑槽生态果蔬采摘园	新建
28			莱坝休闲农业示范园	新建
29			向家堡经果林示范基地	新建
30			峰子洞传统狩猎场	新建
31			荆竹坝生态康复中心	新建
32			大厂坝生态养老基地	新建
33			小厂珍稀花木栽培基地	新建
34			黄葛堡猕猴桃基地	新建
35			苦竹塘生态中药材基地	新建
36			火石坳珍稀食用菌基地	新建
37			诸粮坝高山蔬菜示范基地	新建
38			阳藿槽珍稀水果基地	新建
39			楠木坪生态瓜果基地	新建
40			艾火坪生态牛羊养殖基地	新建
41			余家生态生猪养殖基地	新建
42			丁家沟生态玉米栽培基地	新建
43			苗子沟冷水鱼养殖基地	新建
44			文武堂花蜂谷	新建
45	高谷镇	一环	兴隆苗寨	升级
46			高谷生态农业体验园	升级
47		两带	王家坝遗址果园	升级
48			高谷草莓园	升级

续表

序号	所在乡镇街道	功能分区	项目名称	升级或新建
49	高谷镇	两带	高谷新村	升级
50			御林山庄	升级
51			共和王家坝观景台	新建
52			庞溪沟农业休闲度假村	新建
53	鹿鸣乡	六区	鹿鸣漆园林场	升级
54			牛岍古铺客栈	新建
55			向家坝蒙古村	新建
56	平安镇	六区	平安休闲农业示范区	升级
57			平安爱情花海	升级
58			凉风洞烤羊山庄	升级
59			马玄洞烤羊山庄	升级
60			双宝山油茶度假村	新建
61			龙门寺佛教体验园	新建
62	龙射镇	六区	三星寺探险体验基地	新建
63			钟山坝钟灵寺休闲度假区	新建
64			葡萄水库休闲园	新建
65			敲梆岭珍稀植物观光度假区	新建
66			大地西瓜采摘园	新建
67	棣棠乡	六区	胆子峡民俗体验区	新建
68			棣棠河风景区	新建
69	太原镇	六区	麒麟山地休闲度假村	升级
70			无私溪风情休闲度假村	新建
71			板楯沟休闲观光区	新建
72			七曜山森林运动度假区	新建
73			太原碧水清泉冷水鱼度假村	新建
74	普子镇	六区	阿依山红豆杉休闲度假区	升级
75			普子河漂流	新建
76	三义乡	六区	大龙桥峡谷观光体验区	新建
77			白崖水野外露营基地	新建
78			弘升民俗风情村	新建
79			龙合民俗风情村	新建
80			四坪盖养生养老基地	新建

续表

序号	所在乡镇街道	功能分区	项目名称	升级或新建
81	保家镇（芦塘乡）	两带	老营顶桃花山庄	升级
82			凤凰花海	升级
83			大河坝油菜花	升级
84		六区	木兰湖休闲度假区	新建
85			苗王山体验度假区	新建
86	郁山镇	两带	玉泉新村	升级
87			郁山通道购物街	升级
88			后照河风景区	新建
89		六区	中井河文化探秘体验区	新建
90			老郁山郁盐研学游览区	新建
91			中井坝柑橘采摘园	新建
92			朱砂窝丹砂文化探秘园	新建
93			朱砂休闲度假区	新建
94	联合乡	六区	联合高山休闲度假区	新建
95	石柳乡	六区	冷竹箐森林运动游览区	新建
96	连湖镇	六区	郁江画廊风景区	新建
97			联湖郁江生态渔村	新建
98	龙溪乡	两带	武陵山特大桥观景园	新建
99	走马乡	三廊	走马休闲农业示范基地	新建
100			鸡冠城休闲度假基地	新建
101	乔梓乡	三廊	不老泉荷花园	升级
102			桥梓花果山	升级
103			仙人洞生态养老基地	新建
104			仙人洞风景区	新建
105			不老泉养生中心	新建
106			“长寿堂”体验馆	新建
107	长生镇	三廊	水田坝花海度假区	升级
108			长生风情农家乐一条街	升级
109			东道岍溶洞游览园	新建
110	岩东乡	三廊	绕旗荷塘	升级
111			岍山花海	升级
112			岍山食用菌品质基地	升级
113			岩东移民新村	升级

续表

序号	所在乡镇街道	功能分区	项目名称	升级或新建
114	岩东乡	三廊	沙坝生态果园	升级
115	万足镇	两带	万足垂钓基地	升级
116			茶林坪移民新村	升级
117			乌江电站观景台	升级
118			万天宫文化体验园	新建
119			万足湖儿童乐园	新建
120			红旗民俗村	新建
121		六区	美人窝风俗美食园	新建
122			瓦厂坝民俗风情村	新建
123			爱国茶园休闲度假村	新建
124	新田镇	六区	阿依山风情观光园	升级
125			新田生态蔬菜采摘园	新建
126			三潮水民俗风情园	新建
127			新田风情街	新建
128			神龙谷景区	新建
129		两带	马峰峡观景台	新建
130	桑柘镇	六区	窦家坝民俗体验园	新建
131			鹿箐避暑度假区	新建
132			鹿箐避暑度假区	新建
133			月亮洞观景亭	新建
134			河坝金丝楠观景台	新建
135			百果园银杏园	新建
136			青蒲垭景区	新建
137			茶心石林休闲度假区	新建
138	大同镇	六区	九门十八洞风景区	新建
139			大同休闲农业度假区	新建
140	桐楼乡	六区	桃花园风情村	新建
141			桐木溪生态体验区	新建
142	诸佛乡	三廊	庙池风情村	升级
143			红岩洞观光体验区	新建
144			亭子口休闲度假区	新建
145			诸佛岗盘歌休闲游乐区	新建
146			清河温泉度假村	新建

续表

序号	所在乡镇街道	功能分区	项目名称	升级或新建
147	诸佛乡	三廊	清河苗家风情体验区	新建
148	梅子垭镇	三廊	梅子垭知青博物馆	升级
149			佛山寨	升级
150			官衙坝土司文化体验园	新建
151			梅子箩篼溪苗家村落休闲区	新建
152	鞍子镇	三廊	石磨岩景区苗家乐一条街	升级
153			盘歌堂	升级
154			罗家沱苗寨	升级
155			“苗妹香香”购物中心	新建
156			木欧水苗家村落度假区	新建
157			冯家苗乡农特产一条街	新建
158			何家坝苗乡休闲农业示范区	新建
159	善感乡	三廊	罗兴百岁坊风情体验区	新建
160		两带	周家寨画廊新村	升级
161			善感休闲农业观光园	新建
162			周家寨垂钓游乐基地	新建
163			周家寨自驾游营地	新建
164	鹿角镇	两带	文蒲园	升级
165			峡口观景台	新建
166			鹿角湖观景台	新建
167			鹿角湖大溪沟水上乐园	新建
168			龙门峡傩神谷	新建
169		三廊	大圆湖水上休闲度假区	新建
170	双龙乡	六区	老鹰岩乌江画廊观景台	新建
171			白果坝森林运动体验园	新建
172			龟池坝贡米休闲农庄	新建
173	石盘乡	六区	石新草地车辆特技表演场	新建
174			石盘自驾游宿营地	新建
175			石盘优质核桃采摘园	新建
176			十二盘特色水果采摘园	新建
177			水池坝观景休闲度假村	新建
178	朗溪乡	六区	何家盖红色旅游村	升级
179			竹板桥古法造纸体验园	新建

续表

序号	所在乡镇街道	功能分区	项目名称	升级或新建
180	黄家镇	六区	黄家坝红军街	升级
181			母子溪农家乐一条街	新建
182			穿石峡谷观光休闲区	新建
183			笔架山红色旅游体验区	新建
184			大岍观景台	新建
185	龙塘乡	六区	川岍风景区	新建
186			九竹坎—岗家槽露营基地	新建
187			双龙传统风情村	新建
188			黄金森林度假区	新建
189		三廊	河坝生态水库休闲园	新建
190	润溪乡	三廊	菖蒲堂旅游新村	升级
191			黄帝峡巴渝民居	升级
192			摩围新居休闲度假区	升级
193			菖蒲塘运动养生中心	新建
194		六区	彭水烟叶科普展示馆	升级
195			云游山空中别墅度假区	升级
196			樱桃井风情度假区	新建
197			白果坪度假村	新建
198			莲花寺景区	新建
199			锅滩土家文化体验区	新建
200	大垭乡	六区	大垭石林景区	新建
201			珠子溪风景区	新建
202			东瓜溪风景区	新建
203			龙口边寨巫傩风情小镇	新建
204			木腊庄傩戏体验区	新建
205			浩口风情村	新建
206			冒火山地质度假区	新建

二、乡村旅游重点项目建设

根据项目建设条件和发展前景，规划要求升级改造项目主要是发挥资源优势和提升品牌品质；新建拟建项目则按照“一品一景、一品一文、一品一韵”原则，实现规划建设，突出产品的质量和品质。

(一)改造升级项目规划(57个)

依托现有资源条件,重点完善实施设备,加强经营服务管理,提升服务质量和服务水平。

表7　彭水升级改造乡村旅游重点项目一览表

项目名称	项目所在地	升级改造内容
芦渡湖共富新村	汉葭关口	统一建筑风貌,更新完善设备设施,提升服务质量
黔中大道农家乐一条街	汉葭下塘	优化店招店牌,更新完善设备设施,提升服务质量
磨寨农家乐一条街	汉葭沙坨	统一建筑风貌,更新完善设备设施,提升服务质量
龙泉洞山庄	绍庆白云	完善装饰装修,开发农事体验、窖藏酒品产品等
白云山庄	绍庆白云	更新完善设备设施,提升服务质量
弹子岍采摘园	绍庆弹子	打造星级农家乐2家以上,提升服务质量
勃朗葡萄园	绍庆阿依河	完善儿童游乐设施,打造星级农家乐1家以上
胡家湾苗寨	绍庆阿依河	更新外观风貌、店招、设备,提升服务质量
桂花旅游新村	靛水桂花	统一外观风貌,完善设施设备,提升服务质量
靛水巴渝民居	靛水大厂	实施内部民宿化改造,培训服务人员,加强统筹管理
大厂坝民俗村	靛水大厂	完善导引标识,培训服务人员,加强管理,提升质量
大厂乡村旅游接待中心	靛水大厂	完善住宿设施、餐饮设施,培训服务人员,加强管理
欣宜度假村	靛水长岩	美化外部环境,加强食品安全管理,提升服务质量
兴隆苗寨	高谷	完善农事活动产品,培训服务人员,提升服务质量
高谷生态农业体验园	高谷	完善园区设施,丰富体验产品,提升服务质量
王家坝遗址果园	高谷共和	更新柑橘果林,建设步游道,设置遗址参观平台,打造星级农家乐,培训服务人员
高谷草莓园	高谷	丰富草莓品种,实施错季栽培,提升服务质量
高谷新村	高谷镇	建设垂钓、儿童游乐、农事体验产品,改造建设星级农家乐,加强管理、培训与服务
御林山庄	高谷庞溪	实施苗家风貌改造,完善设施设备,提升服务质量
鹿鸣漆园林场	鹿鸣漆园	完善游览、度假设施设备,提升服务质量
平安休闲农业示范区	平安镇	举办主题采摘节,完善园区道路,加强管理与服务
平安爱情花海	平安镇	完善主题花卉观光园,实施风貌改造,提升服务质量
凉风洞烤羊山庄	平安镇	改善环境,突出山庄特色,加强管理,提升服务质量
马玄洞烤羊山庄	平安镇	改善环境,突出山庄特色,加强管理,提升服务质量
麒麟山地休闲度假村	太原麒麟	完善游览道、休闲度假设施,提升服务质量
阿依山红豆杉休闲度假区	普子砂石	完善接待设施,以红豆杉打造养老产品,完善儿童游乐设施,提升服务质量

续表

项目名称	项目所在地	升级改造内容
老营顶桃花山庄	保家	优化桃树林,改造游览道、农家乐,加大环道、临时停车位建设;提升大河坝油菜花海,增加花卉园的主题图案,改造交通道路,实施民房环境改造;加强管理,提升服务质量
凤凰花海	保家	实施主题花卉园改造,完善接待设施,提升服务质量
海玉泉新村	郁山	更新接待设施设备,完成主题观赏、采摘园建设
郁山通道购物街	郁山	实施盐丹文化风貌改造,美化环境,提升服务质量
不老泉荷花园	乔梓	完善环园风貌改造,整治园区环境,完善接待设施,培训服务人员,加大长寿文化宣传推广力度
桥梓花果山	乔梓	整治园区游览道,举办主题采摘节,提升服务质量
水田坝花海度假区	长生镇	突出长寿文化产品打造,优化油菜花栽培,加强园区管理,提升服务质量
长生风情农家乐一条街	长生镇	实施民房统一风貌改造,挖掘长生不老餐饮品牌,提升服务质量
绕旗荷塘	岩东	完善游览设施,打造星级农家乐3家以上
岍山花海	岩东	规划建设花卉园、采摘园等,完善垂钓设施、接待设施,提升服务质量
岩东移民新村	岩东集镇	实施风情街打造,完善接待设施,提升服务质量
沙坝生态果园	岩东	举办主题赏花采摘节,打造农家乐接待设施等
万足垂钓基地	万足镇	完善环湖道路,整理环境,建设垂钓位500个,改建渔村,增加床位100个,提升服务质量
茶林坪移民新村	万足镇	实施环境绿化、风貌美化,升级接待设施设备档次,增加床位500个,培训服务人员,提升服务质量
美人窝风俗美食园	万足镇	完善巴渝民俗村旅游功能,提升农家乐档次,培训服务人员,提升服务质量
乌江电站观景台	万足镇	新建观景平台100平方米,新建生态星级厕所,修缮观景亭,加强安全、卫生管理
阿依山风情观光园	新田镇	完善旅游设施,提升服务质量
庙池风情村	诸佛乡	新建民宿2家、农家乐3家,增添床位150个,完善旅游标识,培训服务人员,挖掘地方美食
梅子垭知青博物馆	梅子垭	增设电子导览系统、游客休息室,设立管理机构、配备管理人员,培训讲解员开展解说服务
佛山寨	梅子垭	优化接待服务设施,培育度假产品,提升服务质量
石磨岩景区苗家乐一条街	鞍子镇	完善苗家风貌统一改造,统一着苗族装,创制系列苗家菜肴,主要服务人员说苗语,培训苗歌并互动

续表

项目名称	项目所在地	升级改造内容
鞍子苗寨·盘歌堂	鞍子镇	打造石磨岩石林景区;新建星级厕所,完善供水、内部设施设备,新增床位50个,组织常态化苗歌苗舞演出展示,常态化举办赛歌会,每天组织篝火晚会,提供苗家服饰租赁、售卖服务,开办苗家茶室等
鞍子苗寨·罗家沱	鞍子镇	新建苗山湖水水游乐园,复建恢复苗家水碾坊、榨油坊,改造田园风光,培育田间农事体验项目,提升接待设施档次,开办院坝篝火晚会,统一着苗族装,创制系列苗家菜肴,主要服务人员说苗语
周家寨画廊新村	善感乡	实施水岸绿化工程,新建沿湖休闲廊道1 500米、垂钓位1 000个,湖岸垂钓船(锚位)50艘,完善猕猴桃采摘园,升级节会,改造升级星级农家乐15家,创制乌江鱼特色餐饮,加强组织管理,提升服务质量
何家盖红色旅游村	朗溪乡	建设马头山战史陈列馆,新增游客接待设施,开办农家乐,培训服务人员,开展旅游服务
黄家坝红军街	黄家镇	成立管理机构,开辟红色游览精品线路,打造星级农家乐5家,培训解说员、服务人员,开展旅游服务
菖蒲堂旅游新村	润溪乡	实施人行道畅通美化工程,完善接待设施设备,新建50个以上车位停车场,创制特色餐饮,提升服务质量
黄帝峡巴渝民居	润溪乡	新建水库、打造水体景观、儿童游乐园,系统规划栽培采摘园,完善旅游接待设施,新增床位80个以上,培训服务人员,开展休闲度假旅游服务
摩围新居休闲度假区	润溪乡	改造果园,新建赏花、采摘步游道,开办主题节会,加强安全、服务管理,提升服务质量
彭水烟叶科普展示馆	润溪乡	设立中国烟叶科技展览馆,增添床位50个,创制特色餐饮,培训服务人员,开展休闲度假旅游服务
云游山空中别墅度假区	润溪乡	新增树屋20栋,完善园区设施设备,建设临时停车场,创制森林主题餐饮,加强安全管理与服务,提升服务质量

(二)新建重点项目规划(106个)

依托资源禀赋和开发条件,根据游客市场需求、旅游产品要求,按照“一景一品、一景一韵”突出品牌个性。

表8　彭水规划新建乡村旅游重点项目一览表

项目名称	所在政区	园区面积/亩	开发建设产品、文化特色及其主要内容
雷公盖休闲度假基地	汉葭街道	3 000	以休闲农业示范建设为依托，以云雾景观、避暑纳凉为吸引，打造天象景观休闲度假基地。新建特色果蔬采摘园5个、自驾休闲度假营地1个(50个车位以上)、临时停车场5个、云雾景观观景平台5个(每个100平方米)、旅游服务中心1个、步游道2千米；打造星级农家乐10家，接待床位达200个以上；培训从业人员，实施标准化旅游服务与管理。
犀角岩休闲度假村	汉葭街道	2 000	近郊优势，以犀角尖、犀牛峡为吸引，打造地质奇观休闲度假园区。新建步游道3千米连接彭西二级路安家湾、犀角岩村落，新建观景亭4个、游客服务点4个，新建生态攀岩场1个，新建停车场1个(50个车位)、临时停车场5个，打造犀角岩、亭子坝民俗村，开办星级农家乐10家、儿童游乐园2个、老年休闲馆1个，培训从业人员，实施标准化旅游服务与管理。
芦渡沟度假公园	汉葭街道	3 000	以峡谷、绝壁、溪水为吸引，打造近郊周末休闲度假园区。新建步游道3千米(其中攀爬天梯300米)、跌水景观1.5千米、三岔河度假营地、彭岩路观景平台2个、接待中心1座、便民店4个、星级厕所3个，配套建设休闲廊亭，加强公共管理与服务。
芦渡沟玩水俱乐部	汉葭街道	5	以山泉水为吸引，建设水体游玩俱乐部。建设室内游泳池2个、室外公共游泳池1个、水上青少年游乐园1个、星级厕所1个，建设游泳培训中心1座，开展游泳科技培训，配套建设餐饮、商贸服务设施，严格培训从业人员，加强安全管理与服务。
采芹城休闲农业示范园	汉葭街道	1 000	依托休闲农业示范建设，以古代城池、军事驻防为吸引，打造古代军事文化为特色的休闲体验旅游园区。新建采芹城遗址观光园、彭水古代战争陈列室、采芹城接待服务中心，新辟农事活动体验园、亲子活动采摘园，建设临时停车场1个，开办星级农家乐2家，建设星级厕所1座，培训从业人员，加强管理与服务。
过江七彩生态观光园	绍庆街道	5 000	依托山地、云雾景观和美丽田园风光，打造多彩乡村，为摩围山日出、云海增添四季美景。规划建设七彩森林、四季农田景观，实施休闲农业示范建设，建设步游道3千米，开办星级农家乐5家以上，建设临时停车场和星级厕所各2个，设置临时停车位，培训从业人员，加强管理与服务。

续表

项目名称	所在政区	园区面积/亩	开发建设产品、文化特色及其主要内容
云顶寺遗址探秘区	绍庆街道	500	依托近城优势和名山、名寺、名洞资源，打造城市道教、佛教文化探秘运动体验区。本区域处于县城至云顶山休闲区的连接带。新建生态步游道4千米、整治古道500米，新建蓄水池1个并配套建设饮水点5个以上，新建驴友宿营地1个、游客服务中心3处，建设临时停车场1个(50个车位以上)，完善标识，加强安全教育与管理服务工作。
云顶山观景休闲度假区	靛水街道	1 000	地处新旧城区之间，是观看城市景观的最佳地带，以万家灯火、休闲度假为吸引。新建步游道4千米以上、观景平台10个以上、观景亭5个以上、游客服务中心1座，建设原生态茅草屋50个以上，开辟游客露营基地1个、临时停车场和烧烤场，配套建设饮水池1座、污水处理厂1个、星级厕所1个和进园路、水、电、通信、电视等，创制高山生态养生餐饮，培训从业人员，加强管理与服务。
云顶山自驾游营地	靛水街道	100	依托近郊优势，以避暑纳凉、彭水夜景、宗教文化为吸引，建设市区自驾宿营地。建设房车泊位10个、小车泊位50~80个，新建接待服务中心1座、汽车服务站1个，辟建车友娱乐会所1个，配套建设饮水池1座、污水处理厂1个、星级厕所1个和进园路、水、电、通信、电视等，创制高山生态养生餐饮，培训从业人员，加强管理与服务。
福尔沱茶厂休闲度假村	靛水街道	1 200	依托茶园资源和彭水上千年茶文化，建设彭水古老茶文化休闲度假品牌。新建茶文化休闲步游道2千米、茶山观景亭3个、彭水名茶文化会所1个、游客接待中心1个，改建茶叶制作参观线路、古法治茶体验园，建设停车场1个，举办采茶节，培训从业人员，创制茶食，开展旅游服务。
简家堡乡贤民宿村	靛水街道	600	借助摩围山度假区、摩围山景区辐射和青山学堂乡贤文化，依托传统村庄建设民宿示范村。整治原生态村落风貌和村落环境，移建传统建筑(闲置、遗弃木房)聚落，复建“青山学堂”，改建民俗40间，改建步游道1.5千米，实施绿化工程，新建乡贤牌坊，规划建设四季果园、时鲜菜品采摘园，辟建停车场，配套建设星级厕所，完善水、电、通信、电视、污水处理、垃圾收集等设施，培训从业人员，加强管理服务。申报国家民俗风情村。
小厂珍稀花木栽培基地	靛水街道	1 200	依托高适度海拔，利用大厂村小厂土地资源，建设稀有花木栽培基地。栽培红豆杉、金丝楠、铁皮石斛等珍稀花木，建设蜂子洞—小厂火棘景观带，开展盆景制作、出售和珍稀花木栽培、出售，升级小厂农家乐，开展旅游接待服务。

续表

项目名称	所在政区	园区面积/亩	开发建设产品、文化特色及其主要内容
荆竹坝生态采摘园	靛水街道	800	依托摩围山景区、度假区和高适度海拔，利用大厂村荆竹坝土地资源，实施休闲农业示范基地建设，辟建高山蔬菜、瓜果、草莓、梨子、李子、猕猴桃、百合等采摘园，实施土地整治新建步游道4千米，辟建临时停车场和停车位，配套建设灌溉工程、网商工程，举办生态采摘节，加强培训、管理与服务。
连坑槽生态果蔬采摘园	靛水街道	2 500	依托摩围山景区、度假区和高适度海拔，利用大厂村连坑槽坝土地资源，建设高山生态高效农业示范基地和重庆市高山果蔬原产地。实施土地整治、休闲农业示范基地建设，规划建设规模化生态果蔬示范片，建设步游道5千米，辟建临时停车场和停车位，配套建设滴灌工程、网商工程，举办生态采摘节，加强培训、管理与服务。
菜坝休闲农业示范园	靛水街道	800	依托摩围山景区、度假区和高适度海拔，利用大厂村菜坝—庹家土地资源，建设高山休闲农业示范园。实施土地整治、休闲农业示范基地建设，规划建设生态休闲农业示范园，建设生态生猪、生态禽蛋基地，辟建临时停车场和停车位，配套建设网商工程，举办民俗刨汤文化节，加强培训、管理与服务。
向家堡经果林示范基地	靛水街道	3 000	依托摩围山景区、度假区和高适度海拔，利用大厂村木瓦土地资源，建设高山优质核桃、优质板栗示范基地。实施生态休闲林业建设，开展林下种植业、养殖业，建设接待服务中心，辟建临时停车场和停车位，配套建设网商工程，加强培训、管理与服务。
峰子洞传统狩猎场	靛水街道	800	依托摩围山景区、度假区和高适度海拔，利用大厂村蜂子洞林地资源，建设传统猎场。辟建传统狩猎场500亩，养殖野兔1 000只、野猪50头，驯养猎狗100只，新建传统狩猎接待培训中心，举办摩围山狩猎文化节，辟建临时停车场，培训从业人员，加强安全教育与管理服务。
荆竹坝生态康复中心	靛水街道	800	依托摩围山景区、度假区和高适度海拔，利用大厂村荆竹坝森林、土地资源，建设生态康复中心。新建康复中心、设置养生康复标准间50个，辟建药王谷1个、康复步游道1 000米、康复广场500平方米，配套建设水、电、路、汽、通信、电视、停车、污水处理、垃圾回收等基础设施，配备医务、陪护、心理咨询等专业技术人员，创制康复餐饮，培训服务人员，加强管理与服务。

续表

项目名称	所在政区	园区面积/亩	开发建设产品、文化特色及其主要内容
大厂坝生态养老基地	靛水街道	800	依托摩围山景区、度假区和高适度宜居海拔，利用大厂村森林、土地资源，建设生态养老基地。新建养老双户型森林别墅25栋（100对高端客户）、养老服务中心1个，辟建垂钓池1个、林间健身步道1 000米、生态老年健身广场500平方米、老年田间农事体验园1个，配套建设水、电、路、汽、通信、电视、停车、污水处理、垃圾回收等基础设施，配备医务、陪护、心理咨询等专业技术人员，创制养老餐饮，培训服务人员，加强管理与服务。
黄葛堡猕猴桃基地	靛水街道	1 500	依托摩围山景区、度假区和高适度海拔，利用大厂村黄葛堡片区土地资源，建设猕猴桃基地。新建优质猕猴桃栽培园1 000亩、猕猴桃产品研发中心1个，修建步游道3千米，辟建临时停车场，改造农家乐5家，改建公路主通道，举办猕猴桃采摘节，建设星级厕所2个，配套网商工程建设，加强管理与服务质量。
苦竹塘生态中药材基地	靛水街道	2 000	依托大型制药企业，利用阳藿村苦竹塘片区土地、适度海拔资源，建设生态中药材基地。建设高效中药材栽培基地1 500亩、中药材初加工基地1个，改造星级农家乐2家，辟建临时停车场，开展旅游接待服务。
诸粮坝高山蔬菜示范基地	靛水街道	1 000	依托摩围山景区、度假区和高适度海拔，利用长岩村诸粮坝片区土地资源，建设高山蔬菜示范基地、珍稀羊肚菌培育中心。实施生态休闲农业示范区建设，建设高山错季生态栽种基地800亩、步游道1千米、游客接待中心1个、临时停车场1个，培植羊肚菌250亩，配套建设滴灌工程、网商工程，举办采摘节，打造星级农家乐2家以上，培训餐饮服务人员，开展旅游接待服务。
阳藿槽珍稀水果基地	靛水街道	2 000	依托摩围山景区、度假区和高适度海拔，利用阳藿村阳藿槽片区土地资源，建设高山珍稀水果基地。引进适宜珍稀水果苗、栽培四季果园1 800亩，建设步游道2千米、游客接待中心1个、专家大院1个，配套建设网商工程，打造星级农家乐4家，建设临时停车场，举办采摘节，培训接待服务人员，开展旅游接待服务。
楠木坪生态瓜果基地	靛水街道	1 500	依托摩围山景区、度假区和高适度海拔，利用阳藿村楠木坪片区土地资源，建设高山生态瓜果基地。栽培四季瓜果1 400亩，建设步游道2千米，配套建设网商工程，打造星级农家乐4家，建设临时停车场，培训接待服务人员，开展旅游接待服务。

续表

项目名称	所在政区	园区面积/亩	开发建设产品、文化特色及其主要内容
艾火坪生态牛羊养殖基地	靛水街道	3 500	依托高适度海拔，利用大厂村艾火坪灌丛、土地资源，建设生态牛羊养殖基地。培植生态高营养草饲料基地3 000亩，放养黄牛场300头、山羊1 000只，年出栏黄牛100头、山羊500只，设立专家大院1个，配套建设屠宰加工房1个、网商终端1个，辟建烤羊基地，打造星级农家乐2家，培训接待人员，开展旅游接待服务。
余家生态生猪养殖基地	靛水街道	15	依托摩围山景区、度假区和高适度海拔，建设高山生态生猪养殖基地。建设生态养殖场3个，养殖生猪1 500头，出栏1 000头，配套建设牲畜排污处理、屠宰场、电商工程，举办刨汤节，打造星级农家乐3家，培训接待人员，开展旅游接待服务。
丁家沟生态玉米栽培基地	靛水街道	1 500	依托摩围山景区、度假区和高适度海拔，利用阳藿村丁家沟片区土地资源，建设高山生态玉米栽培基地。种植高品质玉米1 400亩，配套建设电商工程，打造星级农家乐2家，开展旅游接待服务。
苗子沟冷水鱼养殖基地	靛水街道	30	利用长岩村苗子沟泉水资源，建设生态冷水鱼养殖基地。新建养鱼池1 000平方米以上，配套建设电商工程、度假鱼庄，培训服务人员，开展旅游接待服务。
文武堂花蜂谷	靛水街道	1 000	利用文武社区土地资源，建设中华蜜蜂花蜂谷。栽培四季优势蜜源基地950亩，建设养蜂场、电商工程，打造优质地方旅游商品。
庞溪沟农业休闲度假村	高谷镇	1 000	以高谷镇庞溪村山地资源，建设农业休闲度假村。实施生态休闲农业示范建设，辟建农业采摘园、农事体验园，打造星级农家乐3家以上，开展旅游接待服务。
向家坝蒙古村	鹿鸣乡	1 000	依托蒙古文化和村落建筑，建设向家坝蒙古村。复建八角庙、跑马道，恢复骑射训练、展示，举办苏鲁定节；实施休闲农业示范建设项目，辟建多种专项采摘园；打造星级农家乐4家以上，修建星级厕所，培训从业人员，开展接待服务。
双宝山油茶度假村	平安镇	8 000	依托油茶山资源，建设休闲度假村。修建游客接待中心、停车场、星级厕所等接待设施，规划建设荷塘、森林度假基地、高山游乐场、儿童游乐场，改建植物茶油榨制体验园，升级改造步游道3千米，烧烤场，发展林下经济，配套建设水、电、路、通信、电视、电商等基础设施，辟建露营基地，培训从业人员，加大管理与服务力度。
龙门寺佛教体验园	平安镇	5	以龙门寺为吸引，建设佛教文化体验园。修缮龙门寺，完善解说系统，硬化连接公路，实施休闲农业建设，辟建临时停车场，打造星级农家乐2家，培训从业人员，开展旅游服务。

续表

项目名称	所在政区	园区面积/亩	开发建设产品、文化特色及其主要内容
三星寺探险体验基地	龙射镇	1 000	以三连星地陷为依托，建设地质奇观探险体验基地。建设步游道1千米、观景亭1个、观景台4个，辟建攀岩场、悬崖秋千场，修建生态厕所3个，整修冉氏老院子，设施游客便民店，配套建设饮水工程，打造星级农家乐1家，加强安全教育管理，培训从业人员，开展旅游服务。
钟山坝钟灵寺休闲度假区	龙射镇	3 000	以钟山坝山地奇观和钟灵寺为吸引，建设山地佛家文化休闲度假区。实施休闲农业示范建设2 000亩、辟建农事采摘园5个以上，建设步游道3千米，修缮钟灵寺，打造星级农家乐2家以上，设立农特产购物中心，培训从业人员，开展旅游服务。
葡萄水库休闲园	龙射镇	1 000	依托高山水库水体、高海拔避暑资源，建设高山生态休闲度假园区。建设旅游接待中心，辟建生态停车场、帐篷休闲度假园，实施休闲农业示范建设，配套建设供电、排污、垃圾回收、生态厕所设施，打造星级农家乐2家，培训从业人员，开展旅游服务。
敲梆岭珍稀植物观光度假区	龙射镇	2 000	依托原生态红豆杉、银杏和高海拔避暑资源，建设高山生态休闲度假园区。新建步游道2千米、生态厕所2个，辟建临时停车场2个，打造星级农家乐2家以上，培训从业人员，开展旅游服务。
担子峡民俗体验区	棣棠乡	5 000	以中国传统材料为吸引，利用朱三洞遗址、民族村寨、古老煤窑、古法造纸术、南北水渠、高干狮舞等资源，建设民俗体验区。实施民俗村建设、休闲农业示范建设工程，打造古煤窑、古法造纸、朱三洞、南渠等旅游体验观光景点，建设步游道2千米，改造建设农家乐3家、民宿接待点2个，整治、绿化村落环境，培训从业人员，组织民俗文化表演，加强管理与服务，开展旅游服务。
棣棠河风景区	棣棠乡	20 000	利用棣棠河峡谷、河谷田园、凉风洞、天坑等资源，建设生态风景游览区，打造休闲度假基地。新建风景区接待中心，修建步游道、观景平台，实施休闲农业示范建设，辟建生态停车场、露营基地，打造农家乐5家，培训从业人员，组织民俗文化表演，加强管理与服务，开展旅游服务。
无私溪风情休闲度假村	太原镇	3 000	依托无私溪山水、忠孝堂等传统建筑、字库塔等资源，建设风情休闲度假村。新建游客接待中心、无私溪石牌坊，改建无私瀑布游览道3千米，实施休闲农业示范建设，整治村落环境，修缮“忠孝堂”，复建善堂，打造新房子等民宿2家、星级农家乐3家以上，完善解说系统，组织民俗表演，加强管理与服务，开展旅游服务。

续表

项目名称	所在政区	园区面积/亩	开发建设产品、文化特色及其主要内容
板楯沟休闲观光区	太原镇	8 000	依托张飞岈石刻(天书)和板楯沟、张飞岈沟山溪水资源,建设文化引领下的休闲观光体验区。实施休闲农业示范建设,新建板楯沟、宝箱沟、天书石刻旅游点,修建步游道和观景平台,打造星级农家乐2家、生态厕所3个,完善解说系统,加强管理与服务,开展旅游服务。
七曜山森林运动度假区	太原镇	9 000	依托高山森林、高海拔避暑和大王洞古代铜矿遗址资源,建设巴文化森林运动度假区。开发大王洞、七曜山旅游景点和度假别墅,修建旅游接待中心、星级厕所、观景体验步游道,完善解说系统和水、电、路、通信、电视、环保等基础设施,加强管理与服务,开展旅游服务。
太原碧水清泉冷水鱼度假村	太原镇	5	依托冷水鱼养殖基地资源,建设渔家乐主题度假村。新建度假山庄、星级厕所,建设冷水鱼科技展览室,完善接待设施、解说系统,加强安全管理与服务,开展旅游服务。
普子河漂流	太原镇	7 000	利用普子河峡谷水体资源,建设休闲玩水旅游品牌。新建游客接待中心、起漂码头、收漂码头,购置漂流艇,修建临时停车场、星级厕所各2个,打造星级农家乐4家以上,完善接待设施、解说系统,加强安全管理与服务,开展旅游服务。
大龙桥峡谷观光体验区	三义乡	8 000	利用普子河峡谷绝壁和大龙桥(天生桥)、三眼洞、七眼洞等资源,建设地质奇观观光体验区。开发三眼洞、七眼洞、大龙桥旅游景点,新建步游道13千米,改建游客接待中心,完善接待设施、解说系统,加强安全管理与服务,开展旅游服务。
白崖水野外露营基地	三义乡	100	利用山溪水和废弃煤矿管理生活区,建设生态自驾游基地。新建步游道2千米,改造旅游宾馆、生态厕所,辟建烧烤场1个,完善接待设施、解说系统,加强安全管理与服务,开展旅游服务。
弘升民俗风情村	三义乡	1 000	依托弘升村民俗建筑和梯田风光,建设风情村和摄影基地。实施风情村风貌、人居环境、水田保护工程建设,建设步游道,打造星级农家乐2家以上。
龙合民俗风情村	三义乡	1 000	利用中药材示范基地和传统民居,建设中药材特色风情村。实施中药材示范基地、休闲农业示范基地建设,辟建农事体验园,改造民房风貌,打造传统民宿1家、星级农家乐2家以上,完善接待设施、解说系统,开展旅游服务。
四坪盖养生养老基地	三义乡	3 000	依托山地风光和颐养宜居环境资源,建设生态养老基地。新建养老别墅20栋、养老服务中心1个,辟建林间健身步道1 000米、生态老年健身广场500平方米,配套建设水、电、路、汽、通信、电视、停车、污水处理、垃圾回收等基础设施,配备医务、陪护、心理咨询等专业技术人员,创制养老餐饮,培训服务人员,加强管理与服务。

续表

项目名称	所在政区	园区面积/亩	开发建设产品、文化特色及其主要内容
木兰湖休闲度假区	保家镇	5 000	依托保家三江口电站水库水域和峡谷、绝壁，建设水上休闲度假区。建设游客接待中心、游船码头、星级厕所，定制游湖生态船只和漫游画舫，配套建设水、电、路、汽、通信、电视、停车、污水处理、垃圾回收等基础设施，打造星级农家乐2家以上，配置安全员、援救人员，完善接待设施、解说系统，加强安全管理与服务，开展旅游服务。
苗王山体验度假区	保家镇	6 000	依托古苗族文化、赶蛮拓业战场遗址和度假纳凉资源，建设苗族历史文化体验度假园区。建设千口古战场、皇城遗址、跑马道、古炮台、三营旅游景点和苗王山历史陈列室，辟建游览道3千米、星级厕所1个、生态厕所5个和临时停车场5个，实施休闲农业示范基地建设，配套建设电、通信、电视、停车、污水处理、垃圾回收等基础设施，打造星级农家乐3家以上，培训从业人员，加强管理，开展旅游服务。
后照河风景区	郁山镇	5 000	依托郁山古镇带动，利用峡谷、绝壁、地下河等旅游资源，建设峡谷景观风景区。建设起漂和收漂码头、龙桥旅游景点、游客接待中心，打造盐丹文化标志性漂流艇，清理整治河道，修建步游道，配套建设路、电、通信、电视、停车、污水处理、垃圾回收等基础设施，配置安全员、援救人员，完善接待设施、解说系统，加强安全管理与服务，开展旅游服务。
中井河文化探秘体验区	郁山镇	2 000	依托河谷景观、盐井、盐灶遗迹等资源，建设生态郁盐文化探秘体验区。修建中井坝制盐遗址景点、2.5千米步游道、露天盐水洗浴池和便民服务店，修整古盐道500米、古盐井3口和大岍古盐灶遗址，开展泼炉印灶制盐演示与体验活动，辟建狮子山野炊体验场、临时停车场(2个)，完善解说系统，加强安全教育管理，开展旅游服务。
老郁山郁盐研学游览区	郁山镇	500	依托古代盐业生产、生活、管理遗迹和盐道、古桥等资源，建设郁盐文化研学体验游览园区。修缮遗址道路、幸存传统建筑和庙宇，设立老郁山制盐历史陈列室，完善标识和解说系统，整治环境，打造星级农家乐2家，培训从业人员，加强管理，开展研学旅游服务。
朱砂窝丹砂文化探秘园	郁山镇	100	依托中国第一个女实业家巴寡清、古丹砂矿洞资源，建设丹砂文化探秘体验园。修复古代丹砂矿洞，修建步游道，设立郁山丹砂文化陈列室，实施休闲农业建设，打造星级农家乐1家以上，培训从业人员，开展旅游服务。
联合高山休闲度假区	联合乡	600	依托马岩山土地、田园风光资源，建设高山休闲度假基地。实施休闲农业示范建设，布局农事活动采摘、体验园，修建步游道，打造星级农家乐2家以上，培训从业人员，开展旅游服务。

续表

项目名称	所在政区	园区面积/亩	开发建设产品、文化特色及其主要内容
冷竹箐森林运动度假区	石柳乡	5 000	依托冷竹箐森林和山地风光，建设森林运动游览区。规划建设步游道、观景平台、森林度假基地和便民服务中心，辟建临时停车场，配套建设路、电、通信、电视、停车、污水处理、垃圾回收等基础设施，打造星级农家乐1家以上，完善解说系统，培训从业人员，加强安全教育管理，开展旅游服务。
郁江画廊风景区	连湖镇	10 000	依托郁江电站水库水体、马岩山奇观和田园风光，建设郁盐古道画廊风景区。建设游船码头、星级厕所，建造郁盐文化标志性生态游览船，实施休闲农业示范建设，建设生态渔村，打造星级农家乐2家以上，完善解说系统，培训从业人员，加强安全教育管理，开展旅游服务。
走马休闲农业示范基地	走马乡	2 000	依托走马乡鸡冠城遗址、山地风光和土地资源，建设休闲农业示范基地。实施休闲农业示范基地建设，建设鸡冠城遗址景点，布局农事活动采摘、体验园，修建步游道，打造星级农家乐2家以上，培训从业人员，开展旅游服务。
仙人洞生态养老基地	乔梓乡	6 000	依托仙人洞风光、长寿村和宜居环境等资源，建设长寿文化养老基地。开发仙人洞风景区，规划建设养老度假别墅100套，建设“长寿堂”体验馆，配套建设水、电、路、汽、通信、电视、停车、污水处理、垃圾回收等基础设施，配备医务、陪护、心理咨询等专业技术人员，创制养老餐饮，培训服务人员，加强管理与服务。
不老泉养生中心	乔梓乡	1 000	依托不老泉、荷花园、山地风光、水池等资源，建设长寿文化养生中心。建设养生服务中心、养生园区，配套建设水、电、路、汽、通信、电视、停车、污水处理、垃圾回收等基础设施，配备医务、心理咨询等专业技术人员，创制养生餐饮，培训服务人员，加强管理与服务。
万天宫文化体验园	万足镇	6	依托乌江画廊游船俱乐部影响力和湖光山水、万天宫、萧家祠堂、萧家铺子等资源，建设乌江文化体验园。辟建万天宫乌江号子艺术馆、万寿宫乌江航运博物馆、萧家铺子“萧源顺”商号陈列室、民宿生活馆，绿化美化环境，配套建设水、电、汽、通信、电视、停车、污水处理、垃圾回收、消防等基础设施，创制乌江鱼特色餐，加强管理文物保护宣传教育与管理，培训从业人员开展旅游服务。
万足湖儿童乐园	万足镇	5	依托茶林坪旅游项目吸引和水域资源，建设儿童乐园。建设水域、陆地连体儿童乐园，开展儿童游泳技能培训，配备游泳教练、水上救援人员、医护人员等，培训服务人员，加强安全管理与服务。

续表

项目名称	所在政区	园区面积/亩	开发建设产品、文化特色及其主要内容
红旗民俗村	万足镇	1 000	依托万足镇红旗“学大寨”改土成果和传统村落以及凉爽的气候条件，建设乌江画廊休闲度假民俗村。实施休闲农业示范建设，辟建农事体验、鲜品采摘等园区，新建步游道2千米，建设红旗村改土历史陈列馆、临时停车场、自驾露营地、星级厕所，打造星级农家乐2家以上，培训服务人员，加强安全管理，开展旅游服务。
瓦厂坝民俗风情村	万足镇	5 000	依托瓦厂坝中国传统村落和山地风光资源，以及阿依河、县城的辐射，建设油桐文化主题风情村。实施休闲农业示范建设，辟建农事体验、鲜品采摘等园区，改造人居环境，优化村寨风貌，建设彭水油桐文化陈列馆、步游道，打造楠木园、吊脚楼、长房子体验景点和县级农家乐3家以上，配套建设水、电、通信、电视、停车、污水处理、垃圾回收、消防等基础设施，组织背油号子等民俗表演，培训从业人员开展旅游服务。
马峰峡观景台	新田镇	30	依托马峰峡黄岩废弃悬崖公路、峡谷风光资源，建设悬崖观景休闲平台，成为乌江画廊新景观。整治硬化通道900米，设置生态防护栏，开凿乌江诗词文化长廊，建设游客服务站，设置悬崖蹦极、秋千体验项目，配套建设水、电、通信、电视、停车、污水处理、垃圾回收、消防等基础设施，完善解说系统，培训从业人员，加强安全教育与管理，开展旅游服务。
神龙谷景区	新田镇	400	依托神龙谷天坑、桫椤等资源，建设探秘度假旅游区。开发天坑探秘预览区，建设观景电梯、桫椤植物园、洞穴无鳞鱼观赏平台和沿天坑观景平台等；规划建设接待中心和度假基地；实施休闲农业示范建设，辟建农事体验、鲜品采摘等园区，新建步游道；配套建设水、电、通信、电视、停车、污水处理、垃圾回收、消防等基础设施，打造星级农家乐2家以上；完善解说系统，培训从业人员，加强安全教育与管理，开展旅游服务。
窦家坝民俗体验园	桑柘镇	500	依托窦家坝优秀传统民居、田园风光资源，建设彭水民间建筑艺术体验园。修缮窦家坝传统民居，整治美化环境，设立彭水民间木房建设艺术陈列室；实施休闲农业示范建设，辟建农事体验、鲜品采摘等园区，新建步游道；完善解说系统，培训从业人员，开展旅游服务。
鹿箐避暑度假区	桑柘镇	2 000	依托西山盖平地、宜居气候资源和视野开阔条件，建设避暑度假园区。辟建自驾游营地、生态停车场、自助烧烤园，建设游客服务中心，配套水、电、通信、污水处理、垃圾回收、消防等基础设施，培训从业人员，加强安全教育与管理，开展旅游服务。

续表

项目名称	所在政区	园区面积/亩	开发建设产品、文化特色及其主要内容
茶心石林休闲度假区	桑柘镇	1 000	依托茶心石林、青蒲垭风光、宜居气候资源，建设高山石林小休闲度假景区。开发茶心石林，完善步游道、标识解说系统、游览导引系统，建设游客接待中心、度假宾馆、自助露营地和青蒲垭风光观景平台，配套水、电、通信、污水处理、垃圾回收、消防等基础设施，培训从业人员，加强安全教育与管理，开展旅游服务。
九门十八洞风景区	大同镇	1 500	依托九门十八洞优质石林资源，建设石林风景园区。开发九门十八洞石林，完善步游道、标识解说系统、游览导引系统，建设游客接待中心、度假宾馆、自助露营地，配套水、电、通信、污水处理、垃圾回收、消防等基础设施，打造星级农家乐1家以上，培训从业人员，加强安全教育与管理，开展旅游服务。
桐木溪生态体验区	桐楼乡	6 000	依托桐木溪原生态河谷、原生态植物、名木古树等资源，建设原生态秘境探险运动研学体验园区。打造桐木溪峡谷、油麻藤、黄金木、金丝楠候鸟园、桃花村、清代禁止砍伐碑等生态旅游景点，完善观景步游道，设置游客服务站，打造星级农家乐1家以上，培训从业人员，加强安全教育与管理，开展旅游服务。
红岩洞观光体验区	诸佛乡	5 000	依托红岩洞溶洞、黄岩、飞瀑、古官道、田园风光、长脚佬的故事等资源，建设地质奇观探险研学游览园区。开发红岩洞，建设红岩飞瀑、红岩绝壁、红岩梯田观景平台，修缮彭酉官道，新建游客服务中心，配套水、电、通信、污水处理、垃圾回收、消防等基础设施，打造星级农家乐1家以上，培训从业人员，加强安全教育与管理，开展旅游服务。
亭子口休闲度假区	诸佛乡	6 000	依托诸佛电站水库、亭子口会仙桥、杨再玫花坟、珍稀黑樋子等资源，建设休闲度假园区。建设会仙桥旅游码头、游客中心、步游道，打造苗家风格游船，整治会仙桥、花坟、黑樋子景点，实施休闲农业示范建设，打造星级农家乐2家以上，配套水、电、通信、污水处理、垃圾回收、消防等基础设施，培训从业人员，加强安全教育与管理，开展旅游服务。
官衙坝土司文化体验园	梅子垭镇	5 000	依托官衙坝土司府、杉木寨以及山地田园风光资源，建设土司文化体验园区。修缮土司府、杉木寨、跑马道，新建步游道、生态停车场，整治绿化环境，实施休闲农业示范建设，打造星级农家乐2家以上，配套水、电、通信、污水处理、垃圾回收、消防等基础设施，培训从业人员，加强安全教育与管理，开展旅游服务。

续表

项目名称	所在政区	园区面积/亩	开发建设产品、文化特色及其主要内容
梅子箩篼溪苗家村落休闲区	梅子垭镇	2 000	依托联合村传统村落和田野风光、云雾天象等资源，建设苗族风情休闲带，成为鞍子苗寨的重要补充。重点整治谢七王老宅、王家岭、后边坝居民点及沿线民居风貌，建设当当石、七姊妹旅游景点，设立箩兜溪民俗陈列室，辟建步游道、临时停车场，打造星级农家乐3家以上，打通王家岭至后边坝旅游路，配套水、电、通信、污水处理、垃圾回收、消防等基础设施，培训从业人员，加强教育与管理，开展旅游服务。
“苗妹香香”购物中心	鞍子镇	1	依托鞍子苗寨、“苗妹香香”优质品牌资源，建设苗寨特色购物中心。在盘歌堂附近修建占地300平方米、建筑1 200平方米的旅游购物中心，设置“苗妹香香”体验馆，配套水、电、通信、厕所、污水处理、垃圾回收、消防等基础设施，培训从业人员，开展旅游服务。
木欧水苗家村落度假区	鞍子镇	2 500	依托干田村木欧水传统村落和田野风光等资源，建设苗族风情休闲度假园区，成为鞍子苗寨的主要补充。统一实施苗家风情风貌改造，整治村落环境，设立苗家纺织印染陈列室，恢复苗家银饰锻打作坊，建设步游道，打造星级农家乐4家以上，辟建生态停车场，配套水、电、通信、厕所、污水处理、垃圾回收、消防等基础设施，培训从业人员，开展旅游服务。
罗兴百岁坊风情体验区	善感乡	500	依托罗兴百岁坊、罗兴古城遗址和田园风光等资源，打造风情体验带，承接乌江画廊、鞍子苗寨景区。整理罗兴古城遗址、百岁坊景点，实施休闲农业示范建设，修建步游道，辟建生态厕所、临时停车场（点），打造星级农家乐1家，完善解说系统，培训从业人员，开展旅游服务。
善感休闲农业观光园	善感乡	1 000	利用彭酉二级路沿线槽坝田园风光，建设通道休闲农业观光体验园。实施休闲农业示范基地建设，规划鲜品采摘园、农事体验园，辟建步游道2千米、星级厕所1~2个，配备100个临时停车位，打造星级农家乐3家以上，配套水、电、通信、污水处理、垃圾回收等基础设施，培训从业人员，开展旅游服务。
周家寨垂钓游乐基地	善感乡	50	依托乌江画廊景区、洪渡湖水体和乌江鱼资源，建设江河垂钓度假基地，为打造国际垂钓度假基地打基础。规划建设垂钓度假服务中心，改造升级标准化钓鱼池3个，新建垂钓风情长廊2千米、钓鱼平台1 000个，打造水岸垂钓舫（水上小别墅）20艘以上，升级改造星级渔家乐6家以上，配套水、电、通信、厕所、污水处理、垃圾回收等基础设施，加强安全教育与管理服务，培训从业人员，开展旅游服务。

续表

项目名称	所在政区	园区面积/亩	开发建设产品、文化特色及其主要内容
周家寨自驾游营地	善感乡	100	依托乌江画廊、江河垂钓度假基地辐射，建设滨江自驾游宿营地。新建自驾游会所及接待服务中心、林间泊车位150个（其中房车泊位20个）、星级厕所1个，辟建自助烤鱼场，配套水、电、通信、污水处理、垃圾回收、药疗救助等基础设施，加强安全教育与管理服务，培训从业人员，开展旅游服务。
大圆湖水上休闲度假区	鹿角镇	6 000	依托龙门峡电站水库、大圆田园风光、东山盖山体景观和苗族文化等资源，建设苗山苗水民俗休闲度假娱乐风景区。建设游客接待中心、游船码头、星级厕所，定制游湖苗族风格漫游画舫，实施休闲农业示范建设，辟建农业鲜品采摘园，组织苗家歌舞体验活动，配套建设水、电、路、汽、通信、电视、停车、污水处理、垃圾回收等基础设施，打造星级农家乐3家以上，配置安全员、援救人员，完善接待设施、解说系统，加强安全管理与服务，开展旅游服务。
龙门峡傩神谷	鹿角镇	5 000	依托临近乌江画廊和连接鹿角镇、苗族文化旅游带条件，利用木腊庄傩戏和峡谷、绝壁、天生桥、溶洞等资源，建设完整巫傩文化体验度假旅游区，成为乌江画廊一大亮点。建设游客接待中心、傩文化度假宾馆、傩神洞、傩王府、傩母庙、巫傩文化广场、傩戏剧院、观景亭（4个）、生态停车场和乌江悬崖登山道、龙门栈道，辟建百花谷，修建步游道和观景亭，举办傩文化旅游节，开办还愿祈福道场，打造“龙门傩戏”精品演出品牌，设置巫傩文化研究中心，修复古官道，开发傩文化度假村，打造星级农家乐3家以上，配套建设水、电、路、汽、通信、电视、停车、污水处理、垃圾回收等基础设施，完善接待设施、标识解说系统，加强安全管理与服务，开展旅游服务。
鹿角湖观景台	鹿角镇	20	借助乌江画廊景区和观景条件，利用下沿滩湖心岛建设鹿角湖观景平台，增添画廊新景观。建设观湖阁和步游道，辟建临时停车场（50个小车位以上），整治绿化环境，设置游客服务站、休闲茶水室，加强安全教育与管理服务，培训从业人员，开展旅游服务。
龟池坝贡米休闲农庄	双龙乡	15	依托龟池坝田园风光和历史贡米产地资源，建设贡米休闲农庄。改造贡米加工房，打造星级农家乐1家，研发贡米旅游商品，完善接待设施，培训从业人员，开展旅游服务。
石盘自驾游宿营地	石盘乡	2 000	依托草地、地方特产、避暑纳凉和邻近阿依河、乌江画廊条件，建设自驾游运动宿营地。建设石新草地车辆特技练习展示场、生态停车场和自驾游服务中心，整修云雾寺遗址，实施生态农业示范建设，配套建设水、电、通信、污水处理、垃圾回收等基础设施，辟建自助烤羊场，完善接待设施、标识解说系统，加强安全管理与服务，开展旅游服务。

续表

项目名称	所在政区	园区面积/亩	开发建设产品、文化特色及其主要内容
石盘优质核桃采摘园	石盘乡	1 500	依托石盘核桃品牌影响力，建设优质核桃采摘园。栽培优质核桃 1 500 亩，发展林下经济（栽种高山洋芋、萝卜，饲养土鸡等），实施休闲农业示范园建设，包装石盘核桃旅游商品，配套建设电商，打造星级农家乐 1 家，培训从业人员，开展旅游服务。
水池坝观景休闲度假村	石盘乡	1 200	依托邻近万足湖、马峰峡条件和民俗传统村落资源，建设悬崖观景休闲度假民俗村，成为乌江画廊新景观。整治传统村落风貌和环境，建设观景亭和生态休闲园，改造水池坝果园，辟建特色水果采摘园，改建水池坝至万天官步游道，打造特色民宿 1 家、星级农家乐 2 家以上，配套建设水、电、路、汽、通信、电视、停车、污水处理、垃圾回收等基础设施，完善接待设施、标识解说系统，加强安全管理与服务，开展旅游服务。
竹板桥古法造纸体验园	朗溪乡	1 000	依托邻近阿依河七里塘、古法造纸术等资源条件，建设蔡伦造纸文化体验园。建设蔡伦造纸文化陈列馆，修缮造纸作坊 3 个以上，开展造纸技艺体验，培训从业人员，开展旅游服务。
母子溪农家乐一条街	黄家镇	500	依托邻近阿依河接待中心、母子溪特大桥条件，新建农家乐一条街，作为承接游客和旅游扶贫示范基地。规划建设沿路农家乐一条街 1 000 米，新建农家乐 40 家（星级 10 家）、床位 500~800 个，修建星级厕所 1 个，配套建设水、电、路、汽、通信、电视、停车、污水处理、垃圾回收等基础设施，培训从业人员，开展旅游服务。
穿石峡谷观光休闲区	黄家镇	800	依托阿依河景区带动和穿石峡谷景观等资源，建设特色景观休闲园区。建设峡谷观景平台、步游道，实施休闲农业示范建设，辟建农业鲜品采摘、农事体验园区和钓鱼场，打造星级滨江路 2 家以上，配套建设水、电、通信、电视、停车、污水处理、垃圾回收等基础设施，培训从业人员，加强安全教育管理，开展旅游服务。
大岍观景台	黄家镇	0.5	依托黄家坝田园风光、日出与云雾景观等资源，建设天象奇观悬崖挑梁观景平台 3 个，完善安全警示，提供观景、拍照便利。
川岍风景区	龙塘乡	2 500	依托地质奇观、传统村落等资源，建设风情观光休闲游览带。打造川岍旅游景点，整治双龙国家传统村落风貌，实施休闲农业十分建设，栽培火苕基地，配套建设水、电、路、汽、通信、电视、停车、厕所、污水处理、垃圾回收等基础设施，打造星级农家乐 1 家以上，开发火苕五花饭，培训从业人员，开展旅游服务。

续表

项目名称	所在政区	园区面积/亩	开发建设产品、文化特色及其主要内容
九竹坎—岗家槽露营基地	龙塘乡	5 000	依托高山草地、凉爽气候、原生竹林、森林、槽谷等资源,建设生态度假露营基地。建设游客服务中心、生态停车场、星级厕所、度假酒店和生态露营基地(100个车位以上),辟建滑雪场、滑草场,实施岗家槽休闲农业示范基地建设,辟建农业鲜品采摘、农事体验园区,配套建设水、电、通信、电视、停车、污水处理、垃圾回收等基础设施,培训从业人员,加强安全教育管理,开展旅游服务。
河坝生态水库休闲园	龙塘乡	150	依托丰富泉水、避暑、宜居资源和邻近摩围山旅游度假区条件,建设高山生态休闲度假园区。新建40万立方米水库(饮用水源),辟建生态停车场、钓鱼塘,实施休闲农业示范建设,辟建农业鲜品采摘、农事体验园区,配套建设水、电、通信、电视、污水处理、垃圾回收等基础设施,打造星级农家乐2家以上,培训从业人员,加强安全教育管理,开展旅游服务。
菖蒲塘运动养生中心	润溪乡	50	依托宜居养生、邻近景区、度假区资源条件,建设山地运动养生中心,丰富摩围山养生度假产品。建设养生宾馆(150个床位以上)、森林养生运动步道1 500米、养生广场1个,设立室内养生运动馆,培育养生花果园,配套建设水、电、路、汽、通信、电视、污水处理、垃圾回收等基础设施,配备医务、心理咨询等专业技术人员,创制养生餐饮,培训服务人员,加强管理与服务。
樱桃井风情度假区	润溪乡	1 000	依托国家传统村落资源和处于摩围山度假区条件,建设集镇风情度假村。实施休闲农业示范建设,辟建农事体验、鲜品采摘等园区,改造人居环境,优化村寨风貌,建设彭水生漆文化陈列馆、步游道,打造配套建设水、电、通信、电视、停车、污水处理、垃圾回收、消防等基础设施,培训从业人员开展旅游服务。
白果坪度假村	润溪乡	500	依托高山移民新村和宜居海拔资源,建设移民休闲度假村。修缮移民新村,利用闲置房屋改建度假酒店,实施休闲农业示范建设,辟建农业鲜品采摘、农事体验园区,创制养生餐饮,培育白皮大蒜旅游商品市场,培训服务人员,加强管理与服务。
锅滩土家文化体验区	润溪乡	800	依托锅滩奇观和冉氏土家古墓碑艺术等资源,建设彭水首个土家文化体验园。建设锅滩酒厂藏酒洞、竹林古墓、大屋基古墓、蓝领古墓等景点和锅滩奇观观景平台,改建和打通游览断头旅游公路,实施休闲农业示范建设,打造星级农家乐2家以上,加强安全教育与管理,培训从业人员开展旅游服务。

续表

项目名称	所在政区	园区面积/亩	开发建设产品、文化特色及其主要内容
大垭石林景区	大垭乡	200	依托石林、山地景观等资源，建设傩文化石林景区。开挖石林，修建接待中心、步游道，改造景区及周边民房风貌，实施休闲农业示范建设，栽培四季景观林，打造星级农家乐2家以上，加强安全教育与管理，培训从业人员开展旅游服务。
珠子溪风景区	大垭乡	8 000	依托芙蓉江珠子溪大峡谷资源，建设风景区。建设游客接待中心、浩口游船码头、观景台、步游道，打造生态游船，加强安全教育与管理，培训从业人员开展旅游服务。
东瓜溪风景区	大垭乡	10 000	依托东瓜溪峡谷、罗岩秘境资源，建设生态游览观光旅游区。建设游客接待中心和步游道、观景台，加强安全教育与管理，搞好预防岩头斑侵害工作，配备安全员、义务救援人员，培训从业人员，开展旅游服务。
龙口边寨巫傩风情小镇	大垭乡	200	依托边界口岸、傩文化等资源，建设边寨巫傩文化风情小镇，承载旅游接待服务功能。利用现有基础条件，在发展边寨集镇、商贸的同时，建设游客接待中心、傩文化宾馆、地下停车场、旅游商店，建筑傩神雕像、傩戏剧场，组织傩戏演出，加强安全教育与管理，培训从业人员开展旅游服务。
木蜡庄傩戏体验区	大垭乡	5 000	依托优秀非物质文化遗产木蜡庄傩戏、传统材料、山地田园风光等资源，建设原生态巫傩文化风情体验区。统一实施巫傩特色风貌改造，整治村落环境，设立木蜡庄傩戏陈列室，辟建木蜡溪、古盐道、冉氏祖墓等景点，实施休闲农业示范建设，建设步游道，打造星级农家乐4家以上，辟建生态停车场，组织原生态傩戏展演，配套水、电、通信、厕所、污水处理、垃圾回收、消防等基础设施，培训从业人员，开展旅游服务。
浩口风情村	大垭乡	200	依托芙蓉江珠子溪、浩口电站、历史文化和自然村、野生鱼等资源，借助武隆芙蓉江、彭水摩围山旅游辐射，建设文化风情村。统一实施村寨风貌改造，整治村落环境，实施休闲农业示范建设，辟建生态停车场，建设步游道，打造星级农家乐3家以上，配套通信、厕所、污水处理、垃圾回收、消防等基础设施，优化芙蓉江野生鱼特色餐，培训从业人员，开展旅游服务。

三、乡村旅游重点项目规划特征

本项目规划，改造升级项目、新建重点项目都属于规划期的乡村旅游重点项目，呈现出如下特征：

(一)全域分布侧重项目创新

规划重点项目163个,其中,升级项目57个,新建项目106个,除芦塘乡、龙溪乡外,其余37个乡镇(街道)都有项目落地,同时芦塘乡也需参与木兰湖旅游开发,项目覆盖率95%以上。

(二)项目规划突出重点区域

从“一环两线三廊六区”空间布局来看,“一环”:涉及3个街道和高谷镇,重点项目23个,其中改造升级13个、新建10个;“两带”:涉及乡镇(街道)10个,重点项目18个,其中改造升级8个、新建10个;“三廊”:涉及乡镇(街道)12个,重点项目54个,其中改造升级20个、新建34个;“六区”:涉及乡镇25个,其中改造升级16个、新建51个。

从景区紧密辐射空间布局来看,乌江画廊(阿依河、蚩尤九黎城)一线有重点项目43个,其中,改造升级20个,新建项目23个;摩围山片区有重点项目44个,其中,改造升级11个,新建项目33个;鞍子苗寨片区有重点项目15个,其中,改造升级5个,新建项目10个;郁山古镇片区有重点项目13个,其中,改造升级4个,新建项目9个。其他区域共有重点项目45个,其中,改造升级15个,新建项目30个。

重点项目分布中,依托景区有117个,占总数的72%以上,其中,改造升级项目42个,占73.68%;新建重点项目75个,占71.43%。

摩围山片区、苗族文化走廊、长寿文化走廊、彭石公路沿线成为重点布局区域。

(三)项目规划突出主题特色

新建106个重点项目中,突出休闲度假、民俗风情、游览观光、养生长寿、文化体验、农事活动、运动探秘、儿童游乐等主题特色。

1.休闲度假型

河坝生态水库休闲园、白果坪度假村、水池坝观景休闲度假村、大圆湖水上休闲度假区、周家寨垂钓游乐基地、亭子口休闲度假区、茶心石林休闲度假区、鹿箐避暑度假区、联合高山休闲度假区、木兰湖休闲度假区、敲梆岭珍稀植物观光度假区、葡萄水库休闲园、钟山坝钟灵寺休闲度假区、双宝山油茶度假村、庞溪沟农业休闲度假村、云顶山观景休闲度假区、芦渡沟度假公园、犀角岩休闲度假村、雷公盖休闲度假基地,共计19个。

2.游览观光型

东瓜溪风景区、珠子溪风景区、大垭石林景区、川岍风景区、大岍观景台、鹿角湖观景台、红岩洞观光体验区、九门十八洞风景区、神龙谷景区、马峰峡观景台、郁江画廊风景区、后照河风景区、板楯沟休闲观光区、棣棠河风景区、文武堂花蜂谷、福尔沱茶厂休闲度假村、过江七彩生态观光园、采芹城休闲农业示范园,共计18个。

3.文化风情型

浩口风情村、木腊庄傩戏体验区、龙口边寨巫傩风情小镇、锅滩土家文化体验区、樱桃井风情度假区、穿石峡谷观光休闲区、竹板桥古法造纸体验园、龙门峡傩神谷、罗兴百岁坊风情体验区、木欧水苗家村落度假区、梅子箩篼溪苗家村落休闲区、官衙坝土司文化体验园、窦家坝民俗体验园、瓦厂坝民俗风情村、红旗民俗村、万天官文化体验园、朱砂窝丹砂文化探秘园、老郁山郁盐研学游览区、苗王山体验度假区、龙合民俗风情村、弘升民俗风情村、无私溪风情休闲度假村、胆子峡民俗体验区、龙门寺佛教体验园、向家坝蒙古村、简家堡乡贤民宿村,共计26个。

4.农事购物型

母子溪农家乐一条街、石盘优质核桃采摘园、龟池坝贡米休闲农庄、善感休闲农业观光园、"苗妹香香"购物中心、走马休闲农业示范基地、太原碧水清泉冷水鱼度假村、苗子沟冷水鱼养殖基地、丁家沟生态玉米栽培基地、余家生态生猪养殖基地、艾火坪生态牛羊养殖基地、楠木坪生态瓜果基地、阳藿槽珍稀水果基地、诸粮坝高山蔬菜示范基地、苦竹塘生态中药材基地、黄葛堡猕猴桃基地、向家堡经果林示范基地、菜坝休闲农业示范园、连坑槽生态果蔬采摘园、荆竹坝生态采摘园、小厂珍稀花木栽培基地,共计21个。

5.运动探秘型

桐木溪生态体验区、万足湖儿童乐园、冷竹箐森林运动度假区、中井河文化探秘体验区、大龙桥峡谷观光体验区、普子河漂流、七曜山森林运动度假区、三星寺探险体验基地、峰子洞传统狩猎场、云顶寺遗址探秘区,共计10个。

6.自驾营地型

九竹坎—岗家槽露营基地、石盘自驾游宿营地、周家寨自驾游营地、白崖水野外露营基地、云顶山自驾游营地、芦渡沟玩水俱乐部,共计6个。

7.养生养老型

菖蒲塘运动养生中心、不老泉养生中心、仙人洞生态养老基地、四坪盖养生养老基地、大厂坝生态养老基地、荆竹坝生态康复中心,共计6个。

四、重点项目建设时序与创建目标

(一)重点改造升级乡村旅游项目

1.建设时序安排

所有57个改造升级重点项目,安排在2020年前完成改造升级任务。

2.创建A级景区建议

A级景区:胡家湾苗寨、云游山空中别墅度假区、菖蒲堂旅游新村、梅子垭知青博物馆、美人窝风俗美食园、岍山花海、海玉泉新村、凤凰花海。

AA级景区:龙泉洞山庄、摩围新居休闲度假区、黄帝峡巴渝民居、庙池风情村、阿依山风情观光园、水田坝花海度假区、不老泉荷花园、老营顶桃花山庄、阿依山红豆杉休闲度假区、鹿鸣漆园林场、大厂坝民俗村。

AAA级景区:黔中大道农家乐一条街、黄家坝红军街、周家寨画廊新村、鞍子苗寨·罗家沱、鞍子苗寨·盘歌堂、平安爱情花海、兴隆苗寨、欣宜度假村。

3.创建农旅融合示范作用建议

国家级示范:周家寨画廊新村。

市级示范：黔中大道农家乐一条街、黄家坝红军街、鞍子苗寨·罗家沱、鞍子苗寨·盘歌堂、平安爱情花海、兴隆苗寨、欣宜度假村、龙泉洞山庄、摩围新居休闲度假区、黄帝峡巴渝民居、庙池风情村、阿依山风情观光园、水田坝花海度假区、不老泉荷花园、老营顶桃花山庄、阿依山红豆杉休闲度假区、鹿鸣漆园林场、大厂坝民俗村。

县级示范：胡家湾苗寨、彭水烟叶科普展示馆、云游山空中别墅度假区、菖蒲堂旅游新村、梅子垭知青博物馆、美人窝风俗美食园、岍山花海、海玉泉新村、凤凰花海、芦渡湖共富新村、勃朗葡萄园、弹子岍采摘园、白云山庄、磨寨农家乐一条街、何家盖红色旅游村、石磨岩景区苗家乐一条街、佛山寨、乌江电站观景台、茶林坪移民新村、万足垂钓基地、沙坝生态果园、岩东移民新村、绕旗荷塘、长生风情农家乐一条街、桥梓花果山、郁山通道购物街、老营顶桃花山庄、麒麟山地休闲度假村、马玄洞烤羊山庄、凉风洞烤羊山庄、平安休闲农业示范区、御林山庄、高谷新村、高谷草莓园、王家坝遗址果园、高谷生态农业体验园、大厂乡村旅游接待中心、靛水巴渝民居、桂花旅游新村。

（二）新建重点乡村旅游项目

表9　彭水规划新建乡村旅游重点项目建设时序与目标一览表

序号	项目名称	所在乡镇	建设时序		预期建设目标	
			近期	中长期	创A	示范
1	雷公盖休闲度假基地	汉葭	▲			市级休闲农业示范基地
2	犀角岩休闲度假村	汉葭		▲	A	市级乡村旅游示范点
3	芦渡沟度假公园	汉葭		▲		县乡村级旅游示范区
4	芦渡沟玩水俱乐部	汉葭	▲			县级乡村旅游示范点
5	采芹城休闲农业示范园	汉葭	▲			县级休闲农业示范基地
6	过江七彩生态观光园	绍庆	▲		A	市级休闲农业示范基地
7	云顶寺遗址探秘区	绍庆		▲	A	县级乡村旅游示范点
8	云顶山观景休闲度假区	靛水		▲	AA	市级乡村旅游示范区
9	云顶山自驾游营地	靛水		▲	A	市级乡村旅游示范点
10	福尔沱茶厂休闲度假村	靛水	▲		AA	市级休闲农业示范基地
11	简家堡乡贤民宿村	靛水	▲		AA	市级乡村旅游示范点
12	小厂珍稀花木栽培基地	靛水	▲			市级休闲农业示范基地
13	荆竹坝生态采摘园	靛水	▲			市级休闲农业示范基地
14	连坑槽生态果蔬采摘园	靛水	▲			市级休闲农业示范基地
15	莱坝休闲农业示范园	靛水	▲			市级休闲农业示范基地
16	向家堡经果林示范基地	靛水	▲			市级休闲农业示范基地
17	峰子洞传统狩猎场	靛水		▲	A	县级乡村旅游示范点

续表

序号	项目名称	所在乡镇	建设时序		预期建设目标	
			近期	中长期	创A	示范
18	荆竹坝生态康复中心	靛水		▲	AAA	市级乡村旅游示范点
19	大厂坝生态养老基地	靛水	▲		AAA	市级乡村旅游示范点
20	黄葛堡猕猴桃基地	靛水	▲			市级休闲农业示范基地
21	苦竹塘生态中药材基地	靛水		▲		县级休闲农业示范基地
22	诸粮坝高山蔬菜示范基地	靛水	▲			全国休闲农业示范基地
23	阳藿槽珍稀水果基地	靛水		▲		县级休闲农业示范基地
24	楠木坪生态瓜果基地	靛水	▲			市级休闲农业示范基地
25	艾火坪生态牛羊养殖基地	靛水	▲			县级休闲农业示范基地
26	余家生态生猪养殖基地	靛水	▲			县级休闲农业示范基地
27	丁家沟生态玉米栽培基地	靛水	▲			市级休闲农业示范基地
28	苗子沟冷水鱼养殖基地	靛水		▲		市级休闲农业示范基地
29	文武堂花蜂谷	靛水	▲			市级休闲农业示范基地
30	庞溪沟农业休闲度假村	高谷		▲		县级休闲农业示范基地
31	向家坝蒙古村	鹿鸣	▲		A	市级休闲农业示范基地
32	双宝山油茶度假村	平安	▲		AA	市级休闲农业示范基地
33	龙门寺佛教体验园	平安		▲	A	县级乡村旅游示范点
34	三星寺探险体验基地	龙射		▲		县级乡村旅游示范点
35	钟山坝钟灵寺休闲度假区	龙射	▲			市级休闲农业示范基地
36	葡萄水库休闲园	龙射	▲		AA	市级乡村旅游示范点
37	敲梆岭珍稀植物观光度假区	龙射		▲		县级乡村旅游示范点
38	胆子峡民俗体验区	棣棠	▲		AA	市级乡村旅游示范点
39	棣棠河风景区	棣棠		▲	AAA	市级乡村旅游示范区
40	无私溪风情休闲度假村	太原	▲		AAA	市级乡村旅游示范区
41	板楯沟休闲观光区	太原		▲		县级乡村旅游示范点
42	七曜山森林运动度假区	太原		▲	AA	市级乡村旅游示范区
43	太原碧水清泉冷水鱼度假村	太原	▲		A	市级休闲农业示范基地
44	普子河漂流	太原		▲	A	县级乡村旅游示范区
45	大龙桥峡谷观光体验区	三义	▲			县级乡村旅游示范点
46	白崖水野外露营基地	三义	▲			县级乡村旅游示范点
47	弘升民俗风情村	三义	▲		A	县级乡村旅游示范点
48	龙合民俗风情村	三义	▲			市级休闲农业示范基地

续表

序号	项目名称	所在乡镇	建设时序		预期建设目标	
			近期	中长期	创A	示范
49	四坪盖养生养老基地	三义	▲		A	县级乡村旅游示范点
50	木兰湖休闲度假区	保家	▲		AA	市级乡村旅游示范区
51	苗王山体验度假区	保家		▲		全国休闲农业示范基地
52	后照河风景区	郁山		▲	AAA	市级乡村旅游示范区
53	中井河文化探秘体验区	郁山	▲		A	县级乡村旅游示范区
54	老郁山郁盐研学游览区	郁山	▲			县级乡村旅游示范区
55	朱砂窝丹砂文化探秘园	郁山	▲			县级乡村旅游示范点
56	联合高山休闲度假区	联合	▲			市级休闲农业示范基地
57	冷竹箐森林运动度假区	石柳	▲		AA	市级乡村旅游示范区
58	郁江画廊风景区	连湖	▲		AAA	市级乡村旅游示范区
59	走马休闲农业示范基地	走马	▲			市级休闲农业示范基地
60	仙人洞生态养老基地	乔梓		▲	AAA	市级乡村旅游示范区
61	不老泉养生中心	乔梓	▲		AAA	市级乡村旅游示范区
62	万天宫文化体验园	万足	▲		AAA	市级乡村旅游示范点
63	万足湖儿童乐园	万足	▲			县级乡村旅游示范点
64	红旗民俗村	万足	▲			市级休闲农业示范基地
65	瓦厂坝民俗风情村	万足	▲		AA	市级乡村旅游示范区
66	马峰峡观景台	新田	▲			县级乡村旅游示范点
67	神龙谷景区	新田	▲		AAA	市级乡村旅游示范区
68	窦家坝民俗体验园	桑柘	▲			县级乡村旅游示范点
69	鹿箐避暑度假区	桑柘		▲	A	县级乡村旅游示范区
70	茶心石林休闲度假区	桑柘	▲		AA	市级乡村旅游示范区
71	九门十八洞风景区	大同	▲		AAA	市级乡村旅游示范区
72	桐木溪生态体验区	桐楼		▲		县级乡村旅游示范点
73	红岩洞观光体验区	诸佛		▲	AAA	市级乡村旅游示范区
74	亭子口休闲度假区	诸佛	▲		A	县级乡村旅游示范区
75	官衙坝土司文化体验园	梅子垭		▲	A	县级乡村旅游示范区
76	梅子箩篼溪苗家村落休闲区	梅子垭	▲		A	县级乡村旅游示范区
77	“苗妹香香”购物中心	鞍子	▲			县级乡村旅游示范点
78	木欧水苗家村落度假区	鞍子	▲		AA	市级休闲农业示范基地
79	罗兴百岁坊风情体验区	善感		▲		县级休闲农业示范基地

续表

序号	项目名称	所在乡镇	建设时序		预期建设目标	
			近期	中长期	创A	示范
80	善感休闲农业观光园	善感	▲			全国休闲农业示范基地
81	周家寨垂钓游乐基地	善感	▲		AAA	市级乡村旅游示范区
82	周家寨自驾游营地	善感	▲		AA	市级乡村旅游示范点
83	大圆湖水上休闲度假区	鹿角	▲		AA	市级乡村旅游示范区
84	龙门峡傩神谷	鹿角		▲	AAA	市级乡村旅游示范区
85	鹿角湖观景台	鹿角	▲			县级乡村旅游示范点
86	龟池坝贡米休闲农庄	双龙	▲			县级休闲农业示范基地
87	石盘自驾游宿营地	石盘		▲	AA	市级乡村旅游示范区
88	石盘优质核桃采摘园	石盘		▲		县级休闲农业示范基地
89	水池坝观景休闲度假村	石盘	▲		AA	市级乡村旅游示范点
90	竹板桥古法造纸体验园	朗溪	▲		A	县级乡村旅游示范点
91	母子溪农家乐一条街	黄家	▲		AA	市级乡村旅游示范点
92	穿石峡谷观光休闲区	黄家	▲			市级休闲农业示范基地
93	大岍观景台	黄家	▲			县级乡村旅游示范点
94	川岍风景区	龙塘		▲	A	县级乡村旅游示范点
95	九竹坎—岗家槽露营基地	龙塘	▲		AA	市级乡村旅游示范区
96	河坝生态水库休闲园	龙塘	▲		A	县级乡村旅游示范点
97	菖蒲塘运动养生中心	润溪	▲		AA	市级乡村旅游示范点
98	樱桃井风情度假区	润溪	▲		AA	市级乡村旅游示范点
99	白果坪度假村	润溪	▲		A	县级乡村旅游示范点
100	锅滩土家文化体验区	润溪		▲		县级乡村旅游示范点
101	大垭石林景区	大垭	▲			县级乡村旅游示范点
102	珠子溪风景区	大垭	▲		AAA	市级乡村旅游示范区
103	东瓜溪风景区	大垭	▲		A	县级乡村旅游示范区
104	龙口边寨巫傩风情小镇	大垭	▲		AA	市级乡村旅游示范点
105	木腊庄傩戏体验区	大垭	▲		AA	市级休闲农业示范基地
106	浩口风情村	大垭	▲		A	县级乡村旅游示范点

新建乡村旅游重点项目106个，安排在近期(2017—2020)开工建设并初步产生效益的项目有75个，安排在中长期(2021—2025)基本建成的项目有31个。新建重点项目中，约75%的项目开工建设时间都需要在前5年进行。

五、彭水乡村旅游重特大项目

本规划的乡村旅游项目中，预计投资5 000万元以上的项目有过江七彩生态观光园、荆竹坝生态采摘园、连坑槽生态果蔬采摘园、向家堡经果林示范基地、荆竹坝生态康复中心、艾火坪生态牛羊养殖基地、苗子沟冷水鱼养殖基地、双宝山油茶度假基地、七曜山森林运动度假区、龙合民俗风情村、四坪养生养老基地、后照河风景区、神龙谷景区、红岩洞观光体验区、善感休闲农业观光园、周家寨垂钓游乐基地、龙门峡傩神谷、母子溪农家乐一条街、九竹坎—岗家槽露营基地、菖蒲塘运动养生中心、珠子溪风景区、龙口边寨巫傩风情小镇、木蜡庄傩戏体验区23个。其中，投资需上亿元的项目有荆竹坝生态康复中心、七曜山森林运动度假区、后照河风景区、神龙谷景区、红岩洞观光体验区、母子溪农家乐一条街、珠子溪风景区、龙口边寨巫傩风情小镇8个。

第八章　品牌层级与产品体系规划

一、国家级、市级、县级三级示范品牌构建

(一)全国休闲农业与乡村旅游示范县与乡村旅游示范点

彭水依托良好的乡村旅游资源和全域旅游示范建设，根据党的十九大“乡村振兴战略”态势和《农业部　国家旅游局关于开展全国休闲农业与乡村旅游示范县和全国休闲农业示范点创建活动的意见》(农企发〔2010〕2号)的要求，积极申报全国休闲农业与乡村旅游示范县和全国休闲农业示范点。

1.全国休闲农业与乡村旅游示范县

通过实施乡村振兴、科学规划、政策拉动、项目建设，创建全国休闲农业与乡村旅游示范县。立足“优先发展三条线，适度发展三个片，集中打造多个点”的发展思路，重点“一环两带三廊”发展特色观光、农耕文化休闲农业，在旅游景区及交通干线发展餐饮、休闲娱乐、农事体验休闲农业，在江河湖泊、水库区域发展垂钓、水上体验休闲农业，在少数民族聚居地发展民俗体验、生态休闲农业，发展休闲农业及乡村旅游。推进靛水—润溪—大垭—龙塘—黄家—绍庆(阿依河)环线以中蜂、特色经果、休闲观光农业、山地养生度假、养老度假为主的产业示范带建设；推进保家—郁山—走马—桥梓—长生—岩东—万足环线以食用菌、特色经果、农产品加工等为主的产业示范带和养生养老旅游产业建设；推进鹿角—善感(周家寨)—鞍子—梅子垭—诸佛—桐楼—大同—桑柘—新田环线以特色经果、食用菌、休闲观光农业等为主的产业示范带建设和民族风情体验、石林观光、避暑度假旅游产品建设；推进汉葭(下塘)—龙射—平安—鹿鸣—高谷环线以蔬菜、草食牲畜、休闲观光农业为主的产业示范建设；推进龙射—棣棠—太原沿线以冷水鱼、休闲农业观光、民俗风情村为主的建设；推进保家—

郁山沿线以红薯产业为主的产业示范带建设;强力推进大垭乡、三义乡休闲农业与乡村旅游示范建设,完成建成全国休闲农业与乡村旅游示范县目标。

2.全国休闲农业示范点

选择一批资源条件好、示范带动作用强、经营管理规范、服务功能完善、基础设施建设、从业人员素质较高、发展成长性好的乡村旅游点加紧申报全国休闲农业与乡村旅游示范点。建议选择周家寨画廊新村、大厂坝生态养老基地、诸粮坝高山蔬菜示范基地、双宝山油茶度假村、钟山坝钟灵寺休闲度假区、苗王山体验度假区、善感休闲农业观光园、瓦厂坝民俗风情村、龙合民俗风情村、木腊庄傩戏体验区10个项目地创建全国休闲农业示范点。

(二)市级乡村旅游示范点

结合《重庆市乡村旅游发展规划》(2013—2020)“百镇千村万点”乡村旅游示范工程实施要求,与全市“美丽乡村”建设工程、高山生态扶贫搬迁工程、乡村旅游扶贫有机结合,每年选择一批具有较强带动作用镇、村、点作为市级示范重点推进,促进乡村旅游全域化发展。

1.近期(2017—2020)创建项目

改造升级黔中大道农家乐一条街、黄家坝红军街、周家寨画廊新村、鞍子苗寨·罗家沱、鞍子苗寨·盘歌堂、平安爱情花海、兴隆苗寨、欣宜度假村为AAA级标准的景区(8个);龙泉洞山庄、摩围新居休闲度假区、黄帝峡巴渝民居、庙池风情村、阿依山风情观光园、水田坝花海度假区、不老泉荷花园、老营顶桃花山庄、阿依山红豆杉休闲度假区、鹿鸣漆园林场、大厂坝民俗村为AA级标准的景区(11个)。

新建大厂坝生态养老基地、不老泉养生中心、周家寨垂钓游乐基地、万天宫文化体验园、郁江画廊风景区、珠子溪风景区、九门十八洞风景区、无私溪风情休闲度假村8个AAA级标准的景区;福尔沱茶厂休闲度假村、简家堡乡贤民宿村、双宝山油茶度假村、葡萄水库休闲园、胆子峡民俗体验区、木兰湖休闲度假区、瓦厂坝民俗风情村、冷竹箐森林运动度假区、茶心石林休闲度假区、木欧水苗家村落度假区、周家寨自驾游营地、水池坝观景休闲度假村、母子溪农家乐一条街、九竹坎—岗家槽露营基地、菖蒲塘运动养生中心、樱桃井风情度假区、龙口边寨巫傩风情小镇、木腊庄傩戏体验区等18个AA级标准的景区。

2.中远期(2021—2025)创建项目

新建龙门峡傩神谷、红岩洞观光体验区、后照河风景区、棣棠河风景区、仙人洞生态养老基地、荆竹坝生态康复中心6个AAA级标准的景区;新建石盘自驾游宿营地、七曜山森林运动度假区等2个AA级标准的景区。

(三)县级乡村旅游示范点

制定全县乡村旅游示范镇(乡)、村、点创建与评定标准,指导各镇(乡)乡村旅游示范工程。积极鼓励广大农民参与乡村旅游建设,促进农村经济发展。

1.改造升级项目

改造升级胡家湾苗寨、彭水烟叶科普展示馆、云游山空中别墅度假区、菖蒲堂旅游新村、梅子垭知青博物馆、美人窝风俗美食园、岍山花海、玉泉新村、凤凰花海、芦渡湖共富新村、勃朗葡萄园、弹子岍采摘园、白云山庄、磨寨农家乐一条街、何家盖红色旅游村、石磨岩景区苗家乐一条街、佛山寨、乌江电站观景台、茶林坪移民新村、万足垂钓基地、沙坝生态果园、岩东移民新村、绕旗荷塘、长生风情农家乐一条街、桥梓花果山、郁山通道购物街、老营顶桃花山庄、麒麟山地休闲度假村、马玄洞烤羊山庄、凉风洞烤羊山庄、平安休闲农业示范区、御林山庄、高谷新村、高谷草莓园、王家坝遗址果园、高谷生态农业体验园、大厂乡村旅游接待中心、靛水巴渝民居、桂花旅游新村等40个项目，建设县级旅游示范点。

2.规划新建项目

新建浩口风情村、东瓜溪风景区、大垭石林景区、锅滩土家文化体验区、白果坪度假村、河坝生态水库休闲园、川岍风景区、大岍观景台、竹板桥古法造纸体验园、石盘优质核桃采摘园、龟池坝贡米休闲农庄、鹿角湖观景台、罗兴百岁坊风情体验区、“苗妹香香”购物中心、箩篼溪苗家村落休闲区、官衙坝土司文化体验园、桐木溪生态体验区、鹿箐避暑度假区、窦家坝民俗体验园、马峰峡观景台、万足湖儿童乐园、朱砂窝丹砂文化探秘园、老郁山郁盐研学游览区、中井河文化探秘体验区、四坪盖养生养老基地、板楯沟休闲观光区、敲梆岭珍稀植物观光度假区、三星寺探险体验基地、峰子洞传统狩猎场、云顶寺遗址探秘区、芦渡沟玩水俱乐部、芦渡沟度假公园等32个县级乡村旅游示范点。

二、美丽乡村示范点

选择一些条件具备的乡村，依托彭水乡村旅游资源，结合中国美丽乡村建设，发挥产业的带动效应，促进彭水城乡统筹发展。到规划期末，建成大厂坝生态养老基地、荆竹坝生态康复中心、菖蒲塘运动养生中心、不老泉养生中心、仙人洞生态养老基地、周家寨垂钓游乐基地、无私溪风情休闲度假村、樱桃井风情度假区、简家堡乡贤民宿村、瓦厂坝民俗风情村、木欧水苗家村落度假区、木腊庄傩戏体验区、弘升民俗风情村等美丽乡村13个。

三、扶贫开发示范点

根据彭水乡村发展的实际情况和重庆市重点深度贫困村开发，实施“乡村振兴战略”，结合《重庆市乡村旅游扶贫规划(2013—2020年)》，以及市、县扶贫开发工作为引导，选择一些条件具备的乡村，依托其周边的乡村旅游资源，以尽快实现扶贫对象增收致富、大幅改善农村民生为宗旨，改善农村基础设施、发展休闲农业与乡村旅游产业。到规划期末，建成瓦厂坝民俗风情村、木欧水苗家村落度假区、胆子峡民俗体验区、龙口边寨巫傩风情小镇、浩口风情村、大垭石林景区、锅滩土家文化体验区、白果坪度假村、河坝生态水库休闲园、双宝山油茶度假村、钟山坝钟灵寺休闲度假区、苗王山体验度假区、白崖水野外露营基地、弘升民俗风情村、龙合民俗风情村、四坪盖养生养老基地等16个扶贫开发示范点。

四、特色产品系列

(一)乡村度假养生旅游产品

利用彭水得天独厚的生态、气候、水等乡村资源，突出养生、养老、康体运动等目的，把观光、娱乐、休闲项目与养生养老、康体运动、休闲度假相结合起来，满足市场需求。

1.乡村避暑纳凉度假旅游产品

针对重庆夏季高温的气候特点，依托彭水山地乡村丰富的森林资源和清凉的气候优势，重点新发展河坝生态水库休闲园、白果坪度假村、水池坝观景休闲度假村、茶心石林休闲度假区、鹿箐避暑度假区、联合高山休闲度假区、敲梆岭珍稀植物观光度假区、钟山坝钟灵寺休闲度假区、双宝山油茶度假村、云顶山观景休闲度假区、雷公盖休闲度假基地等乡村避暑纳凉度假旅游产品。

2.乡村水上游乐度假旅游产品

依托彭水河流、湖泊、水库资源，重点新建大圆湖水上休闲度假区、周家寨垂钓游乐基地、木兰湖休闲度假区、普子河漂流、葡萄水库休闲园、珠子溪景区、郁江画廊风景区、后照河风景区、万足湖儿童乐园等旅游产品。

3.乡村养生、养老度假旅游产品

针对社会的老龄化趋势和中年养生健体需求，依托彭水乡村地区良好的生态环境，从避暑养生发展到保健疗养、候鸟安居、知识学习等多种类型乡村养生养老度假旅游产品，满足游客养生、养老需求。重点新建菖蒲塘运动养生中心、不老泉养生中心、仙人洞生态养老基地、四坪盖养生养老基地、大厂坝生态养老基地、荆竹坝生态康复中心等旅游产品。

4.自驾休闲度假旅游产品

针对自驾游市场，依托彭水乡村资源优势和品牌旅游景区带动，重点新建九竹坎—岗家槽露营基地、石盘自驾游宿营地、周家寨自驾游营地、白崖水野外露营基地、云顶山自驾游营地等旅游产品。

（二）乡村休闲观光旅游产品

依托彭水的高山蔬菜、油茶、核桃、金银花基地等为主的现代农业基地、生态农业园等，利用高新科技手段，提供更多“新”“奇”“异”“趣”且具有较高审美价值与教育价值的农产品科技园，并将休闲、观光、采摘、制作、餐饮等功能融为一体，满足游客观光游览、猎奇等体验活动。重点发展大垭石林景区、川岍风景区、九门十八洞风景区、棣棠河风景区、板楯沟休闲观光区、文武堂花蜂谷、福尔沱茶厂休闲度假村、过江七彩生态观光园、采芹城休闲农业示范园等旅游产品。

（三）乡村休闲体验旅游产品

1.民族村寨体验旅游产品

作为重庆市唯一的以苗族为主的少数民族自治县，彭水拥有不少特色民族文化村寨。充分挖掘具有强烈乡土特色与民族特色的农事体验、地方娱乐、生活习俗、民间工艺和民俗、文化体验、民族风情体验等类型的特色村寨体验旅游产品。重点新建浩口风情村、木腊庄傩戏体验区、锅滩土家文化体验区、樱桃井风情度假区、竹板桥古法造纸体验园、龙门峡傩神谷、罗兴百岁坊风情体验区、木欧水苗家村落度假区、梅子箩箢溪苗家村落休闲区、官衙坝土司文化体验园、窦家坝民俗体验园、瓦厂坝民俗风情村、红旗民俗村、朱砂窝丹砂文化探秘园、老郁山郁盐研学游览区、苗王山体验度假区、龙合民俗风情村、弘升民俗风情村、无私溪风情休闲度假村、担子峡民俗体验区、龙门寺佛教体验园、向家坝蒙古村、简家堡乡贤民宿村等旅游产品。

2. 乡村农事采摘体验旅游产品

依托休闲农业示范建设，辟建瓜果、蔬菜田间采摘等园区，满足游客农事活动体验需求。重点新建石盘优质核桃采摘园、龟池坝贡米休闲农庄、善感休闲农业观光园、走马休闲农业示范基地、丁家沟生态玉米栽培基地、余家生态生猪养殖基地、艾火坪生态牛羊养殖基地、楠木坪生态瓜果基地、阳藿槽珍稀水果基地、诸粮坝高山蔬菜示范基地、苦竹塘生态中药材基地、黄葛堡猕猴桃基地、向家堡经果林示范基地、菜坝休闲农业示范园、连坑槽生态果蔬采摘园、荆竹坝生态采摘园、小厂珍稀花木栽培基地等项目，打造乡村田间农事旅游产品。

3. 乡村购物与美食体验旅游产品

依托彭水乡村特色美食和特色旅游商品打造美食体验和乡村购物类旅游产品。主要推广古镇万足小食、姜氏豆腐干、普子镇小食、郁山三香、鸡豆花、古镇郁山擀酥饼等苗家风情特色乡村美食，在汉葭街道、靛水街道、保家镇、郁山镇、鞍子镇、普子镇等发展美食一条街，打造重庆市知名乡村美食品牌，开发乡村购物与美食体验旅游产品。重点新建母子溪农家乐一条街、“苗妹香香”购物中心、太原碧水清泉冷水鱼度假村、苗子沟冷水鱼养殖基地等旅游产品。

(四)乡村休闲体验旅游产品

依托彭水乡村山水、文化等资源，建设观光、健身、运动、探秘、研学等主题产品，满足养心、养性、增知、猎奇等需求。重点新建红岩洞观光体验区、神龙谷景区、桐木溪生态体验区、冷竹箐森林运动度假区、七曜山森林运动度假区、后照河景区、普子河漂流、中井河文化探秘体验区、大龙桥峡谷观光体验区、三星寺探险体验基地、九竹坎—岗家槽露营基地、峰子洞传统狩猎场、云顶寺遗址探秘区等旅游产品。

(五)乡村民俗节庆活动旅游产品

依托苗家特色乡村节庆，精心策划系列特色节庆会展，开展多样化的节事庆典活动，吸引游客前来游赏、参与，以便达到规范促销、吸引客源，进一步丰富旅游产品文化内涵，推出乡土文化节庆产品，增强产品的体验性与参与性，使旅游者能够切实感受到独具地域性的文化内涵。重点发展民族歌舞 、傩戏、采摘等节会活动。

第九章　基础设施与服务设施规划

一、公共基础设施

(一)道路交通规划

结合彭水“十三五”交通规划,构建“一江二铁四高”对外综合交通网络格局,全面实现“1小时重庆主城、1小时周边”发展目标,全面建成渝东南水陆联运综合交通枢纽和重庆市向东开放重要交通节点,彻底改善外部畅达。县内则积极推进绕城环线前期工作;稳步推进普通国省道改造,完成一批县乡道及联网公路改造。全面建成鹿角乌江大桥、上塘乌江大桥复线桥、徐家坝乌江大桥、郁江三桥、郁江四桥等工程。加快县内旅游干线公路建设。建成县城—阿依河—黄家—摩围山旅游环线公路、水泥厂至蚩尤九黎城滨江路等。加快农村公路建设。重点推进撤并村通畅工程建设,实施村级公路联网,提升农村公路通畅水平。大力实施通航能力提升工程,全面提高水运能力,加强下塘货运码头、蚩尤九黎城客运码头、县城旅游客运码头、万足码头、鹿角码头、周家寨旅游码头等港口建设。以国道、省道、旅游环线作为乡村旅游对外连接和内部串通的主要干道,同时通过省道、县乡道串联各乡镇乡村旅游景点。

1.内部交通

(1)规划思路。

打通县内主要乡村旅游重要节点,构建乡村旅游环线;对现有乡村道路提档升级,乡村旅游重点项目连接主干道要全部达到通畅标准,提高各乡村旅游景点的可进入性;结合各村镇特色建设游客步行道路系统,并规划好道路景观视线,增强自然休闲气息;统一规划建设停车场配套设施,引导农村交通环境向有序化发展;做好交通标识系统、道路安全防护等附属设施的配套建设,在主要道路交叉口、交通出入口设置易识别且主题鲜明的标志物,设置游览图、方位图、路牌、指引牌等,在离崖、湖、瀑等较近区域的步行系统要布置保护栏杆,做好安全防护;旅游村镇之间的车行道两侧应根据实际情况种植观赏、遮阴树,步行道景观植物的种植应结合道路和景观的特色合理布置,体现明暗虚实,使之成为绿色生态景观走廊;对于江、湖沿岸可利用水运交通的村镇,应设立一定数量的旅游停靠点,结合传统及现代各种类型的水上交通工具,丰富水面游览。

(2)规划要点。

建设苗族风情旅游走廊通畅工程,新建石槽坝(善感)经罗兴至断桥(鞍子)、石磨岩经罗家沱至诸佛、诸佛岗至桐楼公路及绿化工程,改造断桥至石磨岩、诸佛乡政府经诸佛岗至龙门峡公路,道路宽度为6.5米,长约80千米,其中新建约25千米。

建设长寿文化旅游走廊通畅工程,新建长生经乔梓至走马公路及道路绿化工程,改造万足经岩东至长生、走马至国道319线公路，道路宽度为6.5米，新建约20千米，改扩建约45千米。

改造李长坡经白杨坝至犀角岩公路，道路宽度为6.5米，长约15千米。

改造彭黄公路至过江村委会公路，道路宽度为6.5米，长8千米。

新建张家坝（靛水）经凉风垭、云顶山茶园接村道公路，同时改造云顶山至新城公路，道路宽度为6.5米，新建约15千米、改造约10千米。

改造御林山庄经庞溪沟至长坪（平安）公路，道路宽度为6.5米，长18千米。

新建彭石二级路至长坪公路，道路宽度为6.5米，长8千米。

改建Y008鹿鸣到漆园段乡道及道路绿化工程，道路宽度为6.5米，约15千米。

改建鹿鸣至向家坝村道及道路绿化工程，道路宽度为6.5米，约10千米。

改建平安经长坪（油茶山）至汉葭大树接新彭石公路，道路宽度为6.5米，约13千米。

改建长坪（油茶山）经高谷傍溪村接国道319线公路，道路宽度为4.5米，约15千米。

改建龙射至龙门寺公路，道路宽度为6.5米，长10千米。

改建龙射至三星寺公路，道路宽度为6.5米，长7千米。

改建葡萄水库至敲梆岭公路，道路宽度为6.5米，长约13千米。

改建彭石二级路至担子峡公路，道路宽度为6.5米，长约12千米。

改建太原至七曜山大王洞千米，道路宽度为6.5米，长约25千米。

改建彭石二级路至张飞岍公路，道路宽度为6.5米，长约15千米。

改建保家桃花山庄至木兰、木兰经苗王山至普子河公路，道路宽度为6.5米，长约40千米。

改建XB22保家到长生段乡道及道路绿化工程，道路宽度为6.5米，约10千米。

改建郁山经朱砂窝至朱砂原彭黔公路，道路宽度为6.5米，长约20千米。

新建郁山至石柳公路，道路宽度为6.5米，长约15千米。

改扩建石柳至冷竹箐公路，道路宽度为6.5米，长约20千米。

改造桑柘至鹿箐东山盖公路，道路宽度为6.5米，长约15千米。

新建青蒲垭至茶心石林公路，道路宽度为6.5米，长约6千米。

改建大同镇政府至九门十八洞公路，道路宽度为6.5米，长约20千米。

改建珍家至庙池公路，道路宽度为6.5米，长约10千米。

改建鹿角经双龙至龟池坝、双龙经石盘至乌江万足大桥公路，道路宽度为6.5米，长约70千米。

改建万足湖至瓦厂坝公路，道路宽度为6.5米，长约20千米。

改建Y003润溪团坑经大厂至黄家镇段乡道及道路绿化工程，道路宽度为6.5米，约20千米。

改建龙塘经川岍、双合、九竹坎至彭务二级公路，道路宽度为6.5米，长约15千米。

改建小厂至河坝公路，道路宽度为6.5米，长约10千米。

改建润溪经锅滩至官厅到润溪场环线公路，道路宽度为4.5米，长约8千米。

大垭乡、三义乡遵从深度贫困乡扶贫开发规划。

对于彭水境内连接各乡村旅游点的主干道，如S313石务路、S202城黔路、S209黔务路、S406彭丰路、X798濯马路、X100香高路、X102彭务路、彭利路及保梅路，进行道路绿化工程建设。

2.外部交通

结合彭水发展总体规划和交通规划，重点加大对高速公路、高铁、铁路、水运等部门的投入，进一步完善现代化的立体交通网络，以提高旅途舒适度和通达快捷性为主要目标，使乡村旅游外部交通逐步向舒适快捷网络型发展，尽可能拓展乡村旅游的市场辐射度。

公路：加快彭酉高速、梁黔高速、彭务高速已规划高速公路及高速公路互通的建设。

铁路：加快渝怀铁路复线、渝长高铁、黔江至万州城际铁路的建设。

水路：加快乌江高等级航道的改造和下塘货运码头、蚩尤九黎城客运码头、县城旅游客运码头、万足码头、鹿角码头、周家寨旅游码头等港口建设。

3.特色交通

运用农业景观，绿化、美化乡村道路，成为乡村旅游靓丽的风景线。各村镇、景区可以设计运用独具特色、充满乡土气息的交通工具，如人力车、花轿、畜力车、彩船、小竹筏等，在增添游览乐趣、满足游客体验需求的同时，也使交通本身成为了一道亮丽的风景。

(二)市政工程规划

根据彭水城乡建设总体规划，结合乡村旅游重点项目布局及特点，完善全县乡村旅游项目给水工程、排水工程、电力工程、电信工程、燃气工程、环卫工程等市政工程设施体系。

(三)环卫设施规划

1.垃圾收集点、收集站

乡村旅游集镇、聚落等接待服务设施集中地，是垃圾产生集中区域，设置垃圾收集点及垃圾转运站。根据乡村旅游区道路人流量分布情况设置垃圾箱。

2.公共厕所

加强农村卫生厕所改造，在乡村旅游景区、景点人流集中区域及各集散节点，建设生态厕所。总量需达到旺季日均游客接待量的5‰以上，所有建设标准按照三星级或以上进行设计。

二、公共服务设施

(一)集散中心设施规划

健全乡村旅游游客服务中心网络，建立县、乡(镇)、村三级游客服务中心；以乡村旅游重点或示范县市、乡镇村为主，分阶段、分批次实现游客服务网络的全面铺设。同时，根据彭水对外交通格局，在高速公路互通口处、高铁站、主要火车站、边贸集镇打造乡村旅游接待中心。

1.汉葭长滩集散节点

彭水火车站和包茂高速彭水东互通口，为彭水重要游客集散地，打造乡村旅游接待中心。

2.汉葭下塘集散节点

包茂高速彭水西互通口,承担部分县城集散接待功能,是彭水的西入口,也是重庆主城方向客源进入彭水的主要入口之一。

3.保家镇集散节点

包茂高速公路经保家镇互通口,是黔江进入彭水的东入口,承担部分县城集散接待功能。

4.善感乡集散点

善感乡是从酉阳方向进入彭水的南入口,是拟建的彭酉高速上的重要交通节点,可作为彭水南部的集散节点。

5.连湖镇集散点

连湖镇是在建的梁黔高速互通口,是进入郁江流域和三义乡、普子镇的北入口。

6.太原镇集散点

太原镇是在建的梁黔高速马武互通口的重要承接地,也是彭石二级路的主要节点,也是彭水乡村旅游北部的集散点。

7.靛水新城集散地

靛水新城是拟建渝长高铁的高铁站,是未来主要的游客集散地,主要承担县城集散接待功能。

8.龙口边寨集散点

大垭龙口边寨承接遵义地区游客,是彭水西南端的集散点。

(二)餐饮住宿设施规划

1.住宿设施

床位预测,住宿床位的需求根据以下计算公式得到:

$$E=\frac{N\cdot P\cdot L}{T\cdot K}$$

式中 N——年游人规模(人次);

P——住宿游人百分比;

L——平均住宿天数;

T——年可游天数;

K——床位平均利用率;

E——所需床位数(个)。

通过计算,彭水近期需提供住宿床位约 8 000 张。以乡村农家乐为主(约占总住宿设施的 70%),某些有条件、有市场潜力的乡镇可考虑建设适当数量的高档住宿设施(约占总住宿设施的 30%),以满足某些游客高标准的住宿需求。

调整乡村旅游住宿的类型结构,突出苗族特色化经营,建立乡村体验型、休闲度假型、商务型、民宿体验型、养生养老型、康复疗养型等多元化的住宿类型结构体系。

2.餐饮设施

突出原生态苗乡美食,打造彭水乡村产品特色菜品。同时,在改善餐饮卫生条件的同时挖掘地方餐饮及苗族民族餐饮的文化特色,并结合现代餐饮食品开发技术开发出既迎合现代游客口味,又不失地方及少数民族特色的乡村旅游餐饮产品。

建设凸显农村地域特色的旅游餐饮配套设施,加强对外宣传和促销,提高市场知名度,形成农家乐餐饮、特色主题餐饮、路边风味餐饮等形式多样、档次各异,融餐饮、娱乐、文化、休闲于一体的乡村旅游餐饮服务体系,为游客营造良好的用餐环境。

在重要旅游村镇、风景旅游区周边或游客集散地如火车站、汽车站等集散地建设乡村美食主题街区或美食世界或经营灵活的中小型餐点,开发制作兼具乡野风味的特色佳肴,保证充足的餐饮供应。

加强餐饮的统一经营管理,协同卫生部门、工商部门等,制定相关的餐饮卫生、餐饮经营等政策法规和奖惩激励机制,保证食品卫生安全。

(三)娱乐购物设施规划

1.娱乐设施

结合现代技术元素建设新型的娱乐设施场所,如高科技农业体验园、水上娱乐休闲园、垂钓休闲园等。

对现有果园、茶园、菜园等进行整治和改造,加入休闲、娱乐景观元素。

对特色的农耕农具、风车、水车等进行改良,使其成为游客体验的特色工具或娱乐场所内的重要景观单元。

充分挖掘苗族的农耕文化,设计成具有展示性或参与性的旅游娱乐活动、夜间文化娱乐节目或者乡村旅游节庆等,例如民族歌舞表演、山歌节等,以改变乡村旅游产品类型单一的现状。

2.购物设施

旅游购物是乡村旅游发展的重要突破口之一,彭水乡村旅游购物设施规划如下。

(1)建设多层次乡村旅游购物销售网络。

加大对旅游购物业的扶持和引导力度,设立专门的旅游购物点或街市,完善旅游电子商务,推进不同级别的游憩商业区、大型商场、专营店、集散中心、旅游区商业街区、小商品街市等购物场地建设。

恢复乡村赶集习俗。在高速路互通口、主要乡村聚落设置旅游商品卖场或农产品交易市场,发动当地农民定期赶集,形成浓郁的乡村特色氛围,主要设置在(乡镇)。

(2)出台乡村旅游商品市场售卖规范。

政府或行业协会制定出相关旅游商品市场规范,避免业主间的价格恶性竞争或者宰客等现象,保障消费者和业主双方的权益。

(3)加大宣传力度,建立健全旅游购物网络体系。

以政府部门为主导加强旅游商品的宣传,从而实现旅游商品开发的系列化、规模化、精品化,最终形成商品种类齐全、市场管理科学的旅游购物网络。

(四)信息咨询设施规划

构建彭水乡村旅游信息咨询服务中心,互联网和电信技术、标识引导、出版物和媒体四个系统。

三、公共安全设施

(一)防气象灾害设施规划

1.防高温设施

扩大城市及周边乡村绿化覆盖率,减少人为热和温室气体的排放;对于水资源缺乏的乡村旅游区,须加强水资源的开发与节约利用;乡村旅游区多修建景观休闲避暑设施。

2.防浓雾灾害设施

乡村旅游区减少秸秆的不合理燃烧,采用"人工消雾"措施;制订雾灾应急预案。

3.防暴雨洪涝灾害设施

建立暴雨洪涝灾害的预警系统,峡谷两岸须适当建有后退的平台,禁止在山地陡峭、有地质灾害隐患的地方建观景台以及其他建筑物;完善警示标识,提高旅游者的安全意识与自救能力。

4.防冰雪灾害设施

海拔 1 000 米及以上区域,建立冰雪灾害的预警系统和安全服务管理,成立志愿者队伍,在交通要道设立安全教育服务点,检查冰雪防滑设备,发放宣传品,开展车辆冰雪防滑链条(带)等出租服务。

(二)防地质灾害设施规划

1.防泥石流设施

对于泥石流多发乡村旅游地区,必须注意对景区山体进行二十四小时监控。对于泥石流发生频率低的地区,在易发生地段设置提示牌。

2.防震设施

根据不同震级所造成的危害,采取不同级别的危机应对机制。做好彭水乡村旅游防震减灾规划。

(三)消防设施规划

1.建筑防火

设施建设严格执行国家《建筑设计防火规范》(GB 50016—2006),在游客聚散中心放置必要的消防设施;在娱乐、食宿等设施要严格执行国家有关消防安全等规定,确保规范建设,安全发展。

在火灾易发地段设立防火通道,设置警示牌。

保证景区内消防用水供给压力,潜在火险地点必须设置防火设施,并有专人负责管理。

定期安排电工对旅游区内的经营点、娱乐等点进行用电安全检查,避免人为安全事故的发生。

在有火险的地段,应设置防火隔离带(或防火线)。隔离带宽度一般为 20~30 米,最低宽度不应小于树高的 1.5 倍。

加强防火宣传力度，在旅游区内设置防火宣传设施，如防火标志、宣传画等。

2.森林防火

(1)安装防火观望塔和视像监测系统。

每3 000~8 000公顷的林地设立一个防火观望塔，视像系统采用全方位带红外夜视功能的摄像头一组，采用太阳能外加蓄电池的形式供电。

(2)林火阻隔系统。

采取营造生物防火带的方式，主要在村镇附近和通道附近实施，以设置“三边”防火林带为主，补充山脊线上的防火林带。

(3)山地蓄水池。

采用集雨或引入溪流水作为水源补给，山地蓄水池一般100公顷建设一个，采用多级高压水泵连接模式。

(4)森林防火通信系统。

与公安局“110”和消防局“119”等报警系统联网，各级森林防火指挥联络处和各乡镇林业站均设立专线值班电话。

(5)防火物资储备库。

储备消防设备和器材、扑火工具、通信器材、小型发电机组和照明器材、消防车库、扑火队员防护装备和野外生活必需品等物资。

第十章　乡村旅游重点项目投资效益

一、乡村旅游重点项目投资估算

彭水乡村旅游重点项目投资包含已建项目57个、新建项目106个，估算内容主要包括旅游产品和基础服务设施建设的投资。全县乡村旅游开发项目总投资约61.45亿元，其中重点旅游项目投资约27.21亿元，基础设施投资约17.48亿元，产业示范拉动与扶贫开发投资约18.85亿元。

(一)已建项目改造升级投资估算

彭水已建项目列入重点改造升级的有57个，估算总投资约19 227万元，其中重点旅游项目投资约6 255万元，基础设施投资约12 972万元。

表10　彭水升级改造乡村旅游重点项目投资估算一览表

项目名称	升级改造内容	投资/万元
芦渡湖共富新村	统一建筑风貌，更新完善设备设施	30
黔中大道农家乐一条街	优化店招店牌，更新完善设备设施	150

续表

项目名称	升级改造内容	投资/万元
磨寨农家乐一条街	统一建筑风貌,更新完善设备设施	100
龙泉洞山庄	完善装饰装修,开发农事体验、窖藏酒品产品等	300
白云山庄	更新完善设备设施	10
弹子岍采摘园	打造星级农家乐2家以上	10
勃朗葡萄园	完善儿童游乐设施,打造星级农家乐1家以上	35
胡家湾苗寨	更新外观风貌、店招、设备	200
桂花旅游新村	统一外观风貌,完善设施设备	350
靛水巴渝民居	实施内部民宿化改造	400
大厂坝民俗村	完善导引标识	15
大厂乡村旅游接待中心	完善住宿设施、餐饮设施	20
欣宜度假村	美化外部环境	380
兴隆苗寨	完善农事活动产品	180
高谷生态农业体验园	完善园区设施,丰富体验产品	100
王家坝遗址果园	更新柑橘园,建设步游道、星级农家乐,设置参观平台	260
高谷草莓园	丰富草莓品种,实施错季栽培	20
高谷新村	建设垂钓、儿童游乐、农事体验产品,建设星级农家乐	500
御林山庄	实施苗家风貌改造,完善设施设备	12
鹿鸣漆园林场	完善游览、度假设施设备	80
平安休闲农业示范区	举办主题采摘节,完善园区道路	35
平安爱情花海	完善主题花卉观光园,实施风貌改造	300
凉风洞烤羊山庄	改善环境,突出山庄特色	5
马玄洞烤羊山庄	改善环境,突出山庄特色	5
麒麟山地休闲度假村	完善游览道、休闲度假设施	400
阿依山红豆杉休闲度假区	完善接待设施,以红豆杉打造养老产品,完善儿童游乐设施等	1 000
老营顶桃花山庄	优化桃树林,改造游览道、农家乐,加大环道、临时停车位建设;提升大河坝油菜花海,增加花卉园的主题图案,改造交通道路,实施民房环境改造等	1 200
凤凰花海	实施主题花卉园改造,完善接待设施	350
玉泉新村	更新接待设施设备,完成主题观赏、采摘园建设	50
郁山通道购物街	实施盐丹文化风貌改造,美化环境	55
不老泉荷花园	完善环园风貌改造,整治园区环境,完善接待设施,加大长寿文化宣传推广等	450

续表

项目名称	升级改造内容	投资/万元
桥梓花果山	整治园区游览道，举办主题采摘节	15
水田坝花海度假区	突出长寿文化产品打造，优化油菜花栽培，加强园区管理	100
长生风情农家乐一条街	实施民房统一风貌改造，挖掘长生不老餐饮品牌	20
绕旗荷塘	完善游览设施，打造星级农家乐3家以上	25
岍山花海	规划建设花卉园、采摘园等，完善垂钓设施、接待设施	150
岩东移民新村	实施风情街打造，完善接待设施	300
沙坝生态果园	举办主题赏花采摘节，打造农家乐接待设施等	50
万足垂钓基地	完善环湖道路，整理环境，建设垂钓位500个，改建渔村，增加床位100个	1 500
茶林坪移民新村	实施环境绿化、风貌美化，升级接待设施设备档次，增加床位500个	1 000
美人窝风俗美食园	完善巴渝民俗村旅游功能，提升农家乐档次，培训服务人员，提升服务质量	300
乌江电站观景台	新建观景平台100平方米，新建生态星级厕所，修缮观景亭，完善接待设施	35
阿依风情观光园	完善旅游设施	40
庙池风情村	新建民宿2家、农家乐3家，增添床位150个，完善旅游标识，挖掘地方美食等	200
梅子垭知青博物馆	增设电子导览系统、游客休息室，设立管理机构、配备管理人员，培训讲解员开展解说服务	120
佛山寨	优化接待服务设施，培育度假产品	60
石磨岩景区苗家乐一条街	完善苗家风貌统一改造，统一着苗族装，创制系列苗家菜肴，主要服务人员说苗语，培训苗歌并互动	130
鞍子苗寨·盘歌堂	打造石磨岩石林景区；新建星级厕所，完善供水、内部设施设备，新增床位50个，组织常态化苗歌苗舞演出展示，举办赛歌会，每天组织篝火晚会，提供苗家服饰租赁、售卖服务，开办苗家茶室等	300
鞍子苗寨·罗家沱	新建苗山湖水水游乐园，复建恢复苗家水碾坊、榨油坊，改造田园风光，培育田间农事体验项目，提升接待设施档次，开办院坝篝火晚会，统一着苗族装，创制系列苗家菜肴，主要服务人员说苗语	3 000
周家寨画廊新村	实施水岸绿化工程，新建沿湖休闲廊道1 500米，完善猕猴桃采摘园，升级节会，改造升级星级农家乐15家等	600
何家盖红色旅游村	建设马头山战史陈列馆，新增游客接待设施，开办农家乐	15
黄家坝红军街	成立管理机构，开辟红色游览精品线路，打造星级农家乐5家，培训解说员、服务人员，开展旅游服务	230

续表

项目名称	升级改造内容	投资/万元
菖蒲堂旅游新村	实施人行道畅通美化工程，完善接待设施设备，新建50个以上车位停车场	100
黄帝峡巴渝民居	新建水库、打造水体景观、儿童游乐园，系统规划栽培采摘园，完善旅游接待设施，新增床位80个以上	3 500
摩围新居休闲度假区	改造果园，新建赏花、采摘步游道，开办主题节会	20
彭水烟叶科普展示馆	设立中国烟叶科技展览馆，增添床位50个	15
云游山空中别墅度假区	新增树屋20栋，完善园区设施设备，建设临时停车场	400
合计		19 227

(二)新建项目改造升级投资估算

彭水新建乡村旅游重点项目106个，估算总投资约51.93亿元，其中，重点旅游项目投资约26.58亿元，基础设施投资约8.58亿元，产业示范拉动建设约11.77亿元，个体投资和农民投劳投资约6亿元。

1.政府投资主导建设项目

此类项目以满足市民休闲度假、玩耍游乐需求为主，属于全县旅游体系建设中的必要产品，以政府投资建设为主，市民(村民)集体参与为辅。共有项目12个，估算投资19 630万元。

表11　彭水政府投资新建乡村旅游重点项目资金估算一览表

项目名称	主要规划建设内容	投资/万元
芦渡沟度假公园	新建步游道3千米(其中攀爬天梯300米)、跌水景观1.5千米、三岔河度假营地、彭岩路观景平台2个、接待中心1座、便民店4个、星级厕所3个，配套建设休闲廊亭。	2 500
云顶寺遗址探秘区	新建生态步游道4千米、整治古道500米，新建蓄水池1个并配套建设饮水点5个以上，新建驴友宿营地1个、游客服务中心3处，建设临时停车场1个。	800
云顶山观景休闲度假区	新建步游道4千米以上、观景平台10个以上、观景亭5个以上、游客服务中心1座，建设原生态茅草屋50个以上，开辟游客露营基地1个、临时停车场和烧烤场，配套建设饮水池1座、污水处理厂1个、星级厕所1个和进园路、水、电、通信、电视等设施。	3 500
云顶山自驾游营地	建设房车泊位10个、小车泊位50~80个，新建接待服务中心1座、汽车服务站1个，辟建车友娱乐会所1个，配套建设饮水池1座、污水处理厂1个、星级厕所1个和进园路、水、电、通信、电视、污水处理、垃圾回收等设施。	1 500

续表

项目名称	主要规划建设内容	投资/万元
周家寨自驾游营地	新建自驾游会所及接待服务中心、林间泊车位150个(其中房车泊位20个)、星级厕所1个,辟建自助烤鱼场,配套水、电、通信、污水处理、垃圾回收、药疗救助等基础设施等。	2 000
中井河文化探秘体验区	修建中井坝制盐遗址景点、2.5千米步游道、露天盐水洗浴池和便民服务店,修整古盐道500米、古盐井3口和大岍古盐灶遗址,开展泼炉印灶制盐演示与体验活动,辟建狮子山野炊体验场、临时停车场(2个)等。	300
老郁山郁盐研学游览区	修缮遗址道路、幸存传统建筑和庙宇,设立老郁山制盐历史陈列室,整治环境,打造星级农家乐2家等。	280
马峰峡观景台	整治硬化通道900米,设置生态防护栏,开凿乌江诗词文化长廊,建设游客服务站,设置悬崖蹦极、秋千体验项目,配套建设水、电、通信、电视、停车、污水处理、垃圾回收、消防等基础设施等。	500
鹿角湖观景台	建设观湖阁和步游道,辟建临时停车场(50个小车位以上),整治绿化环境,设置游客服务站、休闲茶水室等。	450
大岍观景台	建设天象奇观悬崖挑梁观景平台3个,完善安全警示等。	50
河坝生态水库休闲园	新建40万立方米水库(饮用水源),辟建生态停车场、钓鱼塘,实施休闲农业示范建设,辟建农业鲜品采摘、农事体验园区,配套建设水、电、通信、电视、污水处理、垃圾回收等基础设施,打造星级农家乐2家以上等。	4 500
万天宫文化体验园	辟建万天宫乌江号子艺术馆、万寿宫乌江航运博物馆、萧家铺子"萧源顺"商号陈列室、民宿生活馆,绿化美化环境,配套建设水、电、汽、通信、电视、停车、污水处理、垃圾回收、消防等基础设施,创制乌江鱼特色餐等。	3 250
合计		19 630

2.项目实施主导建设项目

此类项目以休闲农业、"美丽乡村"、扶贫开发等政府实施项目为牵引,村居民积极参与,主导乡村旅游产品开发,带动村民致富奔小康。共有项目34个,估算投资97 430万元。其中,旅游产品建设11 500万元;村居民利用资源作价、劳力投入、资金投放计16 500万元。

表12　彭水项目实施主导新建乡村旅游重点项目投资估算一览表

项目名称	主要规划建设内容	投资/万元
雷公盖休闲度假基地	新建特色果蔬采摘园5个、自驾休闲度假营地1个、临时停车场5个、云雾景观观景平台5个、旅游服务中心1个、步游道2千米。	4 500

续表

项目名称	主要规划建设内容	投资/万元
采芹城休闲农业示范园	新建采芹城遗址观光园、彭水古代战争陈列室、采芹城接待服务中心,新辟农事活动体验园、亲子活动采摘园,建设临时停车场1个,建设星级厕所1座。	2 500
过江七彩生态观光园	建设步游道3千米,建设临时停车场和星级厕所各2个,设置临时停车位。	6 000
小厂珍稀花木栽培基地	栽培红豆杉、金丝楠、铁皮石斛等珍稀花木,建设蜂子洞—小厂火棘景观带,开展盆景制作、出售和珍稀花木栽培、出售。	3 500
荆竹坝生态摘园采	辟建高山蔬菜、草莓、梨子、李子、猕猴桃、百合等采摘园,新建步游道4千米,辟建临时停车场和停车位,配套建设灌溉工程、网商工程。	5 000
连坑槽生态果蔬采摘园	规划建设规模化生态果蔬示范片,建设步游道5千米,辟建临时停车场和停车位,配套建设滴灌工程、网商工程,举办生态采摘节。	8 500
菜坝休闲农业示范园	规划建设生态休闲农业示范园,建设生态生猪、生态禽蛋基地,辟建临时停车场和停车位,举办民俗刨汤文化节。	1 200
向家堡经果林示范基地	实施生态休闲林业建设,发展林下种植业、养殖业,建设接待服务中心,辟建临时停车场和停车位。	8 000
黄葛堡猕猴桃基地	新建优质猕猴桃栽培园1 000亩、猕猴桃产品研发中心1个,修建步游道3千米,辟建临时停车场,改建公路主通道,举办猕猴桃采摘节,建设星级厕所2个,配套网商工程建设。	4 000
苦竹塘生态中药材基地	建设高效中药材栽培基地1 500亩、中药材初加工基地1个,辟建临时停车场。	9 800
诸粮坝高山蔬菜示范基地	实施生态休闲农业示范区建设,建设高山错季生态栽种基地800亩、步游道1千米、游客接待中心1个、临时停车场1个,培植羊肚菌250亩,配套建设滴灌工程,举办采摘节。	3 200
阳藿槽珍稀水果基地	引进适宜珍稀水果苗、栽培四季果园1 800亩,建设步游道2千米、游客接待中心1个、专家大院1个,建设临时停车场,举办采摘节。	2 800
楠木坪生态瓜果基地	栽培四季瓜果1 400亩,建设步游道2千米,配套建设网商工程,建设临时停车场。	1 500
艾火坪生态牛羊养殖基地	培植生态高营养草饲料基地3 000亩,放养黄牛场300头、山羊1 000只,年出栏黄牛100头、山羊500只,设立专家大院1个,配套建设屠宰加工房1个、网商终端1个,辟建烤羊基地。	5 800
余家生态生猪养殖基地	建设生态养殖场3个,养殖生猪1 500头,出栏1 000头,配套建设牲畜排污处理、屠宰场、电商工程,举办刨汤节。	3 000

续表

项目名称	主要规划建设内容	投资/万元
丁家沟生态玉米栽培基地	种植高品质玉米 1 400 亩，步游道 1 千米，配套建设鲜品冷藏、电商工程等。	1 500
文武堂花蜂谷	栽培四季优势蜜源基地 950 亩，建设养蜂场、电商工程等。	850
庞溪沟农业休闲度假村	实施生态休闲农业示范建设，辟建农业采摘园、农事体验园等。	500
双宝山油茶度假村	修建游客接待中心、停车场、星级厕所等接待设施，建设荷塘、森林度假基地、高山游乐场、儿童游乐场，改建植物茶油榨制体验园，升级改造步游道 3 千米、烧烤场，配套建设水、电、路、通信、电视等基础设施，辟建露营基地等。	8 500
龙门寺佛教体验园	硬化连接公路，实施休闲农业建设，辟建临时停车场等。	35
三星寺探险体验基地	建设步游道 1 千米、观景亭 1 个、观景台 4 个，辟建攀岩场、悬崖秋千场，修建生态厕所 3 个，设施游客便民店，配套建设饮水工程等。	55
钟山坝钟灵寺休闲度假区	实施休闲农业示范建设 2 000 亩、辟建农事采摘园 5 个以上，建设步游道 3 千米，修缮钟灵寺，设立农特产购物中心等。	4 000
葡萄水库休闲园	建设旅游接待中心，辟建生态停车场、帐篷休闲度假园，实施休闲农业示范建设，配套建设供电、排污、垃圾回收、生态厕所设施等。	1 200
敲梆岭珍稀植物观光度假区	新建步游道 2 千米、生态厕所 2 个，辟建临时停车场 2 个等。	80
板楯沟休闲观光区	实施休闲农业示范建设，新建板楯沟、宝箱沟、天书石刻旅游点，修建步游道和观景平台，打造星级农家乐 2 家、生态厕所 3 个等。	350
苗王山体验度假区	建设千口古战场、皇城遗址、跑马道、古炮台、三营旅游景点和苗王山历史陈列室，辟建游览道 3 千米、星级厕所 1 个、生态厕所 5 个和临时停车场 5 个，实施休闲农业示范基地建设，配套建设电、通信、电视、停车、污水处理、垃圾回收等基础设施等。	4 000
朱砂窝丹砂文化探秘园	修复古代丹砂矿洞，修建步游道，设立郁山丹砂文化陈列室，实施休闲农业建设，打造星级农家乐 1 家以上等。	100
联合高山休闲度假区	实施休闲农业示范建设，布局农事活动采摘、体验园，修建步游道，星级农家乐 2 家等。	300
走马休闲农业示范基地	实施休闲农业示范基地建设，建设鸡冠城遗址景点，布局农事活动采摘、体验园，修建步游道，打造星级农家乐 2 家以上等。	500

续表

项目名称	主要规划建设内容	投资/万元
罗兴百岁坊风情体验区	整理罗兴古城遗址、百岁坊景点，实施休闲农业示范建设，修建步游道，辟建生态厕所、临时停车场（点），打造星级农家乐1家等。	200
善感休闲农业观光园	实施休闲农业示范基地建设，规划鲜品采摘园、农事体验园，辟建步游道2千米、星级厕所1~2个，配备100个临时停车位，打造星级农家乐3家以上，配套水、电、通信、污水处理、垃圾回收等基础设施等。	5 000
龟池坝贡米休闲农庄	依托龟池坝田园风光和历史贡米产地资源，建设贡米休闲农庄。改造贡米加工房，打造星级农家乐1家，研发贡米旅游商品，完善接待设施，培训从业人员，开展旅游服务。	10
石盘优质核桃采摘园	栽培优质核桃1 450亩，发展林下经济（栽种高山洋芋、萝卜，饲养土鸡等），实施休闲农业示范园建设，打造星级农家乐1家等。	800
锅滩土家文化体验区	建设锅滩酒厂藏酒洞、竹林古墓、大屋基古墓、蓝领古墓等景点和锅滩奇观观景平台，改建和打通游览断头旅游公路，实施休闲农业示范建设，打造星级农家乐2家以上等。	150
合计		97 430

3.集体经济发展建设项目

此类项目以“乡村振兴战略”为引导，以休闲农业、“美丽乡村”、扶贫开发等政府项目为主导，采用村级集体经济建设、村民互助发展方式，通过村居民积极参与，主导乡村旅游产品开发，带动村民致富奔小康。共有项目33个，估算投资91 865万元。其中，村居民利用资源作价、劳力投入、资金投放计25 000万元。

表13　彭水集体经济新建乡村旅游重点项目投资估算一览表

项目名称	主要规划建设内容	投资/万元
犀角岩休闲度假村	新建步游道3千米，新建观景亭4个、游客服务点4个，新建生态攀岩场1个，新建停车场1个、临时停车场5个，儿童游乐园2个、老年休闲馆1个。	1 250
简家堡乡贤民宿村	移建传统建筑（闲置、遗弃木房）聚落，复建“青山学堂”，改建民俗40间，改建步游道1.5千米，实施绿化工程，新建乡贤牌坊，规划建设四季果园、时鲜菜品采摘园和水体景观，辟建停车场，配套建设星级厕所，完善水、电、通信、电视、污水处理、垃圾收集等设施。	1 800
峰子洞传统狩猎场	辟建传统狩猎场500亩，养殖野兔1 000只、野猪50头，驯养猎狗100只，新建传统狩猎接待培训中心，举办摩围山狩猎文化节，辟建临时停车场。	500

续表

项目名称	主要规划建设内容	投资/万元
苗子沟冷水鱼养殖基地	新建养鱼池10 000平方米以上，配套建设电商工程、度假鱼庄等。	5 400
向家坝蒙古村	复建八角庙、跑马道，恢复骑射训练、展示，举办苏鲁定节；实施休闲农业示范建设项目，辟建多种专项采摘园；修建星级厕所等。	3 200
担子峡民俗体验区	实施民俗村建设、休闲农业示范建设工程，打造古煤窑、古法造纸、朱三洞、南渠等旅游体验观光景点，建设步游道2千米，整治、绿化村落环境，组织民俗文化表演等。	4 000
棣棠河风景区	新建风景区接待中心，修建步游道、观景平台，实施休闲农业示范建设，辟建生态停车场、露营基地，组织民俗文化表演。	1 000
无私溪风情休闲度假村	新建游客接待中心、无私溪石牌坊，改建无私瀑布游览道3千米，实施休闲农业示范建设，修缮“忠孝堂”，复建善堂，打造新房子等民宿2家、星级农家乐3家以上等。	2 500
普子河漂流	新建游客接待中心、起漂码头、收漂码头，购置漂流艇，修建临时停车场、星级厕所各2个，完善接待设施等。	900
木兰湖休闲度假区	建设游客接待中心、游船码头、星级厕所，定制游湖生态船只和漫游画舫，配套建设水、电、路、汽、通信、电视、停车、污水处理、垃圾回收等基础设施，完善接待设施等。	1 300
冷竹箐森林运动度假区	规划建设步游道、观景平台、森林度假基地和便民服务中心，辟建临时停车场，配套建设路、电、通信、电视、停车、污水处理、垃圾回收等基础设施，打造星级农家乐1家以上等。	2 000
郁江画廊风景区	建设游船码头、星级厕所，实施休闲农业示范建设，建设生态渔村，打造星级农家乐2家以上等。	4 500
红旗民俗村	实施休闲农业示范建设，辟建农事体验、鲜品采摘等园区，新建步游道2千米，建设红旗村改土历史陈列馆、临时停车场、自驾露营地、星级厕所，打造星级农家乐2家以上等。	3 500
瓦厂坝民俗风情村	实施休闲农业示范建设，辟建农事体验、鲜品采摘等园区，改造人居环境，优化村寨风貌，建设彭水油桐文化陈列馆、步游道，打造楠木园、吊脚楼、长房子体验景点和县级农家乐3家以上，配套建设水、电、通信、电视、停车、污水处理、垃圾回收、消防等基础设施等。	4 000
窦家坝民俗体验园	修缮窦家坝传统民居，整治美化环境，设立彭水民间木房建设艺术陈列室；实施休闲农业示范建设，辟建农事体验、鲜品采摘等园区，新建步游道等。	40
鹿箐避暑度假区	辟建自驾游营地、生态停车场、自助烧烤园，建设游客服务中心，配套水、电、通信、污水处理、垃圾回收、消防等基础设施等。	45

续表

项目名称	主要规划建设内容	投资/万元
茶心石林休闲度假区	开发茶心石林，完善步游道、标识解说系统、游览导引系统，建设游客接待中心、度假宾馆、自助露营地和青蒲垭风光观景平台，配套水、电、通信、污水处理、垃圾回收、消防等基础设施等。	2 500
九门十八洞风景区	开发九门十八洞石林，完善步游道、标识解说系统、游览导引系统，建设游客接待中心、度假宾馆、自助露营地，配套水、电、通信、污水处理、垃圾回收、消防等基础设施，打造星级农家乐1家以上等。	3 500
桐木溪生态体验区	打造桐木溪峡谷、油麻藤、黄金木、金丝楠候鸟园、桃花村、清代禁止砍伐碑等生态旅游景点，完善观景步游道，设置游客服务站，打造星级农家乐1家以上等。	850
亭子口休闲度假区	建设会仙桥旅游码头、游客中心、步游道，打造苗家风格游船，整治会仙桥、花坟、黑樘子景点，实施休闲农业示范建设，打造星级农家乐2家以上，配套水、电、通信、污水处理、垃圾回收、消防等基础设施等。	1 650
官衙坝土司文化体验园	修缮土司府、杉木寨、跑马道，新建步游道、生态停车场，整治绿化环境，实施休闲农业示范建设，打造星级农家乐2家以上，配套水、电、通信、污水处理、垃圾回收、消防等基础设施等。	680
梅子箩篼溪苗家村落休闲区	重点整治谢七王老宅、王家岭、后边坝居民点及沿线民居风貌，建设当当石、七姊妹旅游景点，设立箩兜溪民俗陈列室，辟建步游道、临时停车场，打造星级农家乐3家以上，打通王家岭至后边坝旅游路，配套水、电、通信、污水处理、垃圾回收、消防等基础设施等。	1 200
木欧水苗家村落度假区	统一实施苗家风情风貌改造，整治村落环境，设立苗家纺织印染陈列室，恢复苗家银饰锻打作坊，建设步游道，打造星级农家乐4家以上，辟建生态停车场，配套水、电、通信、厕所、污水处理、垃圾回收、消防等基础设施等。	2 600
大圆湖水上休闲度假区	建设游客接待中心、游船码头、星级厕所，定制游湖苗族风格漫游画舫，实施休闲农业示范建设，辟建农业鲜品采摘园，组织苗家歌舞体验活动，配套建设水、电、路、汽、通信、电视、停车、污水处理、垃圾回收等基础设施，打造星级农家乐3家以上等。	3 000
石盘自驾游宿营地	建设石新草地车辆特技练习展示场、生态停车场和自驾游服务中心，整修云雾寺遗址，实施生态农业示范建设，配套建设水、电、通信、污水处理、垃圾回收等基础设施，辟建自助烤羊场等。	1 200

续表

项目名称	主要规划建设内容	投资/万元
水池坝观景休闲度假村	整治传统村落风貌和环境，建设观景亭和生态休闲园，改造水池坝果园，辟建特色水果采摘园，改建水池坝至万天官步游道，打造特色民宿1家、星级农家乐2家以上，配套建设水、电、路、汽、通信、电视、停车、污水处理、垃圾回收等基础设施等。	650
竹板桥古法造纸体验园	建设蔡伦造纸文化陈列馆，修缮造纸作坊3个以上，开展造纸技艺体验等。	300
母子溪农家乐一条街	规划建设沿路农家乐一条街1 000米，新建农家乐40家（星级10家）、床位500~800个，修建星级厕所1个，配套建设水、电、路、汽、通信、电视、停车、污水处理、垃圾回收等基础设施等。	25 000
穿石峡谷观光休闲区	建设峡谷观景平台、步游道，实施休闲农业示范建设，辟建农业鲜品采摘、农事体验园区和钓鱼场，打造星级滨江路2家以上，配套建设水、电、通信、电视、停车、污水处理、垃圾回收等基础设施等。	300
川岍风景区	打造川岍旅游景点，整治双龙国家传统村落风貌，实施休闲农业示范建设，栽培火苕基地，配套建设水、电、路、汽、通信、电视、停车、厕所、污水处理、垃圾回收等基础设施，打造星级农家乐1家以上等。	1 250
九竹坎—岗家槽露营基地	建设游客服务中心、生态停车场、星级厕所、度假酒店和生态露营基地（100个车位以上），辟建滑雪场、滑草场、跑马场，实施岗家槽休闲农业示范基地建设，辟建农业鲜品采摘、农事体验园区，配套建设水、电、通信、电视、停车、污水处理、垃圾回收等基础设施等。	6 500
樱桃井风情度假区	实施休闲农业示范建设，辟建农事体验、鲜品采摘等园区，改造人居环境，优化村寨风貌，建设彭水生漆文化陈列馆、步游道，打造配套建设水、电、通信、电视、停车、污水处理、垃圾回收、消防等基础设施等。	4 500
白果坪度假村	实施休闲农业示范建设，辟建农业鲜品采摘、农事体验园区，培育白皮大蒜旅游商品市场。	350
合计		91 865

4.机遇市场开发建设项目

此类项目属于利用乡村资源开发旅游景区，以独特的旅游资源和以休闲农业、“美丽乡村”、扶贫开发等政府项目实施、基础设施配套建设为吸引，实施旅游开发，带动属地村民致富奔小康。共有项目16个，估算投资243 925万元。其中，业主投资210 000万元，系列项目投资23 000万元，基础设施配套建设10 925万元。

表14　彭水机遇市场新建乡村旅游重点项目投资估算一览表

项目名称	主要规划建设内容	投资/万元
芦渡沟玩水俱乐部	建设室内游泳池2个、室外公共游泳池1个、水上青少年游乐园1个、星级厕所1个,建设游泳培训中心1座。	650
福尔沱茶厂休闲度假村	新建茶文化休闲步游道2千米、茶山观景亭3个、彭水名茶文化会所1个、游客接待中心1个,改建茶叶制作参观线路、古法治茶体验园,建设停车场1个。	300
荆竹坝生态康复中心	新建康复中心、设置养生康复标准间50个,辟建药王谷1个、康复步游道1 000米、康复广场500平方米,配套建设水、电、路、汽、通信、电视、停车、污水处理、垃圾回收等设施。	32 500
大厂坝生态养老基地	新建养老双户型森林别墅25栋(100对高端客户)、养老服务中心1个,辟建垂钓池1个、林间健身步道1 000米、生态老年健身广场500平方米、老年田间农事体验园1个,配套建设水、电、路、汽、通信、电视、停车、污水处理、垃圾回收等设施。	21 300
七曜山森林运动度假区	开发大王洞、七曜山旅游景点和度假别墅,修建旅游接待中心、星级厕所、观景体验步游道,完善水、电、路、通信、电视、环保等基础设施等。	12 500
太原碧水清泉冷水鱼度假村	新建度假山庄、星级厕所,建设冷水鱼科技展览室,完善接待设施等。	125
后照河风景区	建设起漂和收漂码头、龙桥旅游景点、游客接待中心,修建步游道,配套建设路、电、通信、电视、停车、污水处理、垃圾回收等基础设施,完善接待设施等。	23 000
仙人洞生态养老基地	开发仙人洞风景区,规划建设养老度假别墅100套,建设"长寿堂"体验馆,配套建设水、电、路、汽、通信、电视、停车、污水处理、垃圾回收等基础设施等。	35 800
不老泉养生中心	建设养生服务中心、养生园区,配套建设水、电、路、汽、通信、电视、停车、污水处理、垃圾回收等基础设施等。	15 600
万足湖儿童乐园	建设水域、陆地连体儿童乐园,开办儿童餐厅,开展儿童游泳技能培训等。	600
神龙谷景区	开发天坑探秘预览区,建设观景电梯、桫椤植物园、洞穴无鳞鱼观赏平台和沿天坑观景平台等;规划建设接待中心和度假基地;实施休闲农业示范建设,辟建农事体验、鲜品采摘等园区,新建步游道;配套建设水、电、通信、电视、停车、污水处理、垃圾回收、消防等基础设施,打造星级农家乐2家以上等。	35 000
红岩洞观光体验区	开发红岩洞,建设红岩飞瀑、红岩绝壁、红岩梯田观景平台,修缮彭酉官道,新建游客服务中心,配套水、电、通信、污水处理、垃圾回收、消防等基础设施等。	18 500

续表

项目名称	主要规划建设内容	投资/万元
“苗妹香香”购物中心	在盘歌堂附近修建占地300平方米、建筑1 200平方米的旅游购物中心，设置“苗妹香香”体验馆，配套水、电、通信、厕所、污水处理、垃圾回收、消防等基础设施等。	450
周家寨垂钓游乐基地	规划建设垂钓度假服务中心，改造升级标准化钓鱼池3个，新建垂钓风情长廊2千米、钓鱼平台1 000个，打造水岸垂钓舫（水上小别墅）20艘以上，升级改造星级渔家乐6家以上，配套水、电、通信、厕所、污水处理、垃圾回收等基础设施等。	8 500
龙门峡傩神谷	建设游客接待中心、傩文化度假宾馆、傩神洞、傩王府、傩母庙、巫傩文化广场、傩戏剧院、观景亭（4个）、生态停车场和乌江悬崖登山道、龙门栈道，辟建百花谷，修建步游道和观景亭，举办傩文化旅游节，开办还愿祈福道场，打造“龙门傩戏”精品演出品牌，设置巫傩文化研究中心，修复古官道，开发傩文化度假村，打造星级农家乐3家以上，配套建设水、电、路、汽、通信、电视、停车、污水处理、垃圾回收等基础设施等。	25 600
菖蒲塘运动养生中心	建设养生宾馆（150个床位以上）、森林养生运动步道1 500米、养生广场1个、生态停车场1个，设立室内养生运动馆，培育养生花果园，配套建设水、电、路、汽、通信、电视、污水处理、垃圾回收等基础设施等。	13 500
合计		243 925

5.深度贫困乡旅游扶贫建设项目

此类项目属于深度贫困乡三义乡、大垭乡，以市县集中扶贫开发契机，集中政策、资金优势，实施旅游产品开发，带动村民致富奔小康。共有项目11个，估算投资66 450万元。其中，引资开发投资12 000万元，村居民劳力投入作价8 500万元。

表15　彭水深度贫困乡旅游扶贫开发项目投资估算一览表

项目名称	主要规划建设内容	投资/万元
大龙桥峡谷观光体验区	开发三眼洞、七眼洞、大龙桥旅游景点，新建步游道13千米，改建游客接待中心，完善接待设施等。	1 200
白崖水野外露营基地	新建步游道2千米，改造旅游宾馆、生态厕所，辟建烧烤场1个，完善接待设施等。	800
弘升民俗风情村	实施风情村风貌、人居环境、水田保护工程建设，建设步游道，打造星级农家乐2家以上。	3 500
龙合民俗风情村	实施中药材示范基地、休闲农业示范基地建设，辟建农事体验园，改造民房风貌，完善接待设施等。	6 500
四坪盖养生养老基地	新建养老别墅20栋、养老服务中心1个，辟建林间健身步道1 000米、生态老年健身广场500平方米，配套建设水、电、路、汽、通信、电视、停车、污水处理、垃圾回收等基础设施等。	8 500

续表

项目名称	主要规划建设内容	投资/万元
大垭石林景区	开挖石林，修建接待中心、步游道，改造景区及周边民房风貌，实施休闲农业示范建设，栽培四季景观林，打造星级农家乐2家以上等。	350
珠子溪风景区	建设游客接待中心、浩口游船码头、观景台、步游道等。	12 500
东瓜溪风景区	建设游客接待中心和步游道、观景台等。	500
龙口边寨巫傩风情小镇	新建边寨风情镇，建设游客接待中心、傩文化宾馆、地下停车场、旅游商店，建筑傩神雕像、傩戏剧场，组织傩戏演出等。	25 800
木蜡庄傩戏体验区	整治村落环境，设立木蜡庄傩戏陈列室，辟建木蜡溪、古盐道、冉氏祖墓等景点，实施休闲农业示范建设，建设步游道，打造星级农家乐4家以上，辟建生态停车场，配套水、电、通信、厕所、污水处理、垃圾回收、消防等基础设施等。	5 600
浩口风情村	整治村落环境，实施休闲农业示范建设，辟建生态停车场，建设步游道，打造星级农家乐3家以上，配套通信、厕所、污水处理、垃圾回收、消防等基础设施等。	1 200
合计		66 450

(三)配套基础设施建设投资估算

彭水乡村旅游发展所需基础实施建设投入约7.6亿元。

表16　彭水乡村旅游配套基础设施投资结算

项目类别	资金估算/万元
道路设施工程	55 000
环卫设施工程	9 500
环境整治工程	15 000
市政设施工程	12 000
防灾减灾工程	4 500
合计	76 000

二、资金来源

1.政府主持，财政投入

政府财政资金中央、市级政策性资金，投入主要用于三方面：一是乡村振兴各类投入，包括休闲农业、“美丽乡村”、扶贫开发等产业示范建设；二是旅游基础设施建设，包括道路交通和其他基础服务设施；三是旅游环境改善，总投入约为32.45亿元。

2.政府主导,招商引资

由政府主导,按策划内容实施,对重大项目建设进行招商引资,包括农业园区建设、旅游开发等项目,招商引资约21亿元。

3.政府主导,村民自建

由政府主导,按策划内容实施,鼓励和扶持村级集体经济发展,带动区域农户以"农户自建、自主经营"的模式发展乡村旅游,包括新农村建设、家庭农场、农家乐等,投资约10亿元。

三、效益评估

(一)经济效益

本规划经济收益估算,主要以预测的各个时期游客数为基础,在参考我国国内游客平均消费水平的基础上确定彭水乡村游客的平均消费额,最终获得乡村旅游的经济总收益。到2021年,全县乡村旅游总收入达到4亿元;乡村旅游接待总人次超过220万人次。到2027年,乡村旅游实现爆发式增长,综合收入在全县旅游收入中的比重突破10%,达到20亿元,接待总人次超过1 000万人次,乡村旅游收入占农民总收入的60%以上。

(二)社会效益

乡村旅游的开发将带来明显的社会效益,主要体现在以下几个方面。

1.促进农村经济快速发展,缩小城乡差距

旅游产业具有高增值、高创汇、高效益的特征。大力发展乡村旅游,对于培育农村新兴产业,促进农民增收致富、带动农村连片发展、激发农村经济持续发展的内生动力,都具有独特的作用,通过以乡村旅游带动农村经济发展,优化区域经济结构,促进农民转产转业,缩小城乡收入差距,从而促进彭水旅游经济的跨越发展。规划设计各要素如交通等,预留较大发展空间,为彭水城乡经济的腾飞奠定基础。

2.带动区域居民上岗就业,实现共同致富

旅游产业是劳动密集型产业。研究统计表明,旅游产业每增加1个直接就业岗位,就会带动社会就业人数增加5~7人[其比例为1:(5~7)]。因此乡村旅游的大规模综合性开发,可为农民带来直接就业机会,同时通过旅游业的关联效应,以"主导产业引领,配套产业规模化发展"的思路,带动其他劳动密集型产业发展,为当地农民带来更多就业机会,有效解决区域剩余劳动力问题,达到农村发展,农民致富,幸福乡村的目的。

3.带动贫困人口脱贫致富,完成扶贫任务

以深度贫困乡三义、大垭的高规格集中脱贫攻坚做示范,带动全县所有特困村的旅游扶贫开发,促成彭水乡村致富奔小康,既完成国家、重庆市下达的扶贫工作任务,又为彭水乡村未来发展夯实基础。

(三)环境效益

1.有利于乡村生态环境保护

乡村旅游对于环境卫生及整洁景观的要求,将大大推动农村村容的改变,推动卫生条件的改善，推动环境治理，推动村庄整体建设的发展。本规划对于发展乡村旅游的地区，就垃圾处理、生活污水排放、清洁能源使用、环境卫生设施配置等作出了系统规划，将有利于彭水乡村生态环境的保护。

2.增强乡村居民的环保意识

乡村旅游的发展需要优美的环境作为基础，环境质量高的地区将是乡村旅游的先发地区。通过乡村旅游的示范作用，使彭水广大的乡村地区居民树立自觉的环境保护意识，充分认识到环境不仅关系到自己、家人的健康，还是生产力，能够产生经济效益。

(四)生态效益

依托休闲农业示范建设，大面积栽培经果林、中药材、经济花卉，以及大幅度村寨绿化，整治溪流、水库(池)和水田等，增加绿地面积，促进生态建设。

第十一章　运营管理规划

一、运营模式

(一)彭水乡村旅游经营模式现状

目前，彭水乡村旅游发展的模式以如下三种模式为主。

1.乡村组织型模式

这种模式以具有丰富旅游资源，交通条件较好，又有一定经济发展基础的乡村为依托，通过乡镇政府、办事处有组织地引导农民经营户，按照统一规划和建设的要求，发展旅游接待设施和配套服务，促进乡村旅游发展的模式。

2.分散自主经营模式

在自发的基础上，由各个业户为单位，分散地自主经营，项目的所有权、经营权合一。在一个村庄里面，由许多的个体业户各自经营乡村旅游业务，如提供餐饮、住宿或休闲、娱乐服务，业户多了，则由小业户形成大组群从而形成乡村旅游大气候。

3.“公司+社区+农户”型模式

具有旅游特色的村镇，通过引进有经济实力和市场经营能力的企业，并由公司负责资金与技术以及培训的投资，社区负责将农户的闲散的资金与设备收集与整合，形成具有浓郁特色和吸引力的乡村旅游产品，吸引和招徕国内外旅游者。

(二)彭水乡村旅游经营模式建议

目前乡村旅游经营都是因地制宜，创造了多种模式，值得借鉴。党的十九大明确农村土地经营权再延长30年，加上中央、国务院已经出台的“三农”惠民政策，乡村旅游经营模式将更加丰富和完善。

表 17　彭水乡村旅游发展模式建议表

产品类型	发展模式建议	案例
农户型	“政府+公司+农户”“农户+农户”	各种农家乐
村落型	“政府+公司+农户”“公司+社区+农户”“股份制”“政府+公司+农村旅游协会+旅行社”	生态村、主题文化村、新农村、古镇古村等
农场型	“政府+公司+农户”“公司制”“公司+社区+农户”“股份制”“家庭农庄”	家庭农场、农业观光园、农业庄园、农业科技园等
企业庄园型	“公司制”“公司+社区+农户”“股份制”	高尔夫、度假村、乡村乐园等
产业庄园型	“政府+公司+农户”“ 公司制”“ 公司+社区+农户”“股份制”	茶(果)文化园、农业旅游示范区等

随着国家主导村级集体经济发展,“政府+公司+农户”“公司+社区+农户”“股份制”“家庭农场”模式应该成为彭水发展乡村旅游的主导模式。

二、管理体制

1.彭水乡村旅游管理体制现状

目前,彭水乡村旅游的管理体制是“政府引导,市场运作”。政府统筹安排,在扶持政策、公共设施、引导资金、规范管理、宣传推广等方面积极支持。市场化运作,以市场导向配置资源,鼓励工商企业、乡村集体经济组织、农民专业合作社、农业产业化龙头企业、农户和个人等投资开发休闲农业与乡村旅游,形成多元投资格局,广泛开展自主经营和联合经营。

2.彭水乡村旅游管理体制建议

要根据乡村旅游的发展阶段协调政府主导、企业主体、社区参与的管理机制。

表 18　彭水乡村旅游管理体制建议表

发展阶段	政府—市场互动关系
初始阶段(建设者)	政府积极参与,制定政策、参与宏观经营管理、加强宣传促销,将发展乡村旅游作为解决“三农”问题、增加就业、促进城乡和谐等政治目标来完成,政府既参与宏观管理又参与微观经营,靠政治、经济推动力促进乡村旅游的发展,市场机制作用不明显。
完善阶段(规范者)	政府干预和市场机制有机结合起来,政府不再参与微观经营,乡村旅游企业成为乡村旅游的市场主体,政府的政策倾斜和支持力度开始减弱,培育和完善非政府组织,分担政府的部分管理职能。
成熟阶段(协调者)	市场经济高度发达,志愿者协会和行业协会等非政府组织的完善,能够对乡村旅游进行管理和指导,政府的管理职能进一步弱化,而市场监管和提供公共服务的职能强化,在乡村生态环境、文化保护等方面加大管理。

三、市场培育

1.打造乡村旅游精品线路

依托旅游景区辐射拉动和精品资源品牌吸引力，在高度融合彭水特色旅游线路的同时，打造精品乡村旅游线路。主要推出大摩围山生态养生度假旅游线，以鞍子苗寨为主体的娇阿依民俗风情体验旅游线，以长寿文化为引领的休闲养生度假旅游线，以高山休闲避暑为目的的七曜山、大厂盖生态度假旅游线和环城周末度假旅游线。同时，推荐多个旅游产品，即以人文及民俗风情为主题的郁山古镇、蚩尤九黎城、鞍子苗寨、兴隆苗寨、佛山苗寨、美人窝巴渝民居、黄家红军街，以采摘体验为主题的绍庆、高谷、平安、岩东、善感、乔梓等瓜果基地，以观光农业为主题的汉葭白溪、平安、靛水、万足等花卉园，以产业复合为主的诸佛庙池农庄，长生、岩东、保家油菜基地，太原、万足的冷水鱼养殖及钓鱼基地，摩围山、雷公盖、鹿鸣等高山蔬菜基地及避暑纳凉区等建设特点和成效。

2.大力塑造乡村旅游品牌

以景区为依托，围绕大旅游发展避暑养生、养老康复、休闲度假等乡村旅游产品；以农业为依托，发展休闲观光、农事体验等休闲体验型乡村旅游产品；以田园风光、水体资源，开发体现田园风光、峡谷水体的观光型产品；以传统材料建筑为依托，民俗体验旅游产品；以特殊地质与条件，开发运动休闲体验旅游产品。

3.大力推介乡村旅游品牌

将乡村旅游产品的推介纳入彭水旅游整体宣传推介体系，开展系列特色宣传推介活动。精心策划和组织开展苗乡风情之旅、田园花果之旅、优美山水之旅、苗王山神秘之旅、盐丹古道之旅、神奇佛乡之旅、高山探秘之旅、“爱在彭水”系列、油菜花节、自行车山道赛、登山等各类乡村旅游节赛活动，塑造乡村旅游品牌。常态化举办了“青春爱情长生游”“花漾爱情岩东游”“凤凰花海极地游”“香约平安烂漫游”“浪漫爱情兴隆游”“记忆梅子甜蜜游”“情定摩围体验游”“多情善感开心游”“相约太原鲟缘游”“放歌鞍子欢乐游”等“爱在彭水”系列乡村旅游活动，推出了“放歌鞍子”“寻缘苗乡”等特色乡村旅游品牌。

第十二章　保障措施规划

一、组织保障

成立全县乡村旅游发展领导小组，将乡村旅游纳入单位目标考核内容。由分管领导担任组长，县发改、财税、旅游、商务、农业、扶贫、民族宗教、文化、国土、水务、林业等部门为成员单位，负责对乡村旅游发展工作进行具体指导和督促检查。各乡镇（街道）成立乡村旅游发展工作机构，由主要负责人亲自抓，积极营造良好环境，推动乡村旅游发展。重点旅游村社组建各类农民乡村旅游协会或者专业合作社，成为基层乡村旅游议事和协调机构，形成三级乡村旅游领导与组织管理体系。县政府把乡村旅游发展作为有关部门、有关单位的目标考核内容，由乡村旅游发展领导小组年初下达年度工作目标，进行目标考核，督促检查项目建设进度和有关政策落实情况，并将验收结果作为兑现优惠政策和执行奖惩的依据。

二、财税支持

(一)财政支持

(1)建立“政府主导、业主开发、市场运作、多方参与”的开发建设机制，以财政投入为引导、业主开发为主体、社会资金为补充、项目经费打捆使用的模式。

(2)积极用好各类政策扶持资金。争取武陵山扶贫资金、民族文化资金、特色村寨、以工代赈、高山生态移民、三峡后续发展扶持工程等各类支农、扶农、涉农资金和项目时，充分考虑乡村旅游发展需要，高度整合、集中申报、打捆使用，适当向乡村旅游倾斜。

(3)农业综合开发、农民培训等项目要向乡村旅游示范工程建设倾斜。

(二)税收优惠

(1)针对全县乡村旅游企业及其相关的经营活动，制定税收优惠政策，引导并支持企业和农民发展乡村旅游。

(2)将乡村旅游经营者纳入微型企业，加大资金补助、税费优惠、基准利率等政策扶持力度。

(3)认真落实乡村旅游享受西部大开发优惠政策，乡村旅游企业所得税税率按15%计征，其实际缴付的所有税收中地方留存部分，以获得的资本金补助金额等额为限，实行先征后返。乡村旅游项目从获利年度起，所得税地方留成部分5年内实行全额补助；农民兴办乡村旅游项目，符合国家相关政策规定的，可申请享受下岗失业人员再就业税收优惠政策。

三、资金保障

(一)政府专项资金

彭水乡村旅游开发中的许多建设项目，可使用各级政府的专项资金进行前期投入。可供使用的政府专项资金主要包括：国家三峡工程后扶资金、市县扶贫资金、文物保护资金、农业产业结构调整专项资金、林业专项资金、水利专项资金、移民专项资金、彭水“巴渝魅力美丽乡村”工程专项资金等。

(二)招商引资

在政府对乡村旅游基础设施建设和乡村旅游发展环境整治的基础上，将部分投资金额较大的规划项目进行包装，面向社会招商，引入具备条件的企业进行开发建设。鼓励城市资本下乡与乡村集体经济组织或农户合作开发乡村旅游。

(三)银行贷款

招商引资的企业可按照相关规定向银行融资进行彭水乡村旅游开发建设;参与彭水乡村旅游开发的当地居民可比照重庆市微型企业融资条件向银行贷款,或以农村土地承包经营权、居民房屋、林权抵押贷款。

(四)农户自筹资金

乡村旅游发展的主体是农民、基层村社和农民合作组织,通过政策引导资金调动和鼓励村民利用住宅、院坝、山林等自有场地,投入适当资金开发建设旅游设施,自主经营,自我发展。

四、人才保障

(一)加强旅游人才培养

旅游部门配合项目开发,帮助制定出具体的人才培训规划,并争取与教育、农业、劳动等部门的人才培养规划对口合作,共同推进和实施。要依托现有的旅游人才培训中心和其他培训中心,争取必要的财力支持,分级分类开展培训,重心在村域,关键在带头人。当前迫切需要加强乡村旅游项目策划和开发、景区管理、家庭旅馆的经营管理、活动组织、市场营销、传统技艺、乡土文化讲解等各类实用人才的培训。同时,也要大力培养导游人员,把教师、学生、村域内有文化的年轻人培养成能说会演的导游人员,鼓励他们取得合格的导游证书,并投入到旅游活动中去。

(二)做好旅游人才储备工作

坚持培养与引进并举,扩大人才总量。加强院校与旅游企业的合作,强化职业技能教育,培养一支庞大的技术人才队伍。有计划、有步骤地选送优秀人才到国内外旅游高等院校进修学习,培养专业的高素质乡村旅游高级管理人才,保证彭水乡村旅游业的持续性发展。

附录一　涉旅相关规范、标准(部分)

由于旅游业涉及面较广,其规划过程中涉及的规范标准也较多,既有本行业的,也有其他行业的。鉴于篇幅所限,仅仅选择三个行业内的主要标准来指导实验。

标准一:旅游规划通则(GB/T 18971—2003)

为规范旅游规划编制工作,提高我国旅游规划工作总体水平,达到旅游规划的科学性、前瞻性和可操作性,促进旅游业可持续性发展,特制定本标准。

本标准是编制各级旅游发展规划及各类旅游区规划的规范。

本标准的制定,总结了国内并借鉴了国外旅游规划编制工作的经验和教训,在体现中国旅游规划特色的同时,在技术和方法上努力实现与国际接轨。

1 范围

本标准规定了旅游规划(包括旅游发展规划和旅游区规划)的编制的原则、程序和内容以及评审的方式,提出了旅游规划编制人员和评审人员的组成与素质要求。

本标准适用于编制各级旅游发展规划及各类旅游区规划。

2 规范性引用文件

下列标准的条款通过本标准的引用而成为本标准的条款。凡是注日期的引用文件,其随后所有的修改单(不包括勘误的内容)或修订版均不适用于本标准,然而,鼓励根据本标准达成协议的各方研究是否可使用这些文件的最新版本。凡是不注日期的引用文件,其最新版本适用于本标准。

GB 3095—1996 环境空气质量标准
GB 3096—1993 城市区域环境噪声标准
GB 3838 地面水环境质量标准
GB 5749 生活饮用水卫生标准
GB 9663 旅游业卫生标准
GB 9664 文化娱乐场所卫生标准
GB 9665 公共浴室卫生标准
GB 9666 理发店、美容店卫生标准
GB 9667 游泳场所卫生标准
GB 9668 体育馆卫生标准
GB 9669 图书馆、博物馆、美术馆、展览馆卫生标准
GB 9670 商场(店)、书店卫生标准
GB 9671 医院候诊室卫生标准
GB 9672 公共交通等候室卫生标准
GB 9673 公共交通工具卫生标准
GB 12941—1991 景观娱乐用水水质标准
GB 16153 饭馆(餐厅)卫生标准
GB/T 18972—2003 旅游资源分类、调查与评价

3 术语和定义

下列术语和定义适用于本标准。

3.1 旅游发展规划 Tourism Development Plan

旅游发展规划是根据旅游业的历史、现状和市场要素的变化所制定的目标体系，以及为实现目标体系在特定的发展条件下对旅游发展的要素所做的安排。

3.2 旅游区 Tourism Area

旅游区是以旅游及其相关活动为主要功能或主要功能之一的空间或地域。

3.3 旅游区规划 Tourism Area Plan

旅游区规划是指为了保护、开发、利用和经营管理旅游区，使其发挥多种功能和作用而进行的各项旅游要素的统筹部署和具体安排。

3.4 旅游客源市场 Tourist Source Market

旅游者是旅游活动的主体，旅游客源市场是指旅游区内某一特定旅游产品的现实购买者与潜在购买者。

3.5 旅游资源 Tourism Resources

自然界和人类社会凡能对旅游者产生吸引力，可以为旅游业开发利用，并可产生经济效益、社会效益和环境效益的各种事物和因素，均称为旅游资源。

3.6 旅游产品 Tourism Product

旅游资源经过规划、开发建设形成旅游产品。旅游产品是旅游活动的客体与对象，可分为自然、人文和综合三大类。

3.7 旅游容量 Tourism Carrying Capacity

旅游容量是指在可持续发展前提下，旅游区在某一时间段内，其自然环境、人工环境和社会经济环境所能承受的旅游及其相关活动在规模和强度上极限值的最小值。

4 旅游规划编制的要求

4.1 旅游规划编制要以国家和地区社会经济发展战略为依据，以旅游业发展方针、政策及法规为基础，与城市总体规划、土地利用规划相适应，与其他相关规划相协调；根据国民经济形势，对上述规划提出改进的要求。

4.2 旅游规划编制要坚持以旅游市场为导向，以旅游资源为基础，以旅游产品为主体，经济、社会和环境效益可持续发展的指导方针。

4.3 旅游规划编制要突出地方特色，注重区域协同，强调空间一体化发展，避免近距离不合理重复建设，加强对旅游资源的保护，减少对旅游资源的浪费。

4.4 旅游规划编制鼓励采用先进方法和技术。编制过程中应当进行多方案的比较，并征求各有关行政管理部门的意见，尤其是当地居民的意见。

4.5 旅游规划编制工作所采用的勘查、测量方法与图件、资料，要符合相关国家标准和技术规范。

4.6 旅游规划技术指标，应当适应旅游业发展的长远需要，具有适度超前性。技术指标参照本标准的附录A(资料性附录)选择和确立。

4.7　旅游规划编制人员应有比较广泛的专业构成,如旅游、经济、资源、环境、城市规划、建筑等方面。

5　旅游规划的编制程序

5.1　任务确定阶段

5.1.1　委托方确定编制单位

委托方应根据国家旅游行政主管部门对旅游规划设计单位资质认定的有关规定确定旅游规划编制单位。通常有公开招标、邀请招标、直接委托等形式。

公开招标:委托方以招标公告的方式邀请不特定的旅游规划设计单位投标。

邀请招标:委托方以投标邀请书的方式邀请特定的旅游规划设计单位投标。

直接委托:委托方直接委托某一特定规划设计单位进行旅游规划的编制工作。

5.1.2　制订项目计划书并签订旅游规划编制合同

委托方应制订项目计划书并与规划编制单位签定旅游规划编制合同。

5.2　前期准备阶段

5.2.1　政策法规研究

对国家和本地区旅游及相关政策、法规进行系统研究,全面评估规划所需要的社会、经济、文化、环境及政府行为等方面的影响。

5.2.2　旅游资源调查

对规划区内旅游资源的类别、品位进行全面调查,编制规划区内旅游资源分类明细表,绘制旅游资源分析图,具备条件时可根据需要建立旅游资源数据库,确定其旅游容量,调查方法可参照《旅游资源分类、调查与评价》(GB/T 18972—2017)。

5.2.3　旅游客源市场分析

在对规划区的旅游者数量和结构、地理和季节性分布、旅游方式、旅游目的、旅游偏好、停留时间、消费水平进行全面调查分析的基础上,研究并提出规划区旅游客源市场未来的总量、结构和水平。

5.2.4　对规划区旅游业发展进行竞争性分析,确立规划区在交通可进入性、基础设施、景点现状、服务设施、广告宣传等各方面的区域比较优势,综合分析和评价各种制约因素及机遇。

5.3　规划编制阶段

5.3.1　规划区主题确定

在前期准备工作的基础上,确立规划区旅游主题,包括主要功能、主打产品和主题形象。

5.3.2　确立规划分期及各分期目标。

5.3.3　提出旅游产品及设施的开发思路和空间布局。

5.3.4　确立重点旅游开发项目,确定投资规模,进行经济、社会和环境评价。

5.3.5　形成规划区的旅游发展战略,提出规划实施的措施、方案和步骤,包括政策支持、经营管理体制、宣传促销、融资方式、教育培训等。

5.3.6 撰写规划文本、说明和附件的草案。

5.4 征求意见阶段

规划草案形成后，原则上应广泛征求各方意见，并在此基础上，对规划草案进行修改、充实和完善。

6 旅游发展规划

6.1 旅游发展规划按规划的范围和政府管理层次分为全国旅游业发展规划、区域旅游业发展规划和地方旅游业发展规划。地方旅游业发展规划又可分为省级旅游业发展规划、地市级旅游业发展规划和县级旅游业发展规划等。

地方各级旅游业发展规划均依据上一级旅游业发展规划、并结合本地区的实际情况进行编制。

6.2 旅游发展规划包括近期发展规划（3~5 年）、中期发展规划（5~10 年）或远期发展规划（10~20 年）。

6.3 旅游发展规划的主要任务是明确旅游业在国民经济和社会发展中的地位与作用，提出旅游业发展目标，优化旅游业发展的要素结构与空间布局，安排旅游业发展优先项目，促进旅游业持续、健康、稳定发展。

6.4 旅游发展规划的主要内容

6.4.1 全面分析规划区旅游业发展历史与现状、优势与制约因素，及与相关规划的衔接。

6.4.2 分析规划区的客源市场需求总量、地域结构、消费结构及其他结构，预测规划期内客源市场需求总量、地域结构、消费结构及其他结构。

6.4.3 提出规划区的旅游主题形象和发展战略。

6.4.4 提出旅游业发展目标及其依据。

6.4.5 明确旅游产品开发的方向、特色与主要内容。

6.4.6 提出旅游发展重点项目，对其空间及时序作出安排。

6.4.7 提出要素结构、空间布局及供给要素的原则和办法。

6.4.8 按照可持续发展原则，注重保护开发利用的关系，提出合理的措施。

6.4.9 提出规划实施的保障措施。

6.4.10 对规划实施的总体投资分析，主要包括旅游设施建设、配套基础设施建设、旅游市场开发、人力资源开发等方面的投入与产出方面的分析。

6.5 旅游发展规划成果包括规划文本、规划图表及附件。规划图表包括区位分析图、旅游资源分析图、旅游客源市场分析图、旅游业发展目标图表、旅游产业发展规划图等。附件包括规划说明和基础资料等。

7 旅游区规划

7.1 旅游区规划按规划层次分总体规划、控制性详细规划、修建性详细规划等。

7.2 旅游区总体规划

7.2.1　旅游区在开发、建设之前,原则上应当编制总体规划。小型旅游区可直接编制控制性详细规划。

7.2.2　旅游区总体规划的期限一般为 10 至 20 年,同时可根据需要对旅游区的远景发展作出轮廓性的规划安排。对于旅游区近期的发展布局和主要建设项目,亦应作出近期规划,期限一般为 3 至 5 年。

7.2.3　旅游区总体规划的任务,是分析旅游区客源市场,确定旅游区的主题形象,划定旅游区的用地范围及空间布局,安排旅游区基础设施建设内容,提出开发措施。

7.2.4　旅游区总体规划内容

7.2.4.1　对旅游区的客源市场的需求总量、地域结构、消费结构等进行全面分析与预测。

7.2.4.2　界定旅游区范围,进行现状调查和分析,对旅游资源进行科学评价。

7.2.4.3　确定旅游区的性质和主题形象。

7.2.4.4　确定规划旅游区的功能分区和土地利用,提出规划期内的旅游容量。

7.2.4.5　规划旅游区的对外交通系统的布局和主要交通设施的规模、位置;规划旅游区内部的其他道路系统的走向、断面和交叉形式。

7.2.4.6　规划旅游区的景观系统和绿地系统的总体布局。

7.2.4.7　规划旅游区其他基础设施、服务设施和附属设施的总体布局。

7.2.4.8　规划旅游区的防灾系统和安全系统的总体布局。

7.2.4.9　研究并确定旅游区资源的保护范围和保护措施。

7.2.4.10　规划旅游区的环境卫生系统布局,提出防止和治理污染的措施。

7.2.4.11　提出旅游区近期建设规划,进行重点项目策划。

7.2.4.12　提出总体规划的实施步骤、措施和方法,以及规划、建设、运营中的管理意见。

7.2.4.13　对旅游区开发建设进行总体投资分析。

7.2.5　旅游区总体规划的成果要求

7.2.5.1　规划文本。

7.2.5.2　图件,包括旅游区区位图、综合现状图、旅游市场分析图、旅游资源评价图、总体规划图、道路交通规划图、功能分区图等其他专业规划图、近期建设规划图等。

7.2.5.3　附件,包括规划说明和其他基础资料等。

7.2.5.4　图纸比例,可根据功能需要与可能确定。

7.3　旅游区控制性详细规划

7.3.1　在旅游区总体规划的指导下,为了近期建设的需要,可编制旅游区控制性详细规划。

7.3.2　旅游区控制性详细规划的任务是,以总体规划为依据,详细规定区内建设用地的各项控制指标和其他规划管理要求,为区内一切开发建设活动提供指导。

7.3.3　旅游区控制性详细规划的主要内容:

7.3.3.1　详细划定所规划范围内各类不同性质用地的界线。规定各类用地内适建、不适建或者有条件地允许建设的建筑类型。

7.3.3.2　规划分地块，规定建筑高度、建筑密度、容积率、绿地率等控制指标，并根据各类用地的性质增加其他必要的控制指标。

7.3.3.3　规定交通出入口方位、停车泊位、建筑后退红线、建筑间距等要求。

7.3.3.4　提出对各地块的建筑体量、尺度、色彩、风格等要求。

7.3.3.5　确定各级道路的红线位置、控制点坐标和标高。

7.3.4　旅游区控制性详细规划的成果要求：

7.3.4.1　规划文本。

7.3.4.2　图件，包括旅游区综合现状图，各地块的控制性详细规划图，各项工程管线规划图等。

7.3.4.3　附件，包括规划说明及基础资料。

7.3.4.4　图纸比例一般为1∶1 000~1∶2 000。

7.4　旅游区修建性详细规划

7.4.1　对于旅游区当前要建设的地段，应编制修建性详细规划。

7.4.2　旅游区修建性详细规划的任务是，在总体规划或控制性详细规划的基础上，进一步深化和细化，用以指导各项建筑和工程设施的设计和施工。

7.4.3　旅游区修建性详细规划的主要内容：

7.4.3.1　综合现状与建设条件分析。

7.4.3.2　用地布局。

7.4.3.3　景观系统规划设计。

7.4.3.4　道路交通系统规划设计。

7.4.3.5　绿地系统规划设计。

7.4.3.6　旅游服务设施及附属设施系统规划设计。

7.4.3.7　工程管线系统规划设计。

7.4.3.8　竖向规划设计。

7.4.3.9　环境保护和环境卫生系统规划设计。

7.4.4　旅游区修建性详细规划的成果要求：

7.4.4.1　规划设计说明书。

7.4.4.2　图件，包括综合现状图、修建性详细规划总图、道路及绿地系统规划设计图、工程管网综合规划设计图、竖向规划设计图、鸟瞰或透视等效果图等。图纸比例一般为1∶500~1∶2 000。

7.5　旅游区可根据实际需要，编制项目开发规划、旅游线路规划和旅游地建设规划、旅游营销规划、旅游区保护规划等功能性专项规划。

8　旅游规划的评审、报批与修编

8.1　旅游规划的评审

8.1.1　评审方式

8.1.1.1　旅游规划文本、图件及附件的草案完成后，由规划委托方提出申请，上一级旅游行政主管部门组织评审。

8.1.1.2　旅游规划的评审采用会议审查方式。规划成果应在会议召开五日前送达评审人员审阅。

8.1.1.3　旅游规划的评审，须经全体评审人员讨论、表决，并有四分之三以上评审人员同意，方为通过。评审意见应形成文字性结论，并经评审小组全体成员签字，评定意见方为有效。

8.1.2　规划评审人员的组成

8.1.2.1　旅游发展规划的评审人员由规划委托方与上一级旅游行政主管部门商定；旅游区规划的评审人员由规划委托方与当地旅游行政主管部门确定。旅游规划评审组由7人以上组成。其中行政管理部门代表不超过1/3，本地专家不少于1/3。规划评审小组设组长1人，根据需要可设副组长1~2人。组长、副组长人选由委托方与规划评审小组协商产生。

8.1.2.2　旅游规划评审人员应由经济分析专家、市场开发专家、旅游资源专家、环境保护专家、城市规划专家、工程建筑专家、旅游规划管理官员、相关部门管理官员等组成。

8.1.3　规划评审重点

旅游规划评审应围绕规划的目标、定位、内容、结构和深度等方面进行重点审议，包括：①旅游产业定位和形象定位的科学性、准确性和客观性；②规划目标体系的科学性、前瞻性和可行性；③旅游产业开发、项目策划的可行性和创新性；④旅游产业要素结构与空间布局的科学性、可行性；⑤旅游设施、交通线路空间布局的科学合理性；⑥旅游开发项目投资的经济合理性；⑦规划项目对环境影响评价的客观可靠性；⑧各项技术指标的合理性；⑨规划文本、附件和图件的规范性；⑩规划实施的操作性和充分性。

8.2　规划的报批

旅游规划文本、图件及附件，经规划评审会议讨论通过并根据评审意见修改后，由委托方按有关规定程序报批实施。

8.3　规划的修编

在规划执行过程中，要根据市场环境等各个方面的变化对规划进行进一步的修订和完善。

标准二:旅游资源分类、调查与评价(GB/T 18972—2017)

旅游资源是构成旅游业发展的基础,我国旅游资源非常丰富,具有广阔的开发前景,在旅游研究、区域开发、资源保护等各方面受到广泛的应用,越来越受到重视。旅游界对旅游资源的含义、价值、应用等许多理论和实用问题进行了多方面的研究,本标准在充分考虑了前人研究成果,特别是1992年出版的《中国旅游资源普查规范(试行稿)》的学术研究和广泛实践的基础上,对旅游资源的类型划分、调查、评价的实用技术和方法,进行了较深层次的探讨,目的是更加适用于旅游资源开发与保护、旅游规划与项目建设、旅游行业管理与旅游法规建设、旅游资源信息管理与开发利用等方面的工作。本标准是一部应用性质的技术标准,主要适用于旅游界,对其他行业和部门的资源开发也有一定的参考意义。

1　范围

本标准规定了旅游资源类型体系,以及旅游资源调查、等级评价的技术与方法。本标准适用于各类型旅游区(点)的旅游资源开发与保护、旅游规划与项目建设、旅游行业管理与旅游法规建设、旅游资源信息管理与开发利用等方面。

2　规范性引用文件

下列文件中的条款通过本标准的引用而成为本标准的条款。凡是注日期的引用文件,其随后所有的修改单(不包括勘误的内容)或修订版均不适用于本标准,然而,鼓励根据本标准达成协议的各方研究是否可使用这些文件的最新版本。凡是不注日期的引用文件,其最新版本适用于本标准。

3　术语和定义

下列术语和定义适用于本标准。

3.1　旅游资源 Tourism Resources

自然界和人类社会凡能对旅游者产生吸引力,可以为旅游业开发利用,并可产生经济效益、社会效益和环境效益的各种事物和因素。

3.2　旅游资源基本类型 Fundamental Type of Tourism Resources

按照旅游资源分类标准所划分出的基本单位。

3.3　旅游资源单体 Object of Tourism Resources

可作为独立观赏或利用的旅游资源基本类型的单独个体,包括“独立型旅游资源单体”和由同一类型的独立单体结合在一起的“集合型旅游资源单体”。

3.4　旅游资源调查 Investigation of Tourism Resources

按照旅游资源分类标准,对旅游资源单体进行的研究和记录。

3.5　旅游资源共有因子评价 Community Factor Evaluation of Tourist Resources

按照旅游资源基本类型所共同拥有的因子对旅游资源单体进行的价值和程度评价。

4 旅游资源分类

4.1 分类原则 依据旅游资源的性状,即现存状况、形态、特性、特征划分。

4.2 分类对象 稳定的、客观存在的实体旅游资源。不稳定的、客观存在的事物和现象。

4.3 分类结构 分为“主类”“亚类”“基本类型”三个层次。每个层次的旅游资源类型有相应的汉语拼音代号,见附录。

5 旅游资源调查

5.1 基本要求

5.1.1 按照本标准规定的内容和方法进行调查。

5.1.2 保证成果质量,强调整个运作过程的科学性、客观性、准确性,并尽量做到内容简洁和量化。

5.1.3 充分利用与旅游资源有关的各种资料和研究成果,完成统计、填表和编写调查文件等项工作。调查方式以收集、分析、转化、利用这些资料和研究成果为主,并逐个对旅游资源单体进行现场调查核实,包括访问、实地观察、测试、记录、绘图、摄影,必要时进行采样和室内分析。

5.1.4 旅游资源调查分为“旅游资源详查”和“旅游资源概查”二个档次,其调查方式和精度要求不同。

5.2 旅游资源详查

5.2.1 适用范围和要求

5.2.1.1 适用于了解和掌握整个区域旅游资源全面情况的旅游资源调查。

5.2.1.2 完成全部旅游资源调查程序,包括调查准备、实地调查。

5.2.1.3 要求对全部旅游资源单体进行调查,提交全部“旅游资源单体调查表”。

5.2.2 调查准备

5.2.2.1 调查组

5.2.2.1.1 调查组成员应具备与该调查区旅游环境、旅游资源、旅游开发有关的专业知识,一般应吸收旅游、环境保护、地学、生物学、建筑园林、历史文化、旅游管理等方面的专业人员参与。

5.2.2.1.2 根据本标准的要求,进行技术培训。

5.2.2.1.3 准备实地调查所需的设备如定位仪器、简易测量仪器、影像设备等。

5.2.2.1.4 准备多份“旅游资源单体调查表”。

5.2.2.2 资料收集范围

5.2.2.2.1 与旅游资源单体及其赋存环境有关的各类文字描述资料,包括地方志书、乡土教材、旅游区与旅游点介绍、规划与专题报告等。

5.2.2.2.2 与旅游资源调查区有关的各类图形资料,重点是反映旅游环境与旅游资源的专题地图。

5.2.2.2.3　与旅游资源调查区和旅游资源单体有关的各种照片、影像资料。

5.2.3　实地调查

5.2.3.1　程序与方法

5.2.3.1.1　确定调查区内的调查小区和调查线路。为便于运作和此后旅游资源评价、旅游资源统计、区域旅游资源开发的需要，将整个调查区分为"调查小区"。调查小区一般按行政区划分（如省级一级的调查区，可将地区一级的行政区划分为调查小区；地区一级的调查区，可将县级一级的行政区划分为调查小区；县级一级的调查区，可将乡镇一级的行政区划分为调查小区），也可按现有或规划中的旅游区域划分。调查线路按实际要求设置，一般要求贯穿调查区内所有调查小区和主要旅游资源单体所在的地点。

5.2.3.1.2　选定调查对象　选定下述单体进行重点调查：具有旅游开发前景，有明显经济、社会、文化价值的旅游资源单体；集合型旅游资源单体中具有代表性的部分；代表调查区形象的旅游资源单体。对下列旅游资源单体暂时不进行调查：明显品位较低，不具有开发利用价值的；与国家现行法律、法规相违背的；开发后有损于社会形象的或可能造成环境问题的；影响国计民生的；某些位于特定区域内的。

5.2.3.1.3　填写《旅游资源单体调查表》　对每一调查单体分别填写一份"旅游资源单体调查表"（见本标准附录 B）。调查表各项内容填写要求如下：①单体序号：由调查组确定的旅游资源单体顺序号码。②单体名称：旅游资源单体的常用名称。③"代号"项：代号用汉语拼音字母和阿拉伯数字表示，即"表示单体所处位置的汉语拼音字母-表示单体所属类型的汉语拼音字母-表示单体在调查区内次序的阿拉伯数字"。如果单体所处的调查区是县级和县级以上行政区，则单体代号按"国家标准行政代码（省代号 2 位-地区代号 3 位-县代号 3 位，参见 GB/T 2260—1999 中华人民共和国行政区代码）-旅游资源基本类型代号 3 位-旅游资源单体序号 2 位"的方式设置，共 5 组 13 位数，每组之间用短线"-"连接。如果单体所处的调查区是县级以下的行政区，则旅游资源单体代号按"国家标准行政代码（省代号 2 位-地区代号 3 位-县代号 3 位，参见 GB/T 2260—1999 中华人民共和国行政区代码）-乡镇代号（由调查组自定 2 位）-旅游资源基本类型代号 3 位-旅游资源单体序号 2 位"的方式设置，共 6 组 15 位数，每组之间用短线"-"连接。如果遇到同一单体可归入不同基本类型的情况，在确定其为某一类型的同时，可在"其他代号"后按另外的类型填写。操作时只需改动其中的旅游资源基本类型代号，其他代号项目不变。填表时，一般可省略本行政区及本行政区以上的行政代码。④"行政位置"项：填写单体所在地的行政归属，从高到低填写政区单位名称。⑤"地理位置"项：填写旅游资源单体主体部分的经纬度（精度到秒）。⑥"性质与特征"项：填写旅游资源单体本身个性，包括单体性质、形态、结构、组成成分的外在表现和内在因素，以及单体生成过程、演化历史、人事影响等主要环境因素。

提示如下：1）外观形态与结构类：旅游资源单体的整体状况、形态和突出（醒目）点；代表形象部分的细节变化；整体色彩和色彩变化、奇异华美现象，装饰艺术特色等；组成单体整体各部分的搭配关系和安排情况，构成单体主体部分的构造细节、构景要素等。2）内在性质类：旅游资源单体的特质，如功能特性、历史文化内涵与格调、科学价值、艺术价值、经济背景、实际用途等。3）组成成分类：构成旅游资源单体的组成物质、建筑材料、原料等。4）成因机制与演化过程类:表现旅游资源单体发生、演化过程、演变的时序数值;生成和运行方式,如形成机制、形成年龄和初建时代、废弃时代、发现或制造时间、盛衰变化、历史演变、现代运动过程、生长情况、存在方式、展示演示及活动内容、开放时间等。5)规模与体量类:表现旅游资源单体的空间数值如占地面积、建筑面积、体积、容积等;个性数值如长度、宽度、高度、深度、直径、周长、进深、面宽、海拔、高差、产值、数量、生长期等;比率关系数值如矿化度、曲度、比降、覆盖度、圆度等。6)环境背景类:旅游资源单体周围的境况,包括所处具体位置及外部环境如目前与其共存并成为单体不可分离的自然要素和人文要素,如气候、水文、生物、文物、民族等;影响单体存在与发展的外在条件,如特殊功能、雪线高度、重要战事、主要矿物质等;单体的旅游价值和社会地位、级别、知名度等。7)关联事物类:与旅游资源单体形成、演化、存在有密切关系的典型的历史人物与事件等。

⑦"旅游区域及进出条件"项:包括旅游资源单体所在地区的具体部位、进出交通、与周边旅游集散地和主要旅游区(点)之间的关系等。⑧"保护与开发现状"项:旅游资源单体保存现状、保护措施、开发情况等。⑨"共有因子评价问答"项:旅游资源单体的观赏游憩价值、历史文化科学艺术价值、珍稀或奇特程度、规模丰度与几率、完整性、知名度和影响力、适游期和使用范围、污染状况与环境安全。

5.3 旅游资源概查

5.3.1 适用范围和要求

5.3.1.1 适用于了解和掌握特定区域或专门类型的旅游资源调查。

5.3.1.2 要求对涉及的旅游资源单体进行调查。

5.3.2 调查技术要点

5.3.2.1 参照"旅游资源详查"中的各项技术要求。

5.3.2.2 简化工作程序,如不需要成立调查组,调查人员由其参与的项目组织协调委派;资料收集限定在与专门目的所需要的范围;可以不填写或择要填写"旅游资源单体调查表"等。

6 旅游资源评价

6.1 总体要求

6.1.1 按照本标准的旅游资源分类体系对旅游资源单体进行评价。

6.1.2 本标准采用打分评价方法。

6.1.3 评价主要由调查组完成。

6.2 评价体系 本标准依据"旅游资源共有因子综合评价系统"赋分。本系统设"评价项目"和"评价因子"两个档次。评价项目为"资源要素价值""资源影响力""附加值"。其中,"资源要素价值"项目中含"观赏游憩使用价值""历史文化科学艺术价值""珍稀奇特程度""规模、丰度与几率""完整性"等5项评价因子。"资源影响力"项目中含"知名度和影响力""适游期或使用范围"2项评价因子。"附加值"含"环境保护与环境安全"1项评价因子。

6.3 计分方法

6.3.1 基本分值

6.3.1.1 评价项目和评价因子用量值表示。资源要素价值和资源影响力总分值为100分,其中,"资源要素价值"为85分,分配如下:"观赏游憩使用价值"30分、"历史文化科学艺术价值”25 分、“珍稀奇特程度”15 分、“规模、丰度与几率”10 分、“完整性”5 分。“资源影响力”为 15 分,其中,“知名度和影响力”10 分、“适游期或使用范围” 5 分。

6.3.1.2 “附加值”中“环境保护与环境安全”分正分和负分。

6.3.1.3 每一评价因子分为 4 个档次,其因子分值相应分为 4 档。旅游资源评价赋分标准见表 1。

表 1 旅游资源评价赋分表

评价项目	评价因子	评价依据	赋值
资源要素价值(85 分)	观赏游憩使用价值(30 分)	全部或其中一项具有极高的观赏价值、游憩价值、使用价值	32~22
		全部或其中一项具有很高的观赏价值、游憩价值、使用价值	21~13
		全部或其中一项具有较高的观赏价值、游憩价值、使用价值	12~6
		全部或其中一项具有一般观赏价值、游憩价值、使用价值	5~1
	历史文化科学艺术价值(25 分)	同时或其中一项具有世界意义的历史价值、文化价值、科学价值、艺术价值	25~20
		同时或其中一项具有全国意义的历史价值、文化价值、科学价值、艺术价值	19~13
		同时或其中一项具有省级意义的历史价值、文化价值、科学价值、艺术价值	12~6
		历史价值、或文化价值、或科学价值、或艺术价值具有地区意义	5~1
	珍稀奇特程度(15 分)	有大量珍稀物种,或景观异常奇特,或此类现象在其他地区罕见	15~13
		有较多珍稀物种,或景观奇特,或此类现象在其他地区很少见	12~9
		有少量珍稀物种,或景观突出,或此类现象在其他地区少见	8~4
		有个别珍稀物种,或景观比较突出,或此类现象在其他地区较多见	3~1
	规模、丰度与几率(10 分)	独立型旅游资源单体规模、体量巨大;集合型旅游资源单体结构完美、疏密度优良;自然景象和人文活动周期性发生或频率极高	10~8
		独立型旅游资源单体规模、体量较大;集合型旅游资源单体结构很和谐、疏密度良好;自然景象和人文活动周期性发生或频率很高	7~5
		独立型旅游资源单体规模、体量中等;集合型旅游资源单体结构和谐、疏密度较好;自然景象和人文活动周期性发生或频率较高	4~3
		独立型旅游资源单体规模、体量较小;集合型旅游资源单体结构较和谐、疏密度一般;自然景象和人文活动周期性发生或频率较小	2~1
	完整性(5 分)	形态与结构保持完整	5~4
		形态与结构有少量变化,但不明显	3
		形态与结构有明显变化	2
		形态与结构有重大变化	1
资源影响力(15 分)	知名度和影响力(10 分)	在世界范围内知名,或构成世界承认的名牌	10~8
		在全国范围内知名,或构成全国性的名牌	7~5
		在本省范围内知名,或构成省内的名牌	4~3
		在本地区范围内知名,或构成本地区名牌	2~1

续表

评价项目	评价因子	评价依据	赋值
资源影响力(15分)	适游期或使用范围(5分)	适宜游览的日期每年超过300天,或适宜于所有游客使用和参与	5~4
		适宜游览的日期每年超过250天,或适宜于80%左右游客使用和参与	3
		适宜游览的日期超过150天,或适宜于60%左右游客使用和参与	2
		适宜游览的日期每年超过100天,或适宜于40%左右游客使用和参与	1
附加值	环境保护与环境安全	已受到严重污染,或存在严重安全隐患	-5
		已受到中度污染,或存在明显安全隐患	-4
		已受到轻度污染,或存在一定安全隐患	-3
		已有工程保护措施,环境安全得到保证	3

注:“资源要素价值”项目中含“观赏游憩使用价值”“历史文化科学艺术价值”“珍稀奇特程度”“规模、丰度与几率”“完整性”等5项评价因子。“资源影响力”项目中含“知名度和影响力”“适游期或使用范围”2项评价因子。“附加值”含“环境保护与环境安全”1项评价因子。

6.3.2　评价与等级划分

6.3.2.1　根据对旅游资源单体的评价,得出该单体旅游资源共有综合因子评价赋分值(见表2)。

6.3.2.2　依据旅游资源单体评价总分,将旅游资源评价划分为五个等级。

6.3.2.3　未获等级旅游资源得分小于或等于29分。

表2　旅游资源评价等级与图例

旅游资源等级	得分区间	图例	使用说明
五级旅游资源	≥90分	★	1.图例大小根据图面大小而定,形状不变; 2.自然旅游资源(表A.1中主类A、B、C、D)使用蓝色图例;人文旅游资源(表A.1中主类E、F、G、H)使用红色图例
四级旅游资源	75~89分	■	
三级旅游资源	60~74分	◆	
二级旅游资源	45~59分	▲	
一级旅游资源	30~44分	●	

注:五级旅游资源称为“特品级旅游资源”;五级、四级、三级旅游资源通称为“优良级旅游资源”;二级、一级旅游资源通称为“普通级旅游资源”。

7　提交文(图)件

7.1　文(图)件内容和编写要求

7.1.1　全部文(图)件包括《旅游资源调查区实际资料表》《旅游资源图》《旅游资源调查报告》

7.1.2　旅游资源详查和旅游资源概查的文(图)件类型和精度不同,旅游资源详查需要完成全部文(图)件,包括填写《旅游资源调查区实际资料表》,编绘《旅游资源地图》,编写《旅游资源调查报告》。旅游资源概查要求编绘《旅游资源地图》,其他文件可根据需要选择编写。

7.2　文(图)件产生方式

7.2.1　《旅游资源调查区实际资料表》的填写

7.2.1.1　调查区旅游资源调查、评价结束后,由调查组填写。

7.2.1.2　按照附录C规定的栏目填写,栏目内容包括:

a)调查区基本资料

b)各层次旅游资源数量统计

c)各主类、亚类旅游资源基本类型数量统计

d)各级旅游资源单体数量统计

e)优良级旅游资源单体名录

f)调查组主要成员

g)主要技术存档材料

7.2.1.3　《旅游资源调查区实际资料表》同样适用于调查小区实际资料的填写。

7.2.2　《旅游资源图》的编绘

7.2.2.1　《旅游资源图》分为"旅游资源图"和"优良级旅游资源图"。

7.2.2.2　"旅游资源图",表现五级、四级、三级、二级、一级旅游资源单体。

7.2.2.3　"优良级旅游资源图",表现五级、四级、三级旅游资源单体。

7.2.2.4　编绘程序与方法。

7.2.2.4.1　准备等高线地形图和调查区政区地图等底图:

a)等高线地形图:比例尺视调查区的面积大小而定,较大面积的调查区为(1∶50 000)~(1∶200 000),较小面积的调查区为(1∶5 000)~(1∶25 000),特殊情况下为更大比例尺。

b)调查区政区地图

7.2.2.4.2　在工作底图的实际位置上标注旅游资源单体(部分集合型单体可将范围绘出)。各级旅游资源应用表2中的图例。

7.2.2.4.3　单体符号一侧加注旅游资源单体代号或单体序号。

7.2.3　《旅游资源调查报告》的编写

各调查区编写的旅游资源调查报告,基本篇目如下:

前言

a)调查区旅游环境

b)旅游资源开发历史和现状

c)旅游资源基本类型

d)旅游资源评价

e)旅游资源保护与开发建议

f)主要参考文献

g)附图:《旅游资源图》或《优良级旅游资源图》

附录A　旅游资源基本类型释义

旅游资源基本类型释义见表A.1。

表A.1　旅游资源基本类型释义

<table>
<tr><th>主类</th><th>亚类</th><th>基本类型</th><th>简要说明</th></tr>
<tr><td rowspan="19">A 地文景观</td><td rowspan="4">AA
自然景观综合体</td><td>AAA 山丘型景观</td><td>山地丘陵内可供观光游览的整体景观或个别景观</td></tr>
<tr><td>AAB 台地型景观</td><td>山地边缘或山间台状可供观光游览的整体景观或个别景观</td></tr>
<tr><td>AAC 沟谷型景观</td><td>沟谷内可供观光游览的整体景观或个体景观</td></tr>
<tr><td>AAD 滩地型景观</td><td>缓平滩地内可供观光游览的整体景观或个别景观</td></tr>
<tr><td rowspan="4">AB
地质与构造形迹</td><td>ABA 断裂景观</td><td>地层断裂在地表面形成的景观</td></tr>
<tr><td>ABB 褶曲景观</td><td>地层在各种内力作用下形成的扭曲变形</td></tr>
<tr><td>ABC 地层剖面</td><td>地层中具有科学意义的典型剖面</td></tr>
<tr><td>ABD 生物化石点</td><td>保存在地层中的地质时期的生物遗体、遗骸及活动遗迹的发掘地点</td></tr>
<tr><td rowspan="6">AC
地表形态</td><td>ACA 台丘状地景</td><td>台地和丘陵形状的地貌景观</td></tr>
<tr><td>ACB 峰柱状地景</td><td>在山地、丘陵或平地上突起的峰状石体</td></tr>
<tr><td>ACC 垄岗状地景</td><td>构造形迹的控制下长期受溶蚀作用形成的岩溶地貌</td></tr>
<tr><td>ACD 沟壑与洞穴</td><td>由内营力塑造或外营力侵蚀形成的沟谷、劣地，以及位于基岩内和岩石表面的天然洞穴</td></tr>
<tr><td>ACE 奇特与象形山石</td><td>形状奇异、拟人状物的山体或石体</td></tr>
<tr><td>ACF 岩土圈灾变遗迹</td><td>岩石圈自然灾害变动所留下的表面痕迹</td></tr>
<tr><td rowspan="3">AD
自然标记与自然现象</td><td>ADA 奇异自然现象</td><td>发生在地表一般还没有合理解释的自然界奇特现象</td></tr>
<tr><td>ADB 自然标志地</td><td>标志特殊地理、自然区域的地点</td></tr>
<tr><td>ADC 垂直自然带</td><td>山地自然景观及其自然要素(主要是地貌、气候、植被、土壤)随海拔呈递变规律的现象</td></tr>
<tr><td rowspan="8">B 水域景观</td><td rowspan="3">BA 河系</td><td>BAA 游憩河段</td><td>可供观光游览的河流段落</td></tr>
<tr><td>BAB 瀑布</td><td>河水在流经断层、凹陷等地区时垂直从高空跌落的跌水</td></tr>
<tr><td>BAC 古河道段落</td><td>已经消失的历史河道现存段落</td></tr>
<tr><td rowspan="3">BB 湖沼</td><td>BBA 游憩湖区</td><td>湖泊水体的观光游览区与段落</td></tr>
<tr><td>BBB 潭池</td><td>四周有岸的小片水域</td></tr>
<tr><td>BBC 湿地</td><td>天然或人工形成的沼泽地等带有静止或流动水体的成片浅水区</td></tr>
<tr><td rowspan="2">BC 地下水</td><td>BCA 泉</td><td>地下水的天然露头</td></tr>
<tr><td>BCB 埋藏水体</td><td>埋藏于地下的温度适宜、具有矿物元素的地下热水、热汽</td></tr>
</table>

续表

主类	亚类	基本类型	简要说明
B 水域景观	BD 冰雪地	BDA 积雪地	长时间不融化的降雪堆积面
		BDB 现代冰川	现代冰川存留区域
	BE 海面	BEA 游憩海域	可供观光游憩的海上区域
		BEB 涌潮与击浪现象	海水大潮时潮水涌进景象，以及海浪推进时的击岸现象
		BEC 小型岛礁	出现在江海中的小型明礁或暗礁
C 生物景观	CA 植被景观	CAA 林地	生长在一起的大片树木组成的植物群体
		CAB 独树与丛树	单株或生长在一起的小片树林组成的植物群体
		CAC 草地	以多年生草本植物或小半灌木组成的植物群落构成的地区
		CCD 花卉地	一种或多种花卉组成的群体
	CB 野生动物栖息地	CBA 水生动物栖息地	一种或多种水生动物常年或季节性栖息的地方
		CBB 陆地动物栖息地	一种或多种陆地野生哺乳动物、两栖动物、爬行动物等常年或季节性栖息的地方
		CBC 鸟类栖息地	一种或多种鸟类常年或季节性栖息的地方
		CBD 蝶类栖息地	一种或多种蝶类常年或季节性栖息的地方
D 天象与气候景观	DA 天象景观	DAA 太空景象观赏地	观察各种日、月、星辰、极光等太空现象的地方
		DAB 地表光现象	发生在地面上的天然或人工光现象
	DB 天气与气候现象	DBA 云雾多发区	云雾及雾凇、雨凇出现频率较高的地方
		DBB 极端与特殊气候显示地	易出现极端与特殊气候的地区或地点，如风区、雨区、热区、寒区、旱区等典型地点
		DBC 物候景象	各种植物的发芽、展叶、开花、结实、叶变色、落叶等季变现象
E 建筑与设施	EA 人文景观综合体	EAA 社会与商贸活动场所	进行社会交往活动、商业贸易活动的场所
		EAB 军事遗址与古战场	古时用于战事的场所、建筑物和设施遗存
		EAC 教学科研实验场所	各类学校和教育单位、开展科学研究的机构和从事工程技术试验场所的观光、研究、实习的地方
		EAD 建设工程与生产地	经济开发工程和实体单位，如工厂、矿区、农田、牧场、林场、茶园、养殖场、加工企业以及各类生产部门的生产区域和生产线
		EAE 文化活动场所	进行文化活动、展览、科学技术普及的场所
		EAF 康体游乐休闲度假地	具有康乐、健身、休闲、疗养、度假条件的地方
		EAG 宗教与祭祀活动场所	进行宗教、祭祀、礼仪活动场所的地方

续表

主类	亚类	基本类型	简要说明
E 建筑与设施	EA 人文景观综合体	EAH 交通运输场站	用于运输通行的地面场站等
		EAI 纪念地与纪念活动场所	为纪念故人或开展各种宗教祭祀、礼仪活动的馆室或场地
	EB 实用建筑与核心设施	EBA 特色街区	反映某一时代建筑风貌,或经营专门特色商品和商业服务的街道
		EBB 特性屋舍	具有观赏游览功能的房屋
		EBC 独立厅、室、馆	具有观赏游览功能的景观建筑
		EBD 独立场、所	具有观赏游览功能的文化、体育场馆等空间场所
		EBE 桥梁	跨越河流、山谷、障碍物或其他交通线而修建的架空通道
		EBF 渠道、运河段落	正在运行的人工开凿的水道段落
		EBG 堤坝段落	防水、挡水的构筑物段落
		EBH 港口、渡口与码头	位于江、河、湖、海沿岸进行航运、过渡、商贸、渔业活动的地方
		EBI 洞窟	由水的溶蚀、侵蚀和风蚀作用形成的可进入的地下空洞
		EBJ 陵墓	帝王、诸侯陵寝及领袖先烈的坟墓
		EBK 景观农田	具有一定观赏游览功能的农田
		EBL 景观牧场	具有一定观赏游览功能的牧场
		EBM 景观林场	具有一定观赏游览功能的林场
		EBN 景观养殖场	具有一定观赏游览功能的养殖场
		EBO 特色店铺	具有一定观光游览功能的店铺
		EBP 特色市场	具有一定观光游览功能的市场
	EC 景观与小品建筑	ECA 形象标志物	能反映某处旅游形象的标志物
		ECB 观景点	用于景观观赏的场所
		ECC 亭、台、楼、阁	供游客休息、乘凉或观景用的建筑
		ECD 书画作	具有一定知名度的书画作品
		ECE 雕塑	用于美化或纪念而雕刻塑造、具有一定寓意、象征或象形的观赏物和纪念物
		ECF 碑碣、碑林、经幢	雕刻记录文字、经文的群体刻石或多角形石柱
		ECG 牌坊牌楼、影壁	为表彰功勋、科第、德政以及忠孝节义所立的建筑物,以及中国传统建筑中用于遮挡视线的墙壁
		ECH 门廊、廊道	门头廊形装饰物,不同于两侧基质的狭长地带
		ECI 塔形建筑	具有纪念、镇物、标明风水和某些实用目的的直立建筑物
		ECJ 景观步道、甬路	用于观光游览行走而砌成的小路

续表

主类	亚类	基本类型	简要说明
E 建筑与设施	EC 景观与小品建筑	ECK 花草坪	天然或人造的种满花草的地面
		ECL 水井	用于生活、灌溉用的取水设施
		ECM 喷泉	人造的由地下喷射水至地面的喷水设备
		ECN 堆石	由石头堆砌或填筑形成的景观
F 历史遗迹	FA 物质类文化遗存	FAA 建筑遗迹	具有地方风格和历史色彩的历史建筑遗存
		FAB 可移动文物	历史上各时代重要实物、艺术品、文献、手稿、图书资料、代表性实物等，分为珍贵文物和一般文物
	FB 非物质类文化遗存	FBA 民间文学艺术	民间对社会生活进行形象的概括而创作的文学艺术作品
		FBB 地方习俗	社会文化中长期形成的风尚、礼节、习惯及禁忌等
		FBC 传统服饰装饰	具有地方和民族特色的衣饰
		FBD 传统演艺	民间各种传统表演方式
		FBE 传统医药	当地传统留存的医药制品和治疗方式
		FBF 传统体育赛事	当地定期举行的体育比赛活动
G 旅游购品	GA 农业产品	GAA 种植业产品及制品	具有跨地区声望的当地生产的种植业产品及制品
		GAB 林业产品与制品	具有跨地区声望的当地生产的林业产品及制品
		GAC 畜牧业产品与制品	具有跨地区声望的当地生产的畜牧产品及制品
		GAD 水产品及制品	具有跨地区声望的当地生产的水产品及制品
		GAE 养殖业产品与制品	具有跨地区声望的养殖业产品及制品
	GB 工业产品	GBA 日用工业品	具有跨地区声望的当地生产的日用工业品
		GBB 旅游装备产品	具有跨地区声望的当地生产的户外旅游装备和物品
	GC 手工工艺品	GCA 文房用品	文房书斋的主要文具
		GCB 织品、染织	纺织及用染色印花织物
		GCC 家具	生活、工作或社会实践中供人们坐、卧或支撑与贮存物品的器具
		GCD 陶瓷	由瓷石、高岭土、石英石、莫来石等烧制而成，外表施有玻璃质釉或彩绘的物器
		GCE 金石雕刻、雕塑制品	用金属、石料或木头等材料雕刻的工艺品
		GCF 金石器	用金属、石料制成的具有观赏价值的器物
		GCG 纸艺与灯艺	以纸材质和灯饰材料为主要材料制成的平面或立体的艺术品
		GCH 画作	具有一定观赏价值的手工画成作品

续表

主类	亚类	基本类型	简要说明
H 人文活动	HA 人事活动记录	HAA 地方人物	当地历史和现代名人
		HAB 地方事件	当地发生过的历史和现代事件
	HB 岁时节令	HBA 宗教活动与庙会	宗教信徒举办的礼仪活动，以及节日或规定日子里在寺庙附近或既定地点举行的聚会
		HBB 农时节日	当地与农业生产息息相关的传统节日
		HBC 现代节庆	当地定期或不定期的文化、商贸、体育活动等
8	23	110	

注：如果发现本分类没有包括的基本类型时，使用者可自行增加。增加的基本类型可归入相应亚类，置于最后，最多可增加2个。编号方式为：增加第1个基本类型时，该亚类2位汉语拼音字母+Z、增加第2个基本类型时，该亚类2位汉语拼音字母+Y。

附录 B
（规范性附录）
旅游资源单体调查表格式

旅游资源单体调查表格式见表 B.1。

表 B.1 （单体序号单体名称）旅游资源单体调查表

基本类型：

代号	；其他代号：① ；②
行政位置	
地理位置	东经° ′ ″，北纬° ′ ″
性质与特征（单体性质、形态、结构、组成成分的外在表现和内在因素，以及单体生成过程、演化历史、人事影响等主要环境因素）	

续表

<table>
<tr><td colspan="4">旅游区域及进出条件(单体所在地区的具体部位、进出交通、与周边旅游集散地和主要旅游区[点]之间关系)</td></tr>
<tr><td colspan="4">保护与开发现状(单体保存现状、保护措施、开发情况)</td></tr>
<tr><td colspan="4">共有因子评价问题(你认为本单体属于下列评价项目中的哪个档次,应该得多少分,在最后的一列内写上分数)</td></tr>
<tr><td>评价项目</td><td>档次</td><td>本档次规定得分</td><td>你认为应得的分数</td></tr>
<tr><td rowspan="4">单体为游客提供的观赏价值,或游憩价值,或使用价值</td><td>全部或其中一项具有极高的观赏价值、游憩价值、使用价值</td><td>30~22</td><td></td></tr>
<tr><td>全部或其中一项具有很高的观赏价值、游憩价值、使用价值</td><td>21~13</td><td></td></tr>
<tr><td>全部或其中一项具有较高的观赏价值、游憩价值、使用价值</td><td>12~6</td><td></td></tr>
<tr><td>全部或其中一项具有一般观赏价值、游憩价值、使用价值</td><td>5~1</td><td></td></tr>
<tr><td rowspan="4">单体蕴含的历史价值,或文化价值,或科学价值,或艺术价值</td><td>同时或其中一项具有世界意义的历史价值、文化价值、科学价值、艺术价值</td><td>25~20</td><td></td></tr>
<tr><td>同时或其中一项具有全国意义的历史价值、文化价值、科学价值、艺术价值</td><td>19~23</td><td></td></tr>
<tr><td>同时或其中一项具有省级意义的历史价值、文化价值、科学价值、艺术价值</td><td>12~6</td><td></td></tr>
<tr><td>历史价值、或文化价值、或科学价值、或艺术价值具有地区意义</td><td>5~1</td><td></td></tr>
</table>

续表

评价项目	档次	本档次规定得分	你认为应得的分数
物种珍稀性，景观奇特性，现象遍在性在各地的常见性	有大量珍稀物种，或景观异常奇特，或此类现象在其他地区罕见	15~13	
	有较多珍稀物种，或景观奇特，或此类现象在其他地区很少见	12~9	
	有少量珍稀物种，或景观突出，或此类现象在其他地区少见	8~4	
	有个别珍稀物种，或景观比较突出，或此类现象在其他地区较多见	3~1	
个体规模大小，群体结构丰满性和疏密度，现象常见性	独立型单体规模、体量巨大；组合型旅游资源单体结构完美、疏密度优良级；自然景象和人文活动周期性发生或频率极高	10~8	
	独立型单体规模、体量较大；组合型旅游资源单体结构很和谐、疏密度良好；自然景象和人文活动周期性发生或频率很高	7~5	
	独立型单体规模、体量中等；组合型旅游资源单体结构和谐、疏密度较好；自然景象和人文活动周期性发生或频率较高	4~3	
	独立型单体规模、体量较小；组合型旅游资源单体结构较和谐、疏密度一般；自然景象和人文活动周期性发生或频率较小	21	
自然或人为干扰和破坏情况，保存完整情况	保持原来形态和结构	5~4	
	形态与结构有少量变化，但不明显	3	
	形态与结构有明显变化	2	
	形态与结构有重大变化	1	
知名度和品牌度	在世界范围内知名，或构成世界承认的名牌	10~8	
	在全国范围内知名，或构成全国性的名牌	7~5	
	在本省范围内知名，或构成省内的名牌	4~3	
	在本地区范围内知名，或构成本地区名牌	2~1	
适游时间或服务游客情况	适宜游览的日期每年超过300天，或适宜于所有游客使用和参与	5~4	
	适宜游览的日期每年超过250天，或适宜于80%左右游客使用和参与	3	
	适宜游览的日期超过150天，或适宜于60%左右游客使用和参与	2	
	适宜游览的日期每年超过100天，或适宜于40%左右游客使用和参与	1	

续表

<table>
<tr><td colspan="2">评价项目</td><td colspan="5">档次</td><td>本档次规定得分</td><td>你认为应得的分数</td></tr>
<tr><td colspan="2" rowspan="4">受污染情况，环境条件及保护措施</td><td colspan="5">已受到严重污染，或存在严重安全隐患</td><td>-5</td><td></td></tr>
<tr><td colspan="5">已受到重度污染，或存在明显安全隐患</td><td>-4</td><td></td></tr>
<tr><td colspan="5">已受到轻度污染，或存在一定安全隐患</td><td>-3</td><td></td></tr>
<tr><td colspan="5">已有工程保护措施，环境安全得到保证</td><td>3</td><td></td></tr>
<tr><td>本单体得分</td><td></td><td>本单体可能的等级</td><td>级</td><td>填表人</td><td></td><td>调查日期</td><td colspan="2">年 月 日</td></tr>
</table>

注 1：单体序号：由调查组确定的旅游资源单体顺序号码。

注 2：单体名称：旅游资源单体的常用名称。

注 3："代号"项：代号用汉语拼音字母和阿拉伯数字表示，即"表示单体所处位置的汉语拼音字母-表示单体所属类型的汉语拼音字母-表示单体在调查区内次序的阿拉伯数字"。

如果单体所处的调查区是县级和县级以上行政区，则单体代号按"国家标准行政代码（省代号 2 位-地区代号 3 位-县代号 3 位，参见 GB/T 2260）-旅游资源基本类型代号 3 位-旅游资源单体序号 2 位"的方式设置，共 5 组 13 位数，每组之间用短线"-"连接。

如果单体所处的调查区是县级以下的行政区，则旅游资源单体代号按"国家标准行政代码（省代号 2 位-地区代号 3 位-县代号 3 位，参见 GB/T 2260）-乡镇代号（由调查组自定 2 位）-旅游资源基本类型代号 3 位-旅游资源单体序号 2 位"的方式设置，共 6 组 15 位数，每组之间用短线"-"连接。

如果遇到同一单体可归入不同基本类型的情况，在确定其为某一类型的同时，可在"其他代号"后按另外的类型填写。操作时只需改动其中"旅游资源基本类型代号"，其他代号项目不变。

填表时，一般可省略本行政区及本行政区以上的行政代码。

注 4："行政位置"项：填写单体所在地的行政归属，从高到低填写政区单位名称。

注 5："地理位置"项：填写旅游资源单体主体部分的经纬度（精度到秒）。

注 6："性质与特征"项：填写旅游资源单体本身个性，包括单体性质、形态、结构、组成成分的外在表现和内在因素，以及单体生成过程、演化历史、人事影响等主要环境因素，提示如下：

1）外观形态与结构类：旅游资源单体的整体状况、形态和突出（醒目）点；代表形象部分的细节变化；整体色彩和色彩变化、奇异华美现象，装饰艺术特色等；组成单体整体各部分的搭配关系和安排情况，构成单体主体部分的构造细节、构景要素等。

2）内在性质类：旅游资源单体的特质，如功能特性、历史文化内涵与格调、科学价值、艺术价值、经济背景、实际用途等。

3）组成成分类：构成旅游资源单体的组成物质、建筑材料、原料等。

4）成因机制与演化过程类：表现旅游资源单体发生、演化过程、演变的时序数值；生成和运行方式，如形成机制、形成年龄和初建时代、废弃时代、发现或制造时间、盛衰变化、历史演变、现代运动过程、生长情况、存在方式、展示演示及活动内容、开放时间等。

5）规模与体量类：表现旅游资源单体的空间数值，如占地面积、建筑面积、体积、容积等；个性数值，如长度、宽度、高度、深度、直径、周长、进深、面宽、海拔、高差、产值、数量、生长期等；比率关系数值，如矿化度、曲度、比降、覆盖度、圆度等。

6）环境背景类：旅游资源单体周围的境况，包括所处具体位置及外部环境，如目前与其共存并成为单体不可分离的自然要素和人文要素，如气候、水文、生物、文物、民族等；影响单体存在与发展的外在条件，如特殊功能、雪线高度、重要战事、主要矿物质等；单体的旅游价值和社会地位、级别、知名度等。

7）关联事物类：与旅游资源单体形成、演化、存在有密切关系的典型的历史人物与事件等。

注 7："旅游区域及进出条件"项：包括旅游资源单体所在地区的具体部位、进出交通、与周边旅游集散地和主要旅游区（点）之间的关系等。

注 8："保护与开发现状"项：旅游资源单体保存现状、保护措施、开发情况等。

注 9："共有因子评价问答"项：旅游资源单体的观赏游憩价值、历史文化科学艺术价值、珍稀或奇特程度、规模丰度与几率、完整性、知名度和影响力、适游期和使用范围、污染状况与环境安全。

附录 C

（规范性附录）

旅游资源调查区实际资料表格式

旅游资源调查区实际资料表格式见表 C.1。

表 C.1 （单体名称）调查区实际资料表

调查区名称		调查时间	年 月 日至 年 月 日
行政位置			
A.调查区基本资料			
调查区概况（面积、行政区划、人口、所处的旅游区域）			
调查工作过程（工作程序和调查重点，提交主要文件、图件）			
调查区旅游开发现状和前景（总体情况、产业地位、旅游开发潜力、旅游开发）			

续表

B.各层次旅游资源数量统计			
系列	标准数目	调查区	
		数目	占全国比例(%)
主类	8		
亚类	23		
基本类型	110		

C.各主类、亚类旅游资源基本类型数量统计			
地文景观	17		
自然景观综合体	4		
地质与构造形迹	4		
地表形态	6		
自然标记与自然现象	3		
水域景观	13		
河系	3		
湖沼	3		
地下水	2		
冰雪地	2		
海面	3		
生物景观	8		
植被景观	4		
野生动物	4		
天象与气候景观	5		
天象景观	2		
天气与气候现象	3		
建筑与设施	39		
人文景观综合体	9		
实用建筑与核心设施	16		
景观与小品建筑	14		
历史遗迹	8		
物质类文化遗存	2		
非物质类文化遗存	6		
旅游购品	15		
农业产品	5		

续表

工业产品	2		
手工艺品	8		
人文活动	5		
人事活动记录	2		
岁时节令	3		

D.各级旅游资源单体数量统计						
等级	优良级旅游资源			普通级旅游资源		未获等级
	五级	四级	三级	二级	一级	
数量						

E.优良级旅游资源单体名录(不敷需要时请另加纸)	
五级	
四级	
三级	

F.调查组主要成员									
责任	姓名	专业	职称	分工	责任	姓名	专业	职称	分工
组长					成员				
副组长					成员				
成员					成员				
成员					成员				
成员					成员				
成员					成员				

G.主要技术存档材料(不敷需要时请另加纸)	
类别	
文字资料 (出版物、 内部资料)	

续表

<table>
<tr><td>调查记录
（采访记录、
测试数据）</td><td colspan="4"></td></tr>
<tr><td>调查图件
（原始地图、
实际资料图）</td><td colspan="4"></td></tr>
<tr><td>影像资料</td><td colspan="4"></td></tr>
<tr><td>填表人</td><td></td><td>联系方式</td><td>单位：
电话：
电子信箱：</td><td>填表日期：
年　　月　　日</td></tr>
</table>

标准三:旅游景区公共信息导向系统设置规范(GB/T 31384—2015)

1 范围

本标准规定了旅游景区公共信息导向系统(以下简称“导向系统”)构成及各子系统的设置原则,并针对导向系统中各类导向要素给出了具体设计要求,明确了周边导入系统、游览导向系统、导出系统等三个子系统的关键节点及各关键节点处需设置的导向要素的类型、提供的信息及设置方式。

本标准适用于各类旅游景区导向系统的规划、设计和设置。

注:旅游景区主要由旅游景区内各旅游景点及餐饮、购物、公共卫生间等相关配套公共设施组成。

2 规范性引用文件

下列文件对于本文件的应用是必不可少的。凡是注日期的引用文件,仅注日期的版本适用于本文件。凡是不注日期的引用文件,其最新版本(包括所有的修改单)适用于本文件。

GB/T 2893.1 图形符号 安全色和安全标志 第1部分:工作场所和公共区域中安全标志的设计原则

GB 5768.2 道路交通标志和标线 第2部分:道路交通标志

GB/T 10001 (所有部分)标志用公共信息图形符号

GB 13495 消防安全标志

GB/T 15565 (所有部分)图形符号术语

GB/T 15566.1 公共信息导向系统 设置原则与要求 第1部分:总则

GB/T 15566.9 公共信息导向系统 设置原则与要求 第9部分:旅游景区

GB/T 15566.11 公共信息导向系统 设置原则与要求 第11部分:机动车停车场

GB 15630 消防安全标志设置要求

GB/T 17695 印刷品用公共信息图形标志

GB/T 17775 旅游区(点)质量等级的划分与评定

GB/T 20501 (所有部分)公共信息导向系统 要素的设计原则与要求

GB/T 23809 应急导向系统 设置原则与要求

GB/T 25895 (所有部分)水域安全标志和沙滩安全旗

LB/T 012 城市旅游公共信息导向系统设置原则与要求

3 术语和定义

GB/T 15565、GB/T 17775 和 LB/T 012 界定的术语和定义适用于本文件。

4　导向系统的构成

4.1　子系统

导向系统由周边导入系统、游览导向系统和导出系统等三个子系统构成，见 GB/T 15566.9。

4.2　导向要素

导向系统主要由以下导向要素构成：

位置标志：包括旅游景区、旅游景点、游客中心和各类公共设施的位置标志，用以明确目的地所在位置；

导向标志：包括旅游区标志和行人导向标志，用以指示通往旅游景区、旅游景点、游客中心和各类公共设施的路线；

平面示意图：包括全景图、导览图，用以显示旅游景区内旅游景点、游客中心和各类公共设施的位置分布信息，以及旅游景区的咨询投诉、紧急救援（及夜间值班）电话号码等信息；

街区导向图：包括地理信息图、周边导向图，用以提供旅游景区周边主要自然地理信息、公共设施位置分布信息和导向信息，以及旅游景区的咨询投诉、紧急救援（及夜间值班）电话号码等信息；

信息板：包括景区介绍、景观说明、楼层信息，用以显示旅游景区内的特定场所或范围内旅游景点或公共设施位置索引信息；

便携印刷品：包括导游图、导游手册、门票，用便于携带和随时查阅的方式向游客提供旅游景区游览信息、公共设施信息以及旅游景区的咨询投诉、紧急救援（及夜间值班）电话号码等信息；

安全标志和劝阻标志：包括禁止标志、警告标志、消防安全标志、疏散路线标志和劝阻标志，用以传递安全信息和提醒游客。

4.3　主要信息

旅游景区为游客提供的信息主要有：

游览信息：与游客正常旅游活动（如参观游览、休闲度假、康乐健身等）直接相关的信息，包括旅游景区、旅游景点和游客中心的信息；

公共设施信息：为游客正常旅游活动提供支持的信息，包括出入口、售票处、停车场、公共卫生间、无障碍设施和其他公共设施（如固定文化活动场所、餐饮场所、购物场所、急救场所、公用电话等）的信息；

安全和劝阻信息：为确保游客安全进行各项旅游活动提供的信息，包括禁止、警告、消防、应急和劝阻信息。

5　总则

5.1　设计

5.1.1　导向要素的设计应符合 GB/T 20501 的要求，其中车辆用旅游区标志的设计应符合 GB 5768.2 的要求。

5.1.2　导向要素中信息的传递应优先使用图形标志,边长大于10厘米的图形标志的形成应使用GB/T 10001中规定的图形符号,边长3~10厘米的图形标志应使用GB/T 17695中规定的标志。

5.1.3　导向要素中的文字应同时使用中文和英文。根据当地少数民族聚居情况和主要旅游客源市场情况,可选用相应的少数民族文字或其他语种的文字。文字的语种不宜多于三种。中文应使用规范汉字;英文除介词、连词外,单词的首字母宜大写或所有字母均大写;其他语种文字的使用应规范。旅游景区(或旅游景点)名称以外的中文字体应使用黑体,英文字体宜使用等线字体(推荐的字体参见附录A中图A.1)。

5.1.4　导向要素的颜色、外观、尺寸应与旅游景区的定位、环境条件(室内或室外)、风格等相协调,并突出旅游景区特色。不同类别的导向要素宜在外观上相互区分。

5.1.5　宜充分利用旅游景区常见的信息载体和票据(如导游图、导游手册、门票等)设计各类导向要素,为游客提供游览信息和公共设施信息。

5.1.6　导向系统的规划设计应与旅游景区发展总体规划协调一致。被列入各级文物保护单位的旅游景区,在建立导向系统时,应同时遵循相关法规。

5.2　设置

5.2.1　导向系统中导向要素的设置应符合GB/T 15566.1和GB/T 15566.9中的基本原则和要求。

5.2.2　导向系统应根据需要导向的信息内容,整体规划各类导向要素及设置位置、设置数量,使游客自如地参观和游览。在设置时应确保:

导向信息的连续性,即导向系统的导向信息应与周边其他系统相衔接(如公共交通系统),并应从旅游景区入口开始恰当地重复呈现导向信息;

导向内容的一致性,即在不同导向要素上呈现的表示同一信息的图形符号、文字(如中英文)、颜色等应保持一致;

设置的规律性,即同类导向要素应在同类节点、相同高度上设置,重要的导向要素应在醒目的位置设置;

设置数量的合理性,即导向要素的数量应符合实际需求。

5.2.3　需要为行人、车辆分别进行导向时,应通过颜色、载体形状或设置位置等明确区分两种不同的信息。

5.2.4　消防安全标志的设置应符合GB 15630的要求,应急疏散标志的设置应符合GB/T 23809的要求。

5.2.5　旅游景区内有危险隐患的地点应设置相应的安全标志,如“禁止游泳”“当心碰头”等。

5.2.6　旅游景区内宜设置劝阻标志,如“请勿乱扔废弃物”。

5.2.7　导向要素固定设置时(如附着式、悬挂式、柱式、台式和框架式等),不应设在移动物体(如门扇)上。

5.3　照明与材质

5.3.1　夜间开放的旅游景区应优先选择靠近路灯、景观灯等照明设施的位置设置标志。

当外部光源不能满足可视性时，导向要素宜采用内置光源。

5.3.2　导向要素的制作材料宜选用环保、安全、耐用、阻燃、防腐蚀、易于维护的材料，并应保证在使用期内材料不变形、不褪色。

6　导向要素的设计

6.1　位置标志

6.1.1　位置标志的版面构成一般有单一图形符号、单一文字、图形符号和文字组合三种形式，其中：

单一图形符号形式的位置标志由图形符号、符号衬底色和(或)边框构成(图1)，宜仅用于认知度、理解度高的图形符号，如公共卫生间、男卫生间、女卫生间、公用电话等；

单一文字形式的位置标志由文字、衬底色构成，宜仅用于旅游景区(旅游景点)的位置标志；

图形符号和文字组合形式的位置标志由图形符号、文字、衬底色和(或)边框构成，是常用形式。

(a)由图形符号、符号衬底色和边框构成

(b)由图形符号和符号衬底色构成

图1　单一图形符号形式的位置标志设计示例

6.1.2　出入口、楼梯、公共卫生间等含有方向性的图形符号，在设计时需根据实际设置位置、设置方式使图形符号的方向与实际场景保持一致：

出入口：出入口符号中的箭头方向应设计成与实际环境中游客的流动方向相一致(具体设置示例参见附录B图B.1和图B.3)；

楼梯：当采用悬臂式安装、标志与墙面垂直时，符号中楼梯的倾斜方向应设计成与实际环境中楼梯的倾斜方向相一致(图2)；

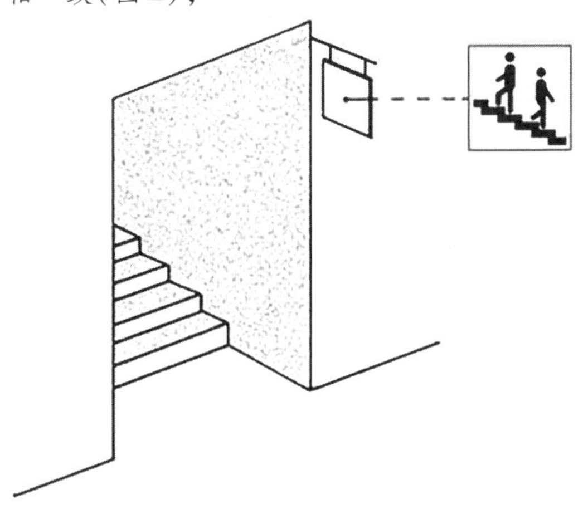

图2　根据楼梯的实际方向设计楼梯位置标志的示例

公共卫生间:卫生间符号中的男、女图形应设计成与实际环境中男、女卫生间的位置相一致。

注:采用镜像、旋转的方法能调整符号中图形的方向。

6.1.3　旅游景区(旅游景点)的位置标志由其中文或中英文名称构成,其中中文名称可使用特殊字体(参见附录 B 图 B.3)。

6.1.4　停车场位置标志由图形符号、停车场中英文名称构成。停车场的名称应包括旅游景区中英文名称和“停车场”中英文,如“月亮河度假村停车场”。

6.1.5　无障碍出入口、无障碍售票处等无障碍设施的位置标志由无障碍图形符号、相应设施的图形符号(如入口、出口、票务服务等)和相应中英文(中文如“无障碍入口”“无障碍卫生间”)组成,其中起辅助说明作用的无障碍图形符号的尺寸应小于设施图形符号(图 3)。

图 3　无障碍入口图形符号

注:图 3 中入口图形符号的方向需根据实际情况旋转(见 6.1.2)。

6.1.6　当入口、售票处的数量较多或者有不同功能时(如有团队入口、散客入口和无障碍入口,或者各售票处出售不同种类的门票),应采用编号或者附加辅助文字的方式设计位置标志。

6.2　导向标志

6.2.1　导向标志分为旅游区标志和行人导向标志两种,其中:

旅游区标志分为旅游区方向标志、旅游区距离标志和旅游符号三种形式,具体设计要求见 GB 5768.2;

行人导向标志分为单一图形符号、单一文字、图形符号和文字组合三种形式:

·单一图形符号形式的导向标志由箭头、图形符号、衬底色和(或)边框构成,宜仅用于认知度、理解度高的图形符号,包括公共卫生间、男卫生间、女卫生间、公用电话等;

·单一文字形式的导向标志由箭头、中文或中英文、衬底色构成,宜仅用于旅游景区(旅游景点)的导向标志;还可附加当前位置到目的地的距离信息;

·图形符号和文字组合形式的导向标志由箭头、图形符号(或代表性图形)、文字、衬底色和(或)边框构成,还可附加当前位置到目的地的距离信息;是导向标志的常用形式。

6.2.2　在导向标志中使用代表性图形时,需满足以下要求:

图形应在标志中位于显著位置[见图 4(a)、图 5(a)的示例];

图形应能反映旅游景区(或旅游景点)特点;

图形应为平面图形,不应为旅游景区(或旅游景点)照片或商业性质的图形[见图 4(b)、图 5(b)的示例];

图形的尺寸不应大于箭头与文字(中英文名称)区域尺寸之和[见图 4(b)、图 5(b)的示例]。

6.2.3　停车场导向标志由箭头、图形符号、停车场中英文名称构成,也可附加当前位置到停车场的距离信息。停车场的名称应包括旅游景区中英文名称和“停车场”中英文,如“月亮河度假村停车场”。

(a)恰当

(b)不恰当

图4 代表性图形在旅游区标志中应用的示例

(a)恰当

(b)不恰当

图5 代表性图形在行人导向标志中应用的示例

6.2.4 当导向标志需提供较多的信息时,应按照信息的分级(见8.2)优先提供一级和二级信息。

6.2.5 当导向标志需提供多个方向的信息时,导向标志中的箭头应按照以下规则进行设置:导向标志中箭头为左向(含左上、左下)时,箭头应位于标志的最左侧;当箭头为右向(含右上、右下)时,箭头应位于标志的最右侧;当箭头为向上或向下时,箭头应位于标志的最左侧或最右侧,其中箭头为向上时表示向前直行或向上,箭头为向下时表示向下。

6.3 平面示意图

平面示意图分为全景图和导览图两种,其设计均应符合GB/T 20501.3的要求,其中:

a)全景图一般由图廓、图名、全景区示意图、图例和(或)游览线路图构成。图名、全景区示意图、图例和游览线路图均应在图廓内。其中全景区示意图应位于图廓内显著位置,其余部分应在全景区示意图区域外。图例和游览线路图的幅面尺寸之和不应超过全景区示意图的幅面尺寸,且宜与图廓下边缘或图廓右边缘相邻;以固定方式设置的全景图应在全景区示意图中标注"观察者位置"。

b)导览图一般由图廓、图名、旅游景区局部示意图、图例和辅图构成,各部分的幅面尺寸及布局见6.3a)。旅游景区局部示意图应为大比例尺示意图并提供所在位置周边500米范围内的旅游景点和公共设施以及出口方向,辅图应为小比例尺的全景区示意图并标注该导览图覆盖区域的所在位置;以固定方式设置的导览图应在旅游景区局部示意图中标注"观察者位置"。

6.4 街区导向图

街区导向图分为地理信息图和周边导向图两种,其设计均应符合GB/T 20501.4的要求,其中:

a)地理信息图是在较小比例尺的图上示意旅游景区所在位置并提供环境和交通信息,图的覆盖范围宜根据旅游景区所在位置、常用抵达方式等确定,例如可涵盖周边主要城市快速路或者高速公路等、可涵盖邻近公交站点、也可涵盖城市主要出入地点(如火车站、码头、机场等);地理信息图中应突出旅游景区的所在位置;

b)周边导向图是在较大比例尺的图上示意旅游景区所在位置并提供周边环境和交通信

息,图中从旅游景区各出入口到覆盖范围内邻近边界的实际水平距离不宜大于 1 000 米;周边导向图中应突出旅游景区的所在位置;以固定方式设置的周边导向图应在图中标注“观察者位置”。

6.5 信息板

信息板分为景区介绍、景观说明、楼层信息三种,其设计均应符合 GB/T 20501.4 的要求,三种信息板的内容各有侧重:

a)景区介绍应包括全景区的概况、主要旅游景点说明,使用语种应包括中、英文,并宜根据当地少数民族聚居情况和主要旅游客源市场情况选用相应的少数民族文字或其他语种的文字;可向游客介绍游览主要景点需花费的时间并推荐游览时间(如早上、晚上、中午等);

b)不同类别旅游景点的景观说明的内容应突出自身特色,以下列出了七类常见旅游景点的景观说明的内容:

· 风景区、森林公园和地质公园类:应说明地质地貌性质、构造特征、形成年代、科学价值、环境价值等;

· 遗址遗迹类:应说明年代、背景、发展历程、文化内涵、保护等级等;

· 建筑与文物古迹类:应说明建造年代、结构特点、背景、民族文化内涵、建造者、保护等级等;

· 高原类:应说明海拔高度;

· 动植物类:应说明动植物的科属、原生态环境、外观形态特征、习性、珍稀程度、保护等级等;

· 游乐设施类:应说明设施的运行方式、运行时间、可能产生的感观效果、安全注意事项并提示不宜参与的人群;

· 观景台类:应说明环境、地貌、动植物或天象特征等;

· 拍摄点类:应说明最佳拍摄时间、佳作介绍等。

c)楼层信息板应给出本楼层内各种旅游服务和旅游设施的信息。

6.6 便携印刷品

便携印刷品分为导游图、导游手册和门票三种,其设计应符合 GB/T 20501.5 的要求,其中:

a)导游图应包括全景区介绍、全景区示意图、著名旅游景点介绍,并宜根据旅游景区特点、游览时间向游客推荐游览线路,如半日游、一日游及夜景游览线路等;

b)导游手册应包括全景区介绍、全景区示意图、地理信息图、旅游景区基本信息(如历史、文化、地理相关信息)、实用资讯(如周边交通、购物、餐饮、娱乐场所介绍),并宜根据旅游景区特点、游览时间向游客推荐游览线路,如半日游、一日游及夜景游览线路等(导游手册设计示例参见图 B.5 和图 B.6);

c)门票除了在正面明示种类、票价、涵盖景点(或项目)、有效期等信息以外,还宜利用门票背面设计全景区示意图。

6.7 安全标志

安全标志主要有禁止标志、警告标志、消防安全标志和疏散路线标志四类:

a)禁止标志:禁止人们不安全行为的图形标志,其设计应符合 GB/T 2893.1 的有关规定。禁止标志应带有文字辅助标志,文字辅助标志应为红色背景色白色文字,并位于图形标志的下方或右侧。

b)警告标志:提醒人们对周围环境引起注意,以避免可能发生危险的图形标志,其设计应符合 GB/T 2893.1 的有关规定。警告标志应带有文字辅助标志,文字辅助标志应为黄色背景色黑色文字,并位于图形标志的下方或右侧。

c)消防安全标志:表达与消防有关的安全信息的图形标志,其设计应符合 GB 13495 的有关规定。

d)疏散路线标志是在紧急情况发生时指引人们沿着疏散路线到达最终安全出口的标志,设计应符合 GB/T 2893.1 的有关规定。

6.8 劝阻标志

劝阻标志是限制人们某种行为的公共信息标志,由图形符号(见 GB/T 10001.1)和文字辅助标志构成,文字辅助标志应位于图形标志的下方或右侧。

7 周边导入系统

7.1 构成

周边导入系统从周边的主要游客抵达区(如周边主要公共交通站点和主要路口)开始引导游客,向游客提供游览和公共设施信息,主要由旅游区标志和旅游景区、停车场、游客中心的位置标志及导向标志等构成。

7.2 周边主要道路

周边主要道路交叉口应为车辆设置旅游区标志,为行人设置行人导向标志(周边主要交叉路口处标志设置示例见图 B.2),指向距离当前位置最近或最便利的旅游景区入口。旅游景区周边道路上旅游区标志的设置应符合 LB/T 012 的规定。

7.3 旅游景区停车场

7.3.1 旅游景区停车场周边 500 米范围内的主要道路交叉口应设置旅游景区机动车停车场的导向标志。

7.3.2 机动车停车场导向系统的设置应符合 GB/T 15566.11 的要求,并应分别为各停车区域(如旅游客车停车区、小型客车停车区)设置标志。

7.3.3 旅游景区非机动车停车场应设置位置标志。

7.4 周边公共交通站点

7.4.1 应在公共交通站点的人群聚集处(如地铁、轻轨的出入口,公共交通场站的出入口,公共汽电车中途站站台等)附近设置周边导向图。周边导向图宜在出入口单独设置,或在公共汽电车中途站站台上与站牌、候车亭等组合设置。

7.4.2 从公共交通站点到旅游景区的视线受到遮挡或者两者距离大于 500 米以上时,应设置行人导向标志(设计要求见 6.2.1)。

8 游览导向系统

8.1 构成

游览导向系统是从旅游景区入口开始，向游客提供游览和公共设施信息，引导游客在旅游景区内活动的导向系统，主要由出入口、景点、公共设施的位置标志和导向标志，以及平面示意图(如全景图、导览图)、便携印刷品(如导游手册)、景区介绍、景观说明、安全标志、劝阻标志等构成。

8.2 信息分级

游览导向系统向游客提供的信息按照目的地所在位置、与游览活动相关程度以及游客需求等，其重要程度由高至低分为：

一级信息：旅游景点信息、出口信息；

二级信息：游客中心信息、公共卫生间信息；

三级信息：固定文化活动场所信息、餐饮场所信息、购物场所信息、急救场所信息、公用电话信息和入口信息。

8.3 入口

8.3.1 应在旅游景区入口附近(宜为入口外侧)的显著位置设置大幅面全景图和景区介绍(参见图 B.3.图 B.4)。

8.3.2 应在旅游景区入口处设置旅游景区的位置标志。

8.3.3 应按照 GB/T 15566.1 的规定在旅游景区入口处设置入口的位置标志，即：当标志与入口所在墙面垂直时，入口图形符号中的箭头应指向入口(具体设置示例参见图 B.1)；当标志附着于入口所在墙面或悬挂设置于入口通道上方时，入口图形符号中的箭头应向上(参见图 B.3)。

8.3.4 应在无烟景区的入口的显著位置设置“请勿吸烟”标志。

8.3.5 当有多个入口(如团队入口、散客入口、无障碍入口等)时，应分别设置各入口的位置标志。标志由图形符号和相应中英文(中文如“团队入口”“入口”“无障碍入口”)组成，其中无障碍设施的位置标志的设计应符合 6.1.5 的要求。

8.3.6 宜在旅游景区主要入口处向游客提供导游手册等资料。

8.3.7 出于安全考虑需要按单向路线游览的旅游景区，应从入口开始设置单向游览的导向标志，标志由方向箭头、“请按此方向游览”的中英文构成。

8.4 售票处

8.4.1 应在售票处的上方或者附近设置位置标志。当售票窗口较多或者各窗口出售不同种类的门票时，应采用编号或者附加辅助文字的方式明确各窗口的功能。

8.4.2 应在售票处提供不同种类门票的购票说明，包括门票种类(如成人票、学生票、家庭套票、景点联票等)、票价、涵盖旅游景点(或项目)、有效期、优惠政策(如老年人免票)等。

8.5 游览步道

8.5.1 应在游览步道的起点处设置游览步道路线图，游览步道路线图的设计应标示游览步道的路线、沿途主要旅游景点和服务设施、游览步道在旅游景区内所处方位、注意事项等信息。

8.5.2 应根据步道节点的特点设置相应的标志:

步道节点处应设置沿途景点的导向标志;

观景节点处应设置景观说明(见6.5);

休憩节点处应设置游览步道路线图。

8.5.3 当步道节点间距离较长时,应以适当间隔重复设置导向标志。

8.6 主要交叉路口

8.6.1 应在通往景点的主要交叉路口设置导向标志,当需要提供多个主要信息时,应按照信息分级(见8.2)优先提供一级和二级导向信息。导向标志可附加当前位置到目的地的距离信息。

8.6.2 应以适当间隔在主要交叉路口设置导览图。导览图可为台式,也可与导向标志组合设置。

8.7 旅游景点

8.7.1 宜在旅游景点设置位置标志。

8.7.2 应在旅游景点设置景观说明。

8.7.3 提供缆车服务的旅游景点,应根据缆车类型(如双椅式、三椅式或四椅式)在缆车候车区设置相应的位置标志("双列排队""三列排队"或"四列排队"图形符号见GB/T 10001.2)。

8.7.4 在需要排队等候的旅游景点(如游乐设施)排队区,宜提供排队等候的时间信息,以便于游客根据排队时间选择旅游路线。

8.7.5 应按照如下要求在旅游景点有潜在危险的地点设置安全标志:

湖边、海滩或沙滩:应按照GB/T 25895的要求设置水域安全标志和沙滩安全旗,如湖边设置禁止垂钓、禁止滑冰、禁止游泳等标志;海滩设置禁止垂钓、当心鲨鱼、当心海蜇等标志和沙滩安全旗等;

山体:应设置当心坠落、当心落石等标志;

林区或草原:应设置禁止烟火、当心火灾及动物危险等标志;

高原:应根据海拔高度设置当心高原反应等安全标志;

沙漠、湿地:应设置旅行注意事项的安全标志;

游乐设施:应设置禁止攀爬、当心地滑、禁止头手伸出窗外及禁止酒后操作等标志;

特种旅游项目:攀岩、冲浪、漂流、骑马、拓展、蹦极、速降等特种旅游项目,应根据安全操作规程或安全提示手册设置相应的安全标志;

建筑突出物:应设置当心碰头的安全标志。

8.7.6 应按照如下要求在旅游景点的相应地点设置劝阻标志:

无烟区应设置"请勿吸烟"标志;

博物馆及其他不宜大声喧哗的场所应设置"保持安静"标志;

绿地及其他禁止游客踩踏的地点应设置"请勿踩踏"标志;

地下通道、楼梯等不宜坐卧停留的地点应设置"请勿坐卧"标志;

以展示木质建筑物、字画、丝绸制品、壁画等文物为主的文物古迹;

和水族馆及其他不宜使用闪光灯拍照的旅游景点应设置“请勿使用闪光灯”标志；不宜拍照的旅游景点应设置“请勿拍照”标志。

8.7.7　安全标志和劝阻标志宜与景观说明组合设置，也可单独设置。

8.8　公共设施及其他

8.8.1　游客中心入口外侧应设置位置标志，根据设置方式可选择横版、竖版[见图6(a)、图6(b)]。

(a)横版示例　　(b)竖版示例

图6　游客中心标志版面设计示例

8.8.2　游客中心内应设置小幅面全景图(设计要求见6.3)，宜提供导游手册或导游图等游览资料。

8.8.3　应在公共卫生间门口设置位置标志，男、女及无障碍卫生间的入口应设置相应的“男”“女”及“无障碍卫生间”标志；如为彩色标志，“卫生间”图形符号中的“男”“女”两部分图形的颜色应相同且不应使用安全色。

8.8.4　应在无障碍设施及其他公共设施(如固定文化活动场所、餐饮场所、购物场所、急救场所、公用电话等)入口的顶部或者门侧设置相应的位置标志。

9　导出系统

9.1　构成

导出系统从景区内主要交叉路口开始引导游客离开景区，并向游客提供停车场以及周边的主要公共交通站点信息，主要由出口导向标志和位置标志、旅游景区停车场位置标志和导向标志、周边导向图、周边公共交通设施导向标志等构成。

9.2　主要交叉路口

应在旅游景区内主要交叉路口设置旅游景区出口的导向标志。

9.3　出口

9.3.1　出口的上方或者出口一侧应设置出口的位置标志，设置时应根据实际设置位置调整图形符号的方向，使符号中的箭头方向与实际的人员流动方向一致(参见8.3入口位置标志的设置)。

9.3.2　出口内侧应设置周边导向图。

9.3.3　出口外侧应设置停车场导向标志、周边公共交通站点导向标志以及出租车上客区位置标志。

9.4　停车场

机动车停车场出口外应设置道路交通标志以便提供周边道路信息。

附录 A
(资料性附录)
推荐字体

图 A.1 给出了中文、数字和英文推荐字体。

汉仪中黑简

旅游景区导向系统

旅游景区导向系统

华康简黑

旅游景区导向系统

旅游景区导向系统

黑体

旅游景区导向系统

旅游景区导向系统

Arial

0123456789
abcdefghijklmnopqrstuvwxyz
ABCDEFGHIJKLMNOPQRSTUVWXYZ

Arial Black

0123456789
abcdefghijklmnopqrstuvwxyz
ABCDEFGHIJKLMNOPQRSTUVWXYZ

Century Gothic

0123456789
abcdefghijklmnopqrstuvwxyz
ABCDEFGHIJKLMNOPQRSTUVWXYZ

图 A.1　推荐字体

附录 B
（规范性附录）
旅游景区导向要素设计和导向系统设置示例

图 B.1 给出了入口位置标志与所在墙面垂直时的设置示例，图 B.2 给出了旅游景区周边主要交叉路口处标志的设置示例，图 B.3 给出了旅游景区入口处标志设置示例，图 B.4 给出了旅游景区全景图与景区介绍示例，图 B.5 和图 B.6 给出了旅游景区导游手册设计示例，图 B.7 给出了旅游景区内交叉路口标志设置示例。

图 B.1　入口位置标志与所在墙面垂直时的设置示例

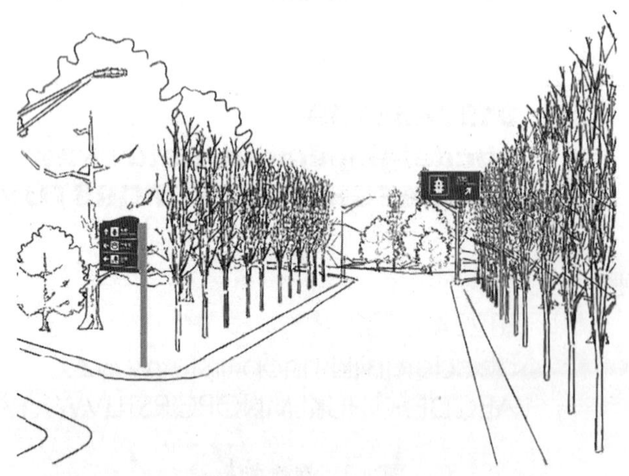

图 B.2　旅游景区周边主要交叉路口处标志设置示例

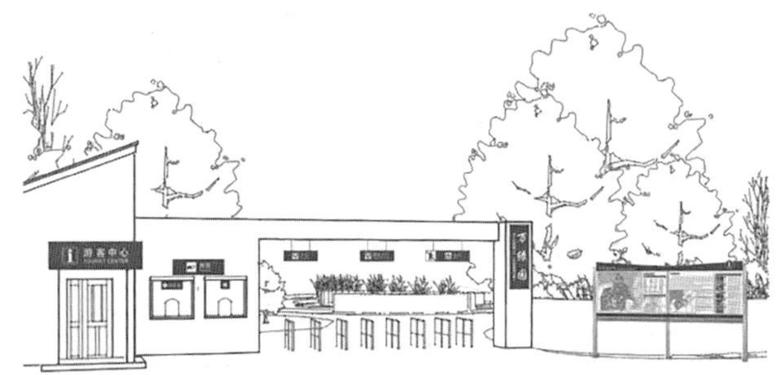

图 B.3　旅游景区入口处标志设置示例

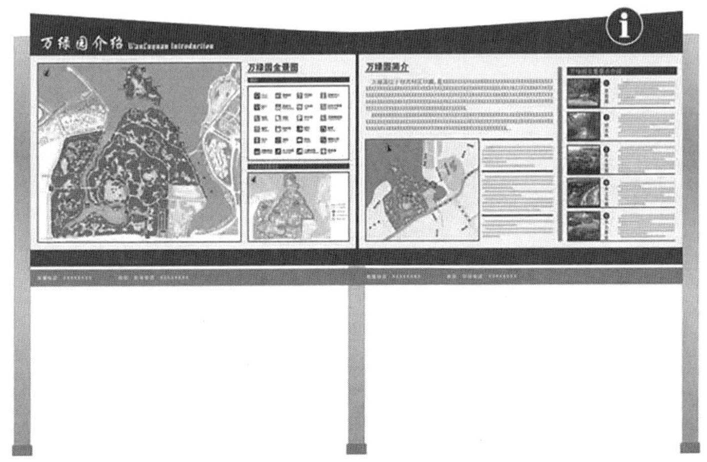

图 B.4　旅游景区全景图与景区介绍示例

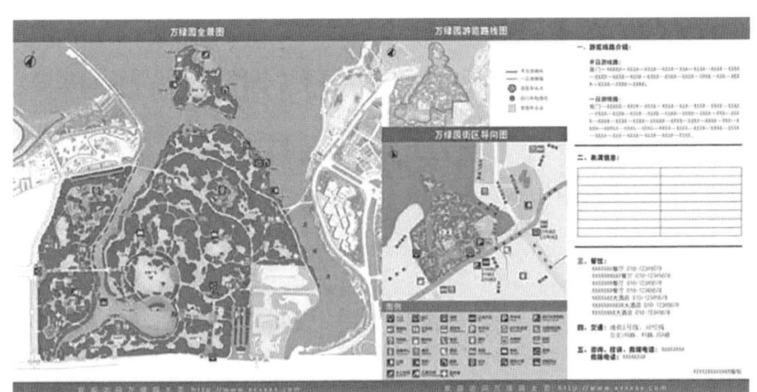

图 B.5　导游手册设计示例(正面)

图 B.6　导游手册设计示例(反面)

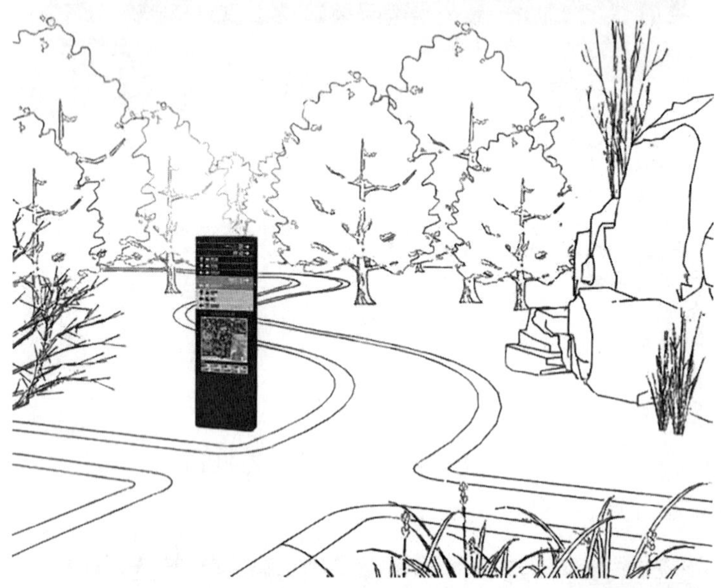

图 B.7　旅游景区内交叉路口标志设置示例(导向标志与导览图组合)

附录二　实验成绩评定表

一、学生用表

旅游规划与开发实验　成绩评定表(学生用)

________级________________专业(　　)班

评分说明:不能对本组进行评分;严格按下列内容客观评价;此评分经过加权会计入期末考试成绩。

内容	权重/%	90~100	89~80	79~60	60 以下	1 组	2 组	3 组	4 组	5 组
创意性(定位和项目)	15	定位准、创意性高	定位准,创意性较高	定位与创意性普通	定位创意性较弱					
完整性(图件和内容)	40	图件和内容完整且有新增	内容和图件符合规定	图件和内容有少量缺失	图件和规划内容缺失较多					
落地性(项目和设施)	20	落地性高	落地性较高	落地性一般	落地性很差					
规范性(格式和图件)	20	完全符合规范	绝大部分符合规范	大部分符合规范	小部分符合规范					
PPT 制作与汇报	5	制作精美;汇报清晰完整、大方	制作美观;汇报较完整、有一定迟钝	制作美观性一般;能汇报完成、表达不太清晰	美观性差;汇报效果差、回答不准确					
	总分值									

二、教师用表

旅游规划与开发实验　成绩评定表(教师用)

________级________________专业(　　)班

内容	权重/%	90~100	89~80	79~60	60 以下	1 组	2 组	3 组	4 组	5 组
创意性(定位和项目)	15	定位准确、创意性高	定位准确创意性较高	定位与创意性普通	定位创意性较弱					

续表

内容	权重/%	90~100	89~80	79~60	60 以下	1 组	2 组	3 组	4 组	5 组
完整性（图件和内容）	40	图件和内容完整且有新增	内容和图件符合规定	图件和内容有少量缺失	图件和规划内容缺失较多					
落地性（项目和设施）	20	落地性高	落地性较高	落地性一般	落地性很差					
规范性（格式和图件）	20	完全符合规范	绝大部分符合规范	大部分符合规范	小部分符合规范					
PPT 制作与汇报	5	制作精美；汇报清晰完整、大方	制作美观；汇报较完整、有一定迟钝	制作美观性一般；能汇报完成、表达不太清晰	美观性差；汇报效果差、回答不准确					
	总分值									

附录三　学习效果调查表

旅游规划与开发实验　课程学习调查

各位同学:为切实提高本课程的教学效果,增强同学们的旅游规划编制动手能力,特制定本调查表。希望各位本着实事求是态度,完成此表填写!如题后无特别说明,均为单选项,您只需在备选项后的括号中划"√"即可。

0.目前为止,您对规划专业的兴趣度:

A.不感兴趣(　　)　B.兴趣增加(　　)　C.兴趣递减(　　)　D.不清楚(　　)

1.您的性别:A.男(　　)　B.女(　　)

实验前学习准备调查

2.本课程之前,你学习过的专业规划软件有:(可多选)

A. Photoshop(　　)　B. AutoCAD(　　)　C. SketchUp(　　)

D. 3DMap(　　)　E.其他　(　　)

3.您在上课之前,是否利用过本课程的辅助教学平台——在线学习平台?

A.用过(　　)　B.没有(　　)

4.您利用本课程的在线平台资源,关注较多的版块是:(可多选)

A.课程作业(　　)　B.规划案例(　　)　C.规划要求(　　)

D.规划基础资料(　　)　E.优秀作业(　　)

5.你是否在本课程学习过程中,还利用过其他的教学资源?

A.没有用过(　　)　B.用过,旅游规划实验虚拟仿真资源(　　)

C.用过,慕课资源(　　)　D.用过、公共网络平台的旅游规划案例(　　)

实验过程认知调查

6.您对课程的实验方式认同状况:(本授课方式为:布置任务—分组讨论及汇报—个人和集体作业—最终成果汇报及点评)

A.非常认同(　　)　B.认同(　　)　C.基本认同(　　)

D.不认同(　　)　E.很不认同(　　)

7.您对课程的实验项目认知:(课程实验项目为:平时实验—区位图、综合现状图、资源分析及评价图、功能分区图、旅游交通规划图、市场规划图及重点项目分布图;综合实验—说明书编制及成果汇报)

A.实验项目过多且太难(　　)　B.实验项目缺乏挑战性(　　)

C.实验项目缺乏递进性(　　)　D.实验项目安排合理(　　)

8.您对课程实验考核认知:[考核方式:平时30%(考勤占10%,三次作业各占30%);期末70%(说明书50%+PPT汇报时的小组互评10%,专家评分20%,教师评分20%)]

A.考核结构及占比合理(　　)　　B.不合理,应调整小组互评占比(　　)

C.不合理,应调整专家评分占比(　　)　　D.不合理,应调整教师占比(　　)

9.您对本实验课学习难度认知:

A.非常难(　　)　　B.难(　　)　　C.一般(　　)

D.简单(　　)　　E.非常简单(　　)

10.在课程实验过程中,您遇到的困难有:(可多选)

A.规划软件不熟悉(　　)　　B.实验项目过多(　　)

C.规划定位不清晰(　　)　　D.小组成员协调性难(　　)

E.实验项目太难(　　)

实验学习获得及满意度调查

11.您对本实验课学习的满意状况:

A.非常满意(　　)　　B.满意(　　)　　C.还行(　　)

D.不满意(　　)　　E.非常不满意(　　)

12.课程学习后,您对课程的改进建议是:(可多选)

A.降低实验项目数量和难度(　　)　　B.加强实验课程中的现场辅导(　　)

C.改进课程考核方式(　　)　　D.改进课程实验方式(　　)

E.改进在线平台的课程资源建设(　　)　　F.强化教师对规划地的详细介绍(　　)

13.课程学习后,您获得了(可多选)

A.一无所获(　　)　　B.旅游规划编制程序和基本内容(　　)

C.旅游规划制图基本要求(　　)　　D.在小组协作中融洽了同学关系(　　)

E.增强了将来从事旅游规划工作的可能性(　　)